# 煌煌商周

高虫二 著

北京联合出版公司
Beijing United Publishing Co.,Ltd.

图书在版编目（CIP）数据

煌煌商周 / 高虫二著. -- 北京：北京联合出版公司, 2021.9（2021.11重印）
　ISBN 978-7-5596-5431-1

　Ⅰ.①煌… Ⅱ.①高… Ⅲ.①中国历史—商周时代—通俗读物 Ⅳ.①K223.09

中国版本图书馆CIP数据核字(2021)第140593号
本书中文简体版权归属于银杏树下（北京）图书有限责任公司

## 煌煌商周

作　　者：高虫二
选题策划：后浪出版公司
出 品 人：赵红仕
出版统筹：吴兴元
编辑统筹：杨建国
责任编辑：牛炜征
特约编辑：丛　铭
营销推广：ONEBOOK
装帧制造：尬　木

北京联合出版公司出版
（北京市西城区德外大街83号楼9层　100088）
天津创先河普业印刷有限公司　新华书店经销
字数228千字　690毫米×960毫米　1/16　25.5印张
2021年9月第1版　2021年11月第2次印刷
ISBN 978-7-5596-5431-1
定价：68.00元

后浪出版咨询(北京)有限责任公司 常年法律顾问：北京大成律师事务所
周天晖 copyright@hinabook.com
未经许可，不得以任何方式复制或抄袭本书部分或全部内容
版权所有，侵权必究
本书若有质量问题，请与本公司图书销售中心联系调换。电话：010-64010019

# 目 录

我自何方 / 1

**第一章** 来朝走马　至于岐下…………4
　　闯入历史的周 / 4　周人的新生 / 9
　　长幼之争 / 13　一粒铜的故事 / 19

**第二章** 天作高山　大王荒之…………24
　　半神半人·上篇 / 24　半神半人·中篇 / 28
　　半神半人·下篇 / 31

**第三章** 玄鸟于飞　其芒辉辉…………36
　　天生玄鸟，降而生商 / 36　青铜之邦，上神之国 / 42
　　帝在上 / 47　祖先在中 / 51　贞人在下 / 55　双线作战 / 59

**第四章** 受禄无丧　奄有四方…………62
　　抱大腿的哲学 / 62　女之美，铜之华 / 64
　　武乙的困局 / 68　向神权开炮 / 70

**第五章** 畏天之威　于时保之…………76
　　用 / 76　献身的艺术 / 79　国父的墓志铭 / 82
　　猛人季历 / 84　义渠人的故事 / 85　王见王 / 88

I

## 第六章　何天之龙　敷奏其勇…………94

宗教改革与王权复兴 / 94　西落鬼戎 / 97

天谴背后的人祸 / 99　王的坟墓 / 102

和顺之君 / 105　初尝败绩 / 106　砍人的牧师 / 107

## 第七章　如临深渊　如履薄冰…………112

天地逆位 / 112　程邑的意义 / 113　东南的价值 / 115

王又见王 / 117　文丁杀季历 / 118　圣者姬昌 / 120

## 第八章　所谓伊人　在水一方…………124

强人帝乙 / 124　大哥依然大 / 128　战争与和亲 / 130

帝乙归妹 / 133　竹书旧事 / 137　帝乙征夷 / 139

## 第九章　王此大邦　克顺克比…………148

内外交困 / 148　"德"的种子 / 150

大丈夫能屈能伸 / 152　太姒嫁到 / 153

嫡子帝辛 / 157　文武并进 / 162　最后一个字头 / 164

## 第十章　日居月诸　照临下土…………168

春雷 / 168　当官 / 170　说"商官" / 173

要致富，先打仗 / 178　阋墙亲兄弟，吵架叔侄兵 / 180

吃软不吃硬 / 182　人命也值钱 / 185

## 第十一章　命之不易　无遏尔躬…………190

无常喋血 / 190　炮烙与妲己 / 193　论男女 / 195

听说你要造反 / 199　囚西伯 / 202　《周易》/ 203

重见天日 / 209

### 第十二章　维天之命　於穆不已……214

愿者上钩 / 214　肉羹奇谈 / 216　阴谋、阳谋、德谋 / 219
凤鸣岐山 / 222　受命称王 / 225　财政收入 / 228
老骥伏枥，志在千里 / 230　圣王的终点 / 235

### 第十三章　简兮简兮　方将万舞……240

新王的城、梦与焦虑症 / 240　黑暗中的眼睛 / 245
周人的酒文化 / 247　盟津大集结 / 251　诡异的散场 / 254
皮洛士式胜利 / 256　崩溃的前奏 / 259　比干之死 / 260

### 第十四章　牧野洋洋　檀车煌煌……264

大风起兮 / 264　逆流的巨鱼 / 266　牧野鹰扬 / 268
朝歌陷落之日 / 271　所谓九鼎 / 276　何去何从 / 278
谁主沉浮 / 280

### 第十五章　於皇时周　陟其高山……286

典礼很忙 / 286　文成武德 / 288　封与建 / 290
成周之始 / 295　拿什么拯救你，我的睡眠 / 297
金縢之书 / 299　主少国疑 / 301　为什么会是他 / 302
这个位子不好坐 / 303　不食周粟 / 305

### 第十六章　周公东征　四国是皇……310

人心难测 / 310　暴躁的隔壁老王们 / 312
攘外必先安内 / 314　周公的远征 / 318　殷人的终曲 / 321

### 第十七章　我徂东山　慆慆不归……328

东方的孤岛 / 328　成王的远征 / 330　东山 / 334

岐阳之蒐 / 335　成周一日游·上篇 / 338
成周一日游·下篇 / 344

### 第十八章　式敷民德　永肩一心 ………… 352
要硬件，也要软件 / 352　制礼作乐 / 354
嘉禾万事兴 / 359　入楚 / 362　周公三问 / 366
洛邑大会 / 368　葬我于成周 / 371

### 第十九章　何彼秾矣　华如桃李 ………… 376
杂记之一：麦秀黍离 / 376　杂记之二：列国·后来 / 377
杂记之三：世俗国度 / 390　杂记之四：大象 / 395
杂记之五：周公传人 / 396　杂记之六：甲骨文·1899 / 398

出版后记 / 401

## 我自何方

　　天地苍茫，宇宙洪荒。星云漫漫，河汉汤汤。日升日落，月退月涨。山岳不动，风雷无常。世影大千，森罗万象。

　　在这庞大的世界中，孤独之人类弱小如汪洋间的蜉蝣。直到某一天，他们手挽着手站在一起，于坚硬的大地上构筑起一座又一座巴别塔，宣誓自己为天地间的真主。

　　人类因血缘而结为族群，又因族群而登于伟大。

　　在世界的东方，便有这样的一个族群，他们从茹毛饮血到刀耕火种，从金生丽水到玉出昆冈，而后青铜时代崛起，礼乐文化风行，忽而大厦倾倒，碎成春秋战国之满地斛珠；后有雄主一统江山，东亚大陆并为全舆，骑兵纵奔南北，巨墙横亘东西。

　　无数的民族与之联姻、征战、交融、汇合，甚至将之压服，最终却又被吸纳其中。这族群聚血种之精魂，成浩瀚之文明，历数千年而不曾凋谢，更越发壮大。

　　能看懂我所写下的这些文字的你，大略便是这族群的一员。到今日，这族群唤作"中华民族"。

　　你是否想过这样一个问题——"中华"从何而来？

　　若这问题更进一步——"我们"从何而来，"我"又从何而来？

　　我是谁，我从哪儿来，我要到哪里去，所谓人类三大哲学命题是也，于个人如此，于民族亦然。我们究竟从何处来？如何、何时从"我"变成了"我们"，又因"我们"而定义了"我"？

那传说中开天辟地之人，射落金乌之人，触断不周之人，九天飞舞之人，与我们是否有关？

那无垠的北部草原，伟岸的西陲山脉，广袤的东海，富饶的南洋，何处是我们最古老的故乡？

那手持长鞭的牧人，腰缠粟谷的耕人，头戴兽首的狂人，哪些是我们民族最遥远的支脉？

令我成为"我们"的历史中，谁是最核心的推动者？

这是一团过于宏大的命题，我无法完美地回答，只愿献微薄之力，溯流而上，追本逐源。当时间巨轮回转，日月星辰倒行，城市化为沙土，大河逆流而走，东亚大陆重回湿濡潮热，且将诸君投向世界的目光收回，聚焦于中华大地的弹丸一隅。

就在此间，关于"我们"的故事，正要开场。

# 第一章

# 来朝走马　至于岐下

## 闯入历史的周

当夕阳的血色快要融化在渭河的涛浪中时,季历带着军队归来了。几百人的队伍穿过野草横生的旷野,风尘缀满他们披散的头发。一抹微笑爬上了季历的脸颊,他又当了一回赢家,大部队后面满载的物资与亦步亦趋的奴隶就是赢家的注脚。士兵们的矛与戈指向天空,金属尖端因为浸了血而颜色暗沉。远处的地平线上,成群结队的族人正等待着迎接他们。

此时的季历是春风得意的,他领导的族人已经成了关中平原上最强盛的部落,被商王册封为西方土地的领主。当然,他们的地盘并不是商王所赠予,而是靠自己杀伐抢夺一点点开拓而来。季历是个擅长战争的领袖,这一点与他的父亲亶父完全不同。只要看到父亲老迈的双眼,如今已天不怕地不怕的季历就会想起小时候提心吊胆的日子。

他的国氏为"周",他的族姓为"姬"。关于他们的起源,周国的后人在《诗经·大雅》的第十一篇中是这样写的:"厥初生民,时

甲骨文　　　　金文　　　　篆书　　　隶书

维姜嫄。生民如何？克禋克祀，以弗无子。履帝武敏歆，攸介攸止。载震载夙，载生载育，时维后稷。"

这些让人看不懂的句子讲了这样一个故事：远古帝王高辛氏（帝喾）的老婆姜嫄想要个孩子，所以拼命祭祀天帝，以求得孕。老天感念其虔诚，就赏了一个大脚印给她，她踩而有孕，孕而生后稷。

这个后稷，就是周民的始祖。

按照这个逻辑，后稷真正的父亲不是高辛氏，而是神的大脚印，所以周人没有父亲，只有母亲。"生而无父，感天得孕"的设定是母系氏族社会的一种映射，由于没有固定的配偶关系，新生儿往往只知其母而不知其父，类似的故事在世界各地的神话里都有体现。

后稷姓"姬"名"弃"，"后稷"是他的封号，相当于农神。姓起源于母系氏族社会，原本是族称，传说中的黄帝就是姬姓。姓拆开来是女、生二字，由同一个母亲所生的人就共享同一个姓。

从名字上看，弃有一个悲惨的童年。根据传说，姜嫄前后抛弃了这可怜的孩子三次，结果每次他都在机缘巧合之下被送了回来。"不死的婴孩"是最古典主义的主角光环，冥冥中自有天助，跟宙斯、江流儿、罗慕路斯与雷穆斯等同属一个模式。

这个民族起源的故事靠谱吗？当然不靠谱，大概率是周的后人自己编造的。一个连何时掌握了文字都无法确定的小部落，如何追溯自己几百年前的祖宗？靠口口相传吗？

农神的祝福

周人编出这个故事是为了证明其部族拥有黄帝之后、农神之子的血统,根正苗红。至于血统是真是假,就跟刘备说自己是皇叔一样,根本不可考;而不可考的,就不可靠。

之后的几百年间,周人潜身隐迹于浩瀚世界的角落里,自求多福于岁月长河的波涛中,从小小部落渐渐发展成了小小国度,守护着自己的那点小确幸。这种小城邦在当时的大地上多如星辰,一不留神就会湮没在时光的旋涡中,成为被遗忘的文明之尘埃。

一直到公元前 1200 年左右,这个关陇平原上弹丸之国的命运突然发生了一百八十度的大转弯,一头撞进了历史的主舞台。而这一切的开端,就是季历老爹亶父一场说走就走的旅行。

《史记·周本纪》记载:"公叔祖类卒,子古公亶父立。"亶父接替父位当上首领时,周人的活动范围主要集中于一处叫作"豳"(音同宾)的地方。豳地多丘陵沟壑,草长林茂,有很多野猪出没。汉字如画,"豳"字从山从豕,描绘的就是先民放火烧林后驱捕野猪的画面。

此地位于黄土高原南部,属泾水流域。自周人某一代先祖公刘在此定居后,已传承了三百多年。这几百年中也发生了一些故事,但实在太不靠谱,所以统统略过。

亶父是周人世代线上的一个绳结,周氏的历史从他开始才有了一定的可信度,所以我们就从这儿讲起。

亶父,姓姬氏周名亶,后人加一父字以表尊敬。因为他是部落老大，故也被后人尊称为"公亶父"或"古公亶父"。父是斧的本字，原指拿着斧头外出打猎伐木的男子，是一种对强有力的男性劳动者的美称，简称劳力士。

斧字中的"斤"指代男性阳具，"以斧伐薪木"在上古时代就是暗指以男阳破女阴。《诗·陈风·墓门》有"墓门有棘，斧以斯之；夫也不良，国人知之"之句，讲的是一个女子控诉某流氓强迫其发生性关系，此类暗喻在《诗经》中十分常见。

周族发展到亶父时已经颇具规模，三百多年的辛劳颇具效果。周民此时有了基本固定的生活区域，除狩猎外，还在豳地周边经营复合式、粗糙化的采集农业。

春夏万物发华，豳民多进行采集与捕猎，依水草而迁徙，秋风萧瑟时则还于旧居，属于典型的"逐水草而居"。

总体而言，他们的经济发展水平比纯粹的游牧部落稍微先进一些。

但是亶父的日子也不好过。享国数百年（如果你信的话）的豳国，此时正值危急存亡之秋——他们被一伙流窜而来的黑社会盯上了。西北方出现了多个威猛好战的戎、狄部落，轮番地来豳地打秋风、敲竹杠，其势比寒风更凛。

历史上几乎所有的农耕文明都曾面临游牧民族的威胁，周人也不能幸免。这是神明给予这个小邦国的第一次考验。

亶父打架的水平实在不行，只好任君勒索，有求必行。戎狄要粮食，给；戎狄要财物，给……但戎狄的胃口越来越大，终于开始索要土地和人口。

豳的人民本着"是可忍叔不可忍，叔可忍婶不可忍"的血性，要求跟"蛮人"们拼了。

经历了一番内心挣扎后,亶父说出了这样一番大义之言:大家拥立我,是要我为他们谋福祉。现在这帮蛮人要我的地与民,我本是不想给的,但只要能过太平日子,大伙儿跟着谁过又有什么区别?要打仗就要流血,为了我的私欲让周的父亲和儿子们流血,吾心甚痛啊!

说完,亶父就带着自己的私属跑了。

三十六计走为上,豳周小作坊转瞬之间便关门大吉。老板亶父带着自己的老婆孩子与直系亲随齐刷刷跑路,祖宗几百年间开垦的土地直接拱手让人。豳地随即被戎狄霸占,大量没来得及逃跑的民众沦为奴隶甚至食物。

若是没有后来的峰回路转,周人的历史就到此为止了。

在后世的书文中,亶父多被描述为"积德行义,国人皆戴之",是有名的贤人。这次逃跑,也被描述为不忍生灵涂炭的"圣人之仁"。这番言论扯淡至极,亶父身为昂然一丈夫,肩负一国(虽然很小)之命运、一姓之荣耀,委曲求全送点身外之物尚可理解,但人家都欺负到头上,居然只会扯呼,实在是没法洗白。

临阵脱逃并不是什么新鲜事儿,将帅且不论,后世皇帝里也并不鲜见。刘邦被项羽追杀时,曾连着三次把儿子孝惠和女儿鲁元丢下马车,还好车夫有素质,连着三次都给捡回来了。至于仅携带私属,而不是带着民众一起逃跑,显然也是想让国民给自己当烟幕弹,以防被戎狄发现行踪。

刘邦是出了名的大流氓好运气,亶父与他还真有几分类似,自己本事不行,但命就是硬,运气就是好。

他这一逃,倒逃出了个柳暗花明又一村。

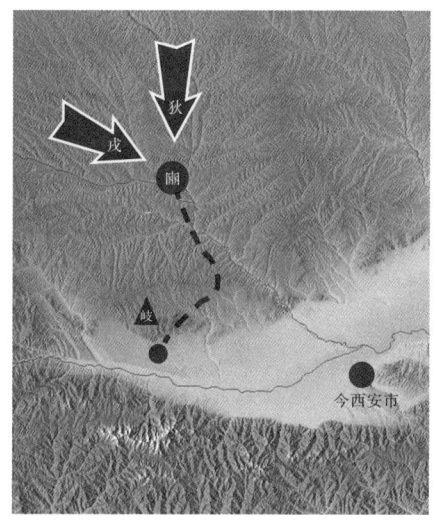

古公亶父逃亡路线图

## 周人的新生

亶父的流亡政府渡过了漆水和沮水，翻过了高山与低壑，一路火花带闪电地向西南奔去。东方他们不敢去，那边有好几个强大的国家，闯过去了容易被当成盲流就地逮捕。

他们一路跑到了岐山以南。山南为阳，此地就叫岐阳。

绿野之上，白云如歌。仿佛神迹一般，一片美丽的平原在灰头土脸的难民眼前豁然展开。

豳地遍布丘陵沟壑，且靠近戎狄活跃的区域，讨生活也属不易；而岐阳位于渭河平原，地势平坦又水土肥沃，也没有大型部落盘踞，简直是山重水复疑无路，复行数十步，豁然开朗！

《诗·大雅·绵》中描述此地为"周原膴膴，堇荼如饴"，说这儿的土地肥沃到种出的苦菜都像麦芽糖一样甜。这说明了什么？说明我们的祖先三千年前就会吹牛皮了，还不打草稿的那种。

误打误撞中捡了如此一块风水宝地，真是祖坟上冒了万丈青烟。

周国的流亡班底就此扎根。此后不久，在豳地的部分民众不堪戎狄欺辱，也陆陆续续逃了出来，听说族长有了新的地盘，便翻山越岭前来投奔。

在荒蛮而原始的大地上，血缘是生存的第一倚仗。

有了根据地，周人开始大力抓革命促生产。亶父本人能力稀松，但他有一个非常能干的老婆——太姜。《列女传·母仪传》评价她"贞顺率导，靡有过失"。

姜字说明了太姜的出身，她来自有邰氏，属于姜姓的一支。

"姓"是同一血缘种族的标志，"氏"则为姓衍生出的分支，比如周氏就是由姬姓分化而来。

早在母系氏族社会，先民们就注意到了近亲婚配的危害，同姓间的繁育被禁止。两个关系亲近的姓（族群）经常互通女子以实现健康繁衍，甚至某些猿类也有这个习性。

姬姓周氏多年来一直与姜姓有邰氏婚配，两姓之间血脉交融，同气连枝。有邰氏一族同样具备不错的农耕技术。与戎狄杂居多年的周人已经逐渐忘记了其祖先发达的农业技艺，他们的耕作技术很可能来自姜人的再传播。

请记住"姜"这个姓，在未来漫长的岁月里，它将与周人发生更多奇妙的纠葛。

甲骨文　　　金文　　　篆书　　　隶书

"爰始爰谋，爰契我龟，曰止曰时，筑室于兹。"在太姜的协助下，亶父选定了一块风水宝地，着手建设新的城邦。选址这事儿一是靠土木经验，二是靠巫师用龟甲占卜吉凶，以保证风水上佳。

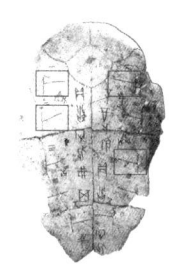

龟甲之卜

龟卜是一种借助龟的腹甲来占卜的方式，龟甲成色以黄白明润为佳。占卜时先在龟甲内侧钻凿，然后用火烧灼凿出的空处，通过龟甲外侧显现的横竖裂纹来断吉凶，最后把占卜的结果刻在甲上。

由于裂纹多呈现出一种丁字形交叉的形态，故这种求神问兆的行为就被称为"卜"，属象形造字。而龟甲烧裂时发出的混沌声响，就是这个字的读音。

观其形纹而成字，听其声动而得音。这便是汉字的雏形。

乌龟因寿命长而被看作灵兽，所以龟甲被赋予了通灵效果，乃卜凶问吉、装神弄鬼的必备佳品。《史记》中专有一篇《龟策列传》，感兴趣的可以研究一下。正是这种小动物的肉身付出，才为我们留下了吉光片羽的上古史料，在这里向它们鼓掌致敬。

随着民众逐渐归聚而来，亶父受到了惊吓的小心脏也慢慢平复，重拾了一国之主的神采。他任命了管理土木的司空、管理人力资源和土地规划的司徒，着手开荒辟土，版城筑垣。

亶父还派士兵把附近的闲散小部落统统赶走，将整个平原地带都据为己有。农夫、工匠与奴隶的鼓噪声日夜不断，新的周国开始在岐山之南脱胎而出。

根据《诗经》的描述，国人们噌噌铲土，轰轰捣土，噔噔夯土，呼呼削墙，挖了窑洞又掏地穴，场面好不热闹。

首先建设起的是高大的宗庙，然后才是宫室、城门与神社。祖先的地位是最崇高的，所以宗庙要首先建设，类似于即时战略游戏中的基地。这是一种家族化的管理模式，由于同姓之人是由血缘所联结，故整个"国"就是一个大家族，首领亶父就是"大家长"。

周人的始祖在尧的时代就以长于农耕而闻名，莳弄田地的基因深藏在他们的血脉中。如今的周人重新拾起了农学专业，开始在宽广的周原上尽情施展。周国在岐阳彻底进入了农耕文明，生产力获得了长足发展。

土地潜力无穷尽，亩产多少在人为。群众想移山，山走；群众想移地，地动；无雨大增产，大旱大丰收；三山五岳听我令，玉皇下马我上鞍。

眼见周人的生活水平一天赛过一天，很多岐原周围的小部落也跑来归附，令周国人口得到了极大充实。周国开始演变为以周氏族为核心，吸纳多元氏族的"多种姓国家"。

在周氏后人的记载中，这些小族长都被描述为倾慕古公仁义之名而来，我们当然知道这不是实情。俗话说"贫穷闹市无人问，富在深山有远亲"，在那个野兽环伺、朝不保夕的时代，他们只是为了讨一口安稳的饭吃，哪怕因此失去自己的家长地位都没关系。

三个月，聚落变为城郭。一年，小城扩为大邑。二年，大邑化作都市，人口五倍于初。亶父如同开了挂的人民币玩家，在大富翁游戏里不断添砖加瓦，金币数量噌噌上涨。

森林炬灭，耕土苏生，高墙既起，我邦遂成。岐山挡住了游牧民族的马蹄，新生的周国一派欣欣向荣。人生已过大半，除了一场逃亡之外就乏善可陈的亶父迎来了一段热烈而安稳的时光，在黍与稷的荣枯交替中，他变得冷静而成熟。

逃过了生死劫的国王端坐于堂，开始思考与面对两个重要的抉择，这一次，他不能再犯错。

## 长幼之争

摆在亶父面前的问题有两个：一曰"长幼"，二曰"东西"。

我们先来说"长幼"，也就是继承人选谁的问题。

在最初的时候，各部落选拔首领采用"禅让制"。前代首领会让位于部落中最强悍或最有才能的人，实际上就是强者顺位制。

那个年代的首领是一件苦差事，既要苦心孤诣地肩负起带领族群的责任，还要面对部族内外的挑战，特累特憋屈。至于福利，除了方便满足性欲之外，别的方面也是乏善可陈。毕竟整个社会的生产水平都不高，剩余产品还比较少，一切生产资料都是部落共有。大家都是穷苦人，老大和小弟的吃穿也没有本质差别。

后来随着生产力发展，私有财产的概念开始在部落中萌芽，贫富差距、阶级分化逐步出现。同时，部落体系开始向更为发达的城邦制国家发展，社会分工趋于细化，人口以万计的城市出现在了平原上。

有了丰富的资源，王权便成了资源支配能力的象征。当老大也从苦差变成了美差，此时，权力家族便不想再把领导权让给别家，"禅让制"走到了尽头。

传说大禹的接班人本应是伯益，但禹的儿子启却杀了伯益而夺位。这是一则社会寓言，其背后是禅让制变成世袭制、"公天下"变成"家天下"的大趋势。

公天下不存在继承人问题，部落里这么多孩子，总有一款适合你，实在不行还可以全民公投；家天下则不然，继承人的选择样本太少，很可能每个儿子都不算优秀。而且老大的好恶是唯一的衡量机制，一旦选错，整个部落都会面临灾难。这加速了部落间的兼并淘汰，也促进了姓氏的混同。

继承人的选择对任何一个政体都是重中之重，在平均寿命更短、传承频率更高的先民时代尤其如此。亶父好不容易在周原置办下了这份新家业，必须要找一个有能力的继承人来守天下，免得跟自己一样被黑社会抢了祖宗基业。

亶父此时至少有三个儿子，太伯、虞仲、季历。古人以伯、仲、叔、季来给男丁排行，从哥儿仨的名字就能看出他们的长幼次序。或许有人疑问"叔"去了哪里？其实"季"是最小的意思，所以三个儿子的话就称"伯、仲、季"，季是小儿子，不一定指四儿子。当然，也可能中间原来有个"叔"，但不幸夭折了。

后世王朝所采用的"嫡长子继承制"直到周朝才确立，在此之前，只要是合法男女关系诞生的孩子都有继承权，有时候也会兄弟相传。一般来说，相对成熟的长子有年龄和体力的优势，所以传给长子的情况最多。

然而亶父没有选择长子，他选择了小儿子季历。

季历，后人尊称公季、王季，端的是周国历史上一位猛人。

按照《史记》的说法，亶父弃长立幼不是看上了季历，而是看上了季历的儿子"昌"。

传说昌这小孙子降生时天有祥瑞，隐隐然有天公授命之意，符合伟人诞生的一贯套路。亶父抱着孙子大笑："我世当有兴者，其在昌乎？"显然是把民族复兴的美好愿望寄托在了这个孙子身上。

因为喜爱孙子而立儿子，历史上并非独此一家。明成祖朱棣因为太喜欢皇孙朱瞻基，才下定决心立了他并不喜欢的儿子朱高炽为太子。但这个"隔代指定说"放在季历身上就不太靠谱了。

首先，祥瑞、神迹都是后人附会，明显做不得真；再者，就算是孙子真的很优秀，那也得长大一点儿才能看得出来，谁会把宝押在一个婴儿身上？除非亶父已经老年痴呆。

编出这种说法的人是为了衬托姬昌的天命所归与亶父的慧眼识珠。不过话说回来，慧眼识珠虽是假，天命所归倒是真。时间会证明亶父抽中了一支好签。

弃长子选季子的决定暗含了亶父深远的考量。综合来看，亶父选中季子主要有两个原因：

其一，子凭母贵。季历是正妃（商周时代王的正妻称正妃）太姜的儿子，即"嫡子"。太伯、虞仲虽年长，但季历却天生带着"子凭母贵"的优势，拥有得天独厚的政治资源加持。太姜在国内甚有威望，在外又得有邰氏支持，是亶父无法忽视的影响因子。一个拥有姜族血统的继承人，未来更容易与同盟部族加强联系。

其二，季子很能打。从季历后来的表现来看，此人剽悍异常，善战能征，与父亲的性格完全不同。前半生饱受戎狄侵略之苦的亶父也许正是看中了季历"乳虎啸谷"的气象，才决定把国运交托给他，以期为周国注入更强硬的基因，在野蛮人环伺的世界实现突围。

亶父对小儿子寄予厚望。他知道自己不是一个开拓者，他要做的就是给季历配置最好的资源，为周国的未来做好储备。可三个锅一个盖，特别的爱给了特别的你，剩下的俩怎么办？

太伯、虞仲也不是傻子，老爸的意思地球人都知道了。哥儿俩一合计，咱还是走吧。

两兄弟继承了老爸说走就走的霸气性格，带领自己的族属一路跑到了荆蛮之地。他们断发刺青，将自己完全与当地土著同化，以示再也不会回到周人之列，彻底断绝了继承权。

关于两人落脚的"荆蛮"之地望，至今无有定论。南方荆木遍生，与荆有关的地望分布甚广，尤其是荆、楚混用之后，地域的鉴别就更加扑朔迷离。二人的族属自分裂出去后就隐身于历史，近百年音讯全无，直到其族人在苏浙站稳脚跟后才重现江湖。

正史普遍将两人的离开描述为"让天下"，作为一则美谈流传了三千年。兄弟俩深明大义，既不贪图权力又不想让老爸为难，所以主动选择出走，还变身野人来展现态度之坚决，真是兄弟一生一起走，你有我有全都有。

还有种说法，传言大哥是"三让天下"：亶父死后，太伯回来奔丧，季历要把王位还给他，太伯不从，跑了；后来季历死了，太伯又回来奔丧，群臣又要他继位，太伯不从，又跑了；这才由"圣子姬昌"继位。孔子就是这种说法的支持者，他评价太伯为"至德"，"三以天下让，民无得而称焉"，贤德得老百姓都没有词儿形容他了，仿佛亶父满门都是仁义道德的楷模，没有贤太伯，就没有新周国。他是电，他是光，他是谦让的神话。

关于这个说法的可信度……依然是零分。

周国当时那弹丸似的地盘哪里称得上"天下"？孔夫子这帽子未免扣得太大。周国此时尚未全面模仿大国"商"的礼仪自我进化，且与戎狄杂居多年也使其族风颇有些粗粝野蛮的特色，行事如此文雅似乎有些违和。再者，两人从周原奔入长江流域，其后人又随江水浮沉流徙直至太湖，这可是千里大跃进啊，当年亶父迁岐也不过跑了一二百里，轻飘飘的一个"礼让"断不能让人信服。

三千多年前的江南世界，荆棘密布，烟瘴横生，举首不见道路，到处野兽环肆。身上没有地图也没有GPS的他们就这样闷着头一路向东，前程不明，吉凶难测。故乡在后，星辰在上，顷刻身死而无葬身之地。

这是怎样的一种迷茫与苦痛？需要什么样的勇气才能支撑着他们走下去？这绝对不是为了"礼让"。

司马大爷在《史记》中两处不同的地方都描述了这个故事。其一是《吴太伯世家》中，说两人"乃奔荆蛮，文身断发，示不可用，以避季历"，与"礼让"之说大致相合。然而在《周本纪》中，却用了"亡如荆蛮"的说法，亡者，逃也，隐隐透露出一丝血腥味儿。

如今可查的史料中，最早记载太伯事迹的是孔子修订的《春秋》。孔子之世礼崩乐坏，他致力于恢复礼教、推崇德行，所以树立了很多模范标杆来阐述儒家思想，太伯、虞仲也在其中。西汉罢黜百家独尊儒术，积极推行君为臣纲的"伦理纲常"，太伯这个例子简直完美契合君臣之礼，马上被官方推举为圣德典范、文化楷模。汉文帝时成书的《韩诗外传》甚至杜撰了亶父的临终遗嘱与季历前往吴越之地寻哥哥们回来继位的故事。一段又一段传说就这样被加诸太伯的身上，越来越精彩，越来越感人，终至高山景行外加胡言乱语。

太伯逃入荆蛮后与当地人打成一片，并依靠先进的农耕技术得到了土著拥戴，建立句吴国。这也从侧面反映出太伯是一个很有政治抱负的人，不太可能谦让王位。太伯死后，弟弟虞仲继位，将句吴继续发扬光大。百年之后，虞仲的后人遇到了季历的后人，当时的周王朝之君，并从他那里得到了一个封号——"吴"。

后有吴君阖闾力挫强楚，其子夫差与越王勾践争霸，又是另一番千古奇谭与荡气回肠。

大哥二哥走后，季历成了唯一的继承人，专心跟随亶父治理国家。父子二人大力谋发展，一心搞生产。绥靖政策令周国的GDP以惊人的速度增长着，粮食、人口、兵器被源源不断地生产出来。

亶父知道，他所积累的一切都将留给他的儿子季历。终有一天，他攒下的家底会让儿子在大地上泼墨挥毫，把周的国运带上一个新的台阶。

可亶父的思虑还不止于此，他想尽力看得更远，看得更多，看得更稳妥。他越想越累，眼皮逐渐沉重，灵魂却越发轻盈，开始向上飘升。举目四望，皆是无尽的山岭与原野。

周国所据有的周原即便在已知的世界中也是很小的一块地方。在西方，有周人的姻亲盟友，也有他们的世代仇敌。在东方，则有更多更多的部落或国家，与周人的样貌、文化截然不同。传说那边有高耸入云的山岭，还有无边无际的咸水巨湖。

亶父越飘越高，直升到九天之上，逐云而游。他穷极视野，看到了一个巨大的国度。

如何处理与这个巨国的关系，就是亶父要考虑的另一个重要问题——"东西"。

这个令他敬畏乃至恐惧的巨型国家，正是东亚大陆上的霸主，青铜时代的帝国——商国。

## 一粒铜的故事

火山的熔岩翻滚，大地的愤怒喷薄，在那混沌的末世光景中，一粒铜的结晶生成了。它深埋进了土石的缝隙里，之后的千万年，黑暗是其唯一的陪伴，直到一场山河易位的大震荡将它翻到了太阳下。

在空气将它紫红色的外表氧化成黑色之前，一个灵长类动物出现了。为了顺利地从树叶中发现果实，灵长类进化得对红色比较敏感。这个灵长类动物，准确地说，这个人类，眼力更好一些——他是部落里最棒的采集者。

他从沙土中拾起了这片铜晶，放在太阳下细细端详。铜晶在光的映射下现出华丽的光彩，令人啧啧称奇。

采集者小心翼翼地把铜晶放入兽皮制成的袋子里，从砂石满布的荒原带回了河边的聚居地。部落里的巧手者惊叹于铜晶的延展性——与石器不同，铜晶居然可以敲击成不同的形状而不碎裂。巧手者将其打磨成了一颗光洁的挂坠，挂在了采集者的脖子上。

日落西方，夜晚降临，人们在部落中央的空地上燃起跳跃的篝火。他们在火旁聚集，聊天、打架、祭祀、交合，分享情报与食物。采集者在那里把挂坠送给了一个姑娘，后来又挂在了他们的儿子身上。

佩戴者长大、老去，新的主人降生、埋葬。篝火旁的故事越讲越多。在某个不知名的日子，另一群人类不期而至，将整个部落付之一炬。

铜晶被丢进了一个装满战利品的筐子，与黄金、玉石、孔雀石挤在一起，随着征服者的步伐来到一个更大的部落。这里热闹拥挤，臭气熏天。夜晚的篝火旁同样聚满了人类，他们的故事比上一个部落更加精彩和刺激。

这个部落在数百年前就发现了自然铜,还开发出诸多加工它的办法。传说在遥远的过去,一个采集者从西方带回了一块硕大的孔雀石,酋长和长老们认定这巨大华丽的绿色宝物应该献给神灵,于是他们将孔雀石投入了火堆。

在高温与木炭的作用下,孔雀石上熔出了奇妙的液体。待火焰熄灭后,一大块紫红色的熔铜现身于灰烬之中。

这一伟大的发现点醒了智慧的先民。很快地,他们发现了其他可以煅烧出铜的彩色矿石,比如黄铜矿和石青。

寻找与制造铜的活动成了热门产业,数代人后,在第一块铜晶被捡到之处的地表下,一条巨型矿脉被发现。矿业与冶金业诞生了,铜晶的亲戚们相继来到光明世界。

红铜的冶炼与加工成为部落中最重要的生意,这种赤色的合金被打造成各种美丽的生活器具与饰品,价值不菲,只有部落中的长者和伟大的战士才配使用。一些巧手者成了专业的炼铜者,他们是史上最早的"炼金术师"。在炼铜的过程中,人类同步认识和研究了碳,这是人类掌握的第一种非金属元素。

又是漫长的岁月后,一位运气上佳的炼金术师有了惊人的发现:把锡石加入铜石一起冶炼,可以得到一种超赞的铜合金,熔点低,极坚硬。这种铜本身呈金色,氧化后则变为青灰色,所以被后人称为"青铜"。青铜优秀的塑形属性让人类拥有了一项新科技——铸造。

那颗铜晶和其他的铜一起被投入陶制坩埚,加入锡后制成青铜,青铜熔液又被倒入泥模制成长条状。在锻造者的精心打磨下,寒光四射的青铜兵器闪亮登场。这柄武器在此后染上了无数异族人类的血,战斗令它破损,回炉重铸又让它复原如新。

在这熔铸再熔铸的岁月里,人类长大了。石器时代结束,青铜时代开始。

这群人的后裔带着青铜武器不停地流浪于平原之上。终于有一天,他们在一处山清水秀的地方扎根,不再前行。铜晶被最后一次熔掉,这次它没有铸成兵器,而是变成了一座方形大鼎的一部分,安置在一座宏伟的"重屋"中央。

鼎上有很多奇怪的花纹,人类将这些纹路称作"文字",讲述着他们部落的历史。其中有一个文字是这些人给自己部落起的名字。

这个字,便唤作"商"。

甲骨文

金文

篆书

隶书

# 第二章

# 天作高山　大王荒之

## 半神半人·上篇

如果将周人的整个历史看成一条线，那么亶父就是一个结。在他以前，都是虚线；在他之后，半虚半实；到他的重孙子那一代，基本变成实线。

如果把华夏文明看成一条线，那么商人就是那个结。在其之前，天行九日而后陨落，风沙中有凤凰飞舞，龙女升腾，是神祇的历史（如果那也能算"历史"的话）；在其之后，大鹏归于苍梧，神使通天绝地，回归了凡人的历史。

为了讲述凡人的历史，我们要先回头去了解一下神祇的历史，从中挑出不那么玄幻与疯狂的部分，连缀成一个关于人而非神的传奇。这段传奇的靠谱性基本没有保证，如有雷同，纯属巧合。

话说从前有座山，叫乞力马扎罗山，山上没有庙，因为不会造。山下的大陆上有一群古猿进化而成的人，我们管他们叫"智人"。智人沿袭了猿类的习性，捕猎采集，结群而居。当团体规模大到本地资源难以供养时，便会分裂出小团伙，去到未知的远方讨生活。

在距今百万到十万年的时段里，他们走出了非洲，一部分北上当了欧洲人，一部分东进做了亚洲人。一万五千年前，智人的足迹已经遍布东亚，并去到了美洲。

这些北上或东进的团体面临着与非洲大陆完全不同的自然压力。他们必须要进化出更能御寒的身体，发明制作衣服和储存食物过冬的技术。此外，智人还要面对其他古人类的威胁，比如尼安德特人和东亚直立人。我们从小就熟知的北京人、元谋人、山顶洞人，都是东亚大陆上的"原住"古人类，并不是我们的祖先。

智人用了几万年的时间将大陆上的其他人种赶尽杀绝，然后分散到了广袤大陆的不同角落。由于地理隔离的存在，不同的小团体开始累积基因上的差异，比如身高，比如肤色。

距今一万年左右，地球史上最近的一次大冰期结束，气温回升，冰河融解，海面上升，森林疯狂生长，北京成了沿海城市，房价又翻了几倍——如果彼时有房地产的话。

万物喧嚣处，必听水龙吟。

冰川的消融带来了大量的水，水又汇成了汹涌的大河。滚滚河流奔腾激荡，为人类在森林中开辟出了适宜居住的场所，并带来了多种人类定居所需的宝贵资源。

其中有一条大河哺育了最多的东亚古人类，今天的华夏子孙亲切地称其为母亲河。"河"，这个壮阔的字眼在先民字典里特指黄河，如同"江"特指长江，其他河流则只能称"某水"。江、河、淮水、济水古称"四渎"，天下之水无出其右者，其中又以河为宗。河本不黄，在秦汉两朝有计划的大开发破坏了它中上游的水土环境后，河才被滚滚泥沙淤塞，得名黄河。

在河的滋润下，东亚智人的脚步得以走得更远，团体得以成长得更加壮大。

古阿西与古阿东

距今约六千年前，东亚大陆中部有两个智人集团迈入了新石器时代。第一支生活在黄河中游的黄土高原上，那时的黄土高原仍是青黄交替的草原。这个集团善于畜牧，逐水草而居，我们姑且叫他们"古阿西"。另一支生活在渤海和黄海之滨，沿海岸线分布，以渔猎为主业，我们姑且叫他们"古阿东"。

依靠发达的石器制造技术，古阿西和古阿东的人口都在疯狂增长，对于物资和优质土地的需求也在变大。两大阵营内部又衍生出无数个部落，彼此争夺土地与资源。

战争，让强者脱颖而出。

黄土高原土壤疏松，容易垦殖，所以古阿西们率先发展出了相对规模化的种植农业。在姜水河畔，一个种植技术领先到以"神农氏"自居的姜姓部落崛起，其首领"炎帝"成了古阿西的老大。火光烛天，神明托世，帝的本意便是天神与主宰。

注意，炎帝只是一个称谓，而非特指某个人，每一代的部落大长老都称炎帝。

几百年后，又一个卓越的部落出现在了姜水河畔。他们属于姬姓轩辕氏，在其领袖的指挥下开始挑战炎帝的领导地位，并最终在阪泉将后者击败。轩辕氏首领加冕为古阿西新的话事人，并以脚下土色为名，称黄帝。

此时的古阿西已经扩散到了黄土高原的边缘。对于土地的需求最终驱使黄帝部落走下高原，穿过丘陵，进入了泾、渭、洛水共同浇灌出的一块大平原，即今天的关中平原。落败的炎帝则沿汾水造就的狭窄平原向北发展，经桑干河向东，也进入了一片广阔的新世界，今天我们称其为华北平原。从上帝视角来看，炎黄二部发现的新世界其实在太行东麓连成一体。

处于地球暖周期中的华北平原温热湿润，原始丛林遮天蔽日，虎豹熊罴穿行其间，更有呆萌的大象四处游荡。中原地区为禹贡九州中的"豫州"，"豫"就是先民用长矛狩猎大象的画面。

这么肥沃的一块大平原就摆在这儿，为何文明成熟得更早、离得更近的古阿东在上千年的时间里都没有迁居过来呢？不是他们不想，只是这块土地上有一条凶残的大龙盘踞着。

这条龙就是大河，既是文明摇篮，又是文明杀手的大河。在高原与山脉的夹控下，黄河的中上游很安分，一条大河波浪宽，风吹野花香两岸。可一旦冲出太行与秦岭间的通道后，大河就成了华北平原上横行无忌的狂龙，抢夺其他河流的河道是家常便饭。以太行最南端为圆心，北到天津、南到江苏中部的扇形区域都置身于水患的威胁之下。

所有曾试图在华北平原上定居的部落都逃不过两个结局：要么被水祸吞没，要么就被迫迁移，总之是一夜回到解放前。这种核武级别的天灾在黄河下游一再重演，令古阿东诸部苦不堪言。但天不绝人祀，老天爷还是给古阿东留下了一处庇护所。

千里平原如镜中，一座孤山拔地起，绵延百里的山体让顽劣的大河也望而却步。山麓保护了古阿东，让他们在山海之间开创了灿烂的文明。古阿东们用一个表示洗礼、圣洁的意象给这座圣山取名为"泰"，煌煌烈烈，东兴泰岳，泰山作为中国古文明的重要图腾自此而始。

黄河的威胁与泰岳的守护

由于泰山亦简称为岱，故后世学者将古阿东创造的文明称为"海岱文明"。曾震惊世界的龙山文化、大汶口文化等都是海岱文明的组成部分。

整体而言，古阿西的垦殖技术更好，古阿东的玉石文化更棒。在各自理顺了内部结构之后，双方终于在华北平原上相遇了。

## 半神半人·中篇

久病成名医，多醉酒量提，只要功夫深，女神追成妻。经过长期而反复的探索，古阿东终于掌握了一点儿大河的脾气，还发现了水龙治下的安全区：华北平原靠近太行山的一侧以及靠近淮水的一侧都不会受到水患的威胁。

如获至宝的古阿东们开启了向山西和江淮一带的移民计划，而"走西口"的这一拨儿就毫不意外地撞上了"闯山东"的炎帝部落。

古阿东和古阿西肯定是知晓彼此存在的，但如此大规模的碰撞应该还是第一次。古阿东的领军者是九黎之君"蚩尤"，九黎即发源自远古部族华胥氏的九大分支。蚩尤下辖八十一个氏族（部落），战力强横，在神话中被描述为铜头铁额的战神。

既然两边都是来抢地盘的，那就别废话了，亮兵器吧大兄弟！双方抄起石头棍棒拼了一阵，炎帝被打得血刺呼啦，仓皇撤退。

独木难支的炎帝向古阿西大本营发出了求救信号，黄帝大哥责无旁贷，率领众小弟前来参战，凑足了一百个氏族，号称"百姓"。东西方两大文明集团的决战正式打响，这一役打得天昏地暗山摇地动，云霄亦为之鼓流激荡。

双方各有一堆神仙站台，比如蚩尤请了风伯雨师，黄帝那边来了九天玄女等等（见于《山海经》），神似希腊史诗《伊利亚特》中的特洛伊之战。最终古阿西在黄帝的领导下大获全胜，当代蚩尤被诛杀，新任蚩尤带本部逃亡南方。

炎黄之子成了中原的主人，古阿西的烙印就此镌刻于平坦肥沃的大地之上。黄帝部落迁居到了河南新郑一带，炎帝部落则迁居到了河南东南部。

击败古阿东诸部落后，黄帝前往古阿东的圣山祭天，以示对东方文化的尊重，这一事件后来被讹传为历史上第一次泰山封禅。当然，黄帝此举也有彰显武力的意思，如同霍去病大破匈奴后封狼居胥一般。

民族战争带来的往往不是民族灭绝，而是民族融合。在黄帝的主导下，古阿东和古阿西开始在华北平原上共融共存，并相互传播各自的优势文化。

部落大联盟的时代正式到来，和平成为东亚大陆的主基调。

两边公推黄帝为大联盟的首任盟主，之后盟主之位根据实力变化在不同部落之间传袭，通过权力轮庄来维持联盟的平衡。古阿东和古阿西分别都有部落当选过盟主。这一时期最著名的盟主莫过于尧、舜两位。

身为盟主，理应为整个联盟谋福祉，其首要大事便是"治水"。

大联盟的实现让治水成为可能，因为这是一项复杂度与工作量都十分恐怖的事业，若不能联合大河中下游的所有部落，基本不可能完成。历任盟主都下了很大力气去整治黄河，但始终收效甚微。直到"夏"族的首领大禹横空出世，巨龙终被制伏。禹由此赢得了前所未有的声望，成了新一代盟主。

首先要说一下"大禹治水"到底是怎么治的。古人没有能力在黄河这么宽的水系上造堤坝，只能围绕河岸修筑工事。一开始他们可能受到泰山的启发，想通过堆筑土山的方式重塑河道走势，俗称"堵"，后来发现完全是愚公移山事倍功半再半还半一直半。而禹改用了"疏"的方式——挖通黄河与其他河流之间的短点，通过接通一系列天然水道的方式主动指引黄河改道。

你不是喜欢夺别人的河道吗，我事先挑一条合适的让你去夺，去吧，去了就别再回来了。

禹之所以能在中华传说中具有如此高的地位，就是因为他发现了解决治水问题的抓手。

从"疏"的思路出发，覆盖下游上水段的中原地区成了治水的咽喉要地，这个"中原"大致涵盖了河南省中部与北部。首先，黄河在中原西部刚刚走出崤函通道（扇形的圆心），在此治水的影响面积最大；其次，中原地区水网密布，是唯一一块北方诸水系支流与南方江、淮支流都靠近黄河的地域，可选的河道多，挖水道的工程量也小。而夏族恰好就控制着中原一带的土地，这也是大禹能够完成治水大业的基础。

经过多年的勘测，大禹最终为黄河挑选了一条向北穿行，经过今新乡、邯郸东部进入大野泽，而后走东北方向入渤海的通道，世称"禹河故道"。这一设计非常科学，危害较小且可行性高，后世多个朝代的治河计划都以此为蓝本，禹不愧为不世出的领袖。

黄河此后安分了很长一段时间，虽然入海口仍屡次变化，但都是在北线附近摇摆。直到两宋时期，由于北方国家不懂治水，黄河再度侵犯到泰山以南，并毁掉了淮河河道。今天的淮河是没有入海口的，只能委屈巴巴地汇入长江。另外，如今我们看到的黄河下游河道属于古时的济水，换句话说，济水被黄河给吞了……"四渎"最后被搞得一死一残，可见跟神经病相处有多难。

## 半神半人·下篇

治水的成功让禹的声望高到了不可想象的地步。大家相信他的家族已掌握了上古第一大杀器——"黄河改道功"。通过掌握中原，他在天下诸部落的心中建立起了"降龙者"的神威，其影响力远播江淮。凡人眼中的他简直就是一个神，连龙都无法与之匹敌！

乘着这阵威孚四方的东风，夏人决定废除轮流坐庄制，把盟主之位扣在自己家里。禹退位后，继位者是他的儿子启，"大联盟"变成了"一言堂"。

盟主世袭制改变了民族之间的方位格局。古阿东和古阿西的二分法不见了，取而代之的是"中央民族"与"四方民族"的体系。

夏人就是第一代中央民族，他们不再从属于西或东，而是独立于四方民族之上，自成一档。不服者当然也有，但夏族本身实力也甚为强大，将反对者通通歼灭；更多的部落则受制于夏族手中的"核武器"而不敢造次。

等到启的儿子太康上位之后,一个来自泰山腹地的部落向夏人发起了强势挑战。背靠泰山的人不怕大河,他们有货真价实的"靠山"。这个部落在首领后羿的带领下,依靠强大的弓箭战胜了夏人,并一度占据中原地区数十年,史称"太康失国"。其后太康之子少康卷土重来,又夺回了中原。

夏,四时壮盛之季,万物生养之节。夏的象形便是一个手持农具的大神,矗立平原上,唤出万谷熟。

依靠发达的农业技术,夏巩固且维持了其中央民族的地位,逐渐成为高贵与文明的代名词。《说文解字》曰:"夏,中国之人也。"

甲骨文　　金文　　篆书　　隶书

天上浮云似白衣,斯须改变如苍狗。如此延续四百年后,新的挑战者终于降生了,正是前文所书的商人。这个以玄鸟为图腾的民族先于东亚诸部走入了青铜时代的圣殿,在烈焰与熔炉中打造出了锋芒四射的宝器。

夏人的水龙只能用一次,而且可操控性差,一个不小心就会大水冲了龙王庙,伤到自己人。就算没有伤人,伤到花花草草也是很不好的。商人的青铜黑科技则清洁无污染,单兵装备随身携带,实为居家旅行杀人灭口必备良品。

公元前 1600 年左右,商人在其首领"汤"的带领下驱逐了夏人的最后一任首领"桀",加冕为第二代中央民族。新的霸主利用黄河两岸的平原发展农业,并组建了比较成熟的国家型政体,在政治、经济与军事所有维度上甩开了其他部族。商人甚至驯化了中原的大象,利用这种巨兽来干活和打仗。

玄鸟之族的辉煌又持续了六百年,青铜文明在这期间缓慢地扩散至四方的开化民族,最终取代玉石文明成为时代主流。

商族脱胎于古阿东,却不把自己视为古阿东的一分子,全因他们已拥有了中央民族高傲的自我认知。商人把四方民族打包起了名字,东方人为夷,北方人为狄,西方人为羌、戎,南方人为蛮,自己则是居天下之中的神族后裔。他们扫荡四方,视其他氏族为猪羊牛马,抓来后肆意驱使或用于祭祀,且尤其喜欢使用羌人作为供奉神祇的祭品。

商人抓捕羌人、献祭羌人甚至食用羌人的热情极为高涨,简直到达了变态之境。平原之上、大河之畔的羌族如待宰羔羊,关中很快被扫荡一空。

古阿西的后裔们被迫放弃了祖先曾征服的土地,凄凄惨惨戚戚地退回了黄土高原之上,或迁居到东方、南方以求平安。曾经热闹的渭河平原霎时变得空空荡荡,温婉的河水静静地等待着它新的主人。

不知多久之后,失魂落魄的亶父来了。

新的史诗,开始了。

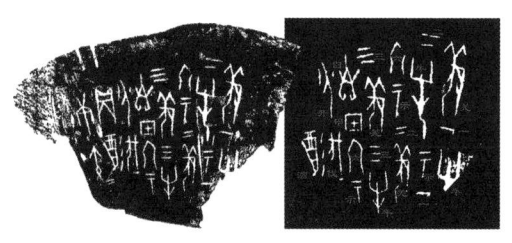

"酒升伐,自甲六示三羌三牛,六示二羌二牛,示一羌一牛。"自(上)甲六示、六(大)示及(小)示代指不同级别的祖先神,对应不同数量的羌人人牲与牲牛。

甲骨卜辞残片《合集》32099

# 第三章

# 玄鸟于飞　其芒辉辉

**天生玄鸟，降而生商**

此时的东方大地上，无数的部落如星辰般散落，人口多则数万，少则千百。好一些的已经建起了城邦国家；次一些的就跟野人没什么两样，赤身露体、茹毛饮血。

在星辰的中心，是太阳一般的中央民族——商。从商汤立国到武丁中兴，商已经成了"邦畿千里、治民百万"的超级大国，呈现出"一超多弱"的国际格局。

与中华历史上所有的"伟人"类似，商人也给自己的祖先赋予了一个十分奇幻的来历。《诗经·商颂·玄鸟》曰："天命玄鸟，降而生商。"关于这个"玄鸟生商"的故事，在古籍中有非常多的版本，《竹书纪年》中的版本我比较喜欢，最是原始狂放。

初，高辛氏之世妃曰简狄，以春分玄鸟至之日，从帝祀郊禖，与其妹浴于玄丘之水。有玄鸟衔卵而坠之，五色甚好。二人竞取，覆以玉筐。简狄先得而吞之,遂孕。胸剖而生契。

简狄是契的母亲,三皇五帝中帝喾的二老婆。有一天她和妹妹在外面洗澡,突然来了一只"玄鸟"盘旋不止,还吧嗒落下一个蛋来。姐妹两人知道这是神物,纷纷上前争抢,最后是具备强大吃货属性的简狄得手了。

一卵下肚,简狄很快大了肚子,生下商人始祖"契"。

因此商人真正的父亲是"神使"玄鸟,而非帝喾。神族血脉便由此而来。

司马迁在《史记·殷本纪》中记载了另一个版本:"殷契,母曰简狄,有娀氏之女,为帝喾次妃。三人行浴,见玄鸟堕其卵,简狄取吞之,因孕生契。"

这故事的真相大概如此:在一个万物苏生的春天,帝喾带着二老婆和她妹妹,在祭祀完成后前往沐浴,遂春兴大发,露天交欢。一场充满着浪漫色彩的交合结束之后,简狄怀孕了。

故事的主人公从姐妹两人变成了夫妻三人,故事情节则成了一场隐藏在正史中的野合,弥漫着浓烈的先民荷尔蒙。本质上这是一种先民生殖崇拜的体现。鸟从古至今都是男性生殖器的虚称,吃卵代表什么就更不必说了。

长大后的契在"商"(今河南商丘附近)建立了自己的势力,他统辖的族人从此以商为氏,演化为子姓分支中最大的一脉。

一个氏族集团的成员为了标明其血缘系统,常会选择某种动物、植物乃至自然元素作为共同起源,由此衍生出图腾崇拜。追逐太阳的鸟是太阳神在凡尘的具象,又被视为可以振翅往来于神域人间的使者,故经常出现于各大陆的原始图腾崇拜之中。衔蛋而来的"玄鸟"获得了神性,成了商人的图腾。在某些祭祀先祖的刻辞中,商人会把祖先的名字刻成鸟形,可见他们对自己羽族后裔血统的推崇。

关于"玄鸟"到底是什么品种,今人有不同的看法,比如凤凰、雉、猫头鹰等,其中流传最广、见书最多的说法是燕子。《竹书纪年》载"春分玄鸟至",说明这是一种春天飞来的候鸟。《吕氏春秋》在描写这个吃蛋的故事时,更是直接写作"帝令燕往视之,鸣若谥隘"。所以商人的祖先,大概率就是燕子。

商人书写高祖王亥之"亥"时曾用的鸟形

玄鸟之族在黄河之水浇灌出的平原上不断地迁徙,逐步成长为中原大地上最强大与文明的部族。至成汤之时,商人的国家政体走向了成熟化,具备了争雄天下的资本。

商族能够较早地形成国家形态,源于他们的内功外功都达到了进阶水平。内功就是生产能力,够强大;外功就是阶级(社会功能)分化,够复杂。而阶级的分化又源于三类核心资源的私有化,即宗教权、青铜、奴隶。

与希腊类似,奴隶是商人经济体系中重要的一环。在生产力还很低下的先民时代,对一部分人的剥削,才能使另一部分人先富起来,或者至少先闲下来。富贵闲人们当然不会想着"先富带动后富",因为奴隶并不是经济意义上的人,只是一种被异化的牲畜般的资源。这种异化的确是残忍的,但一部分自由民却借此从土地劳作中解放出来,开始发展文字、艺术、宗教、政治体系等上层建筑,用剩余产品去点亮科技树。

劳动不会造就文明的进步,自由才会,但是劳动可以创造自由。或者更准确地说,在那个时代,一部分人的劳动才能造就另一部分人的自由。

这些自由的商人成功地点亮了科技树上的"冶金术"。他们在大河流域的山地发现了铜、铅、锡的矿石,将它们糅合在一起并冶炼提纯后,获得了坚固而有韧性的青铜。

青铜得名于铜器氧化锈蚀后呈现的青绿色,新铸的铜器则呈金色,故古语中"金"多指铜。

也许掌握了青铜技术的民族不止商人一家,但商人在冶铸技术上的领先性和成熟度无疑是独一档的。当绝大多数部落还在其乐融融地采种渔猎之时,商人已经可以挥舞着量产的青铜兵器,砍瓜切菜一般地扫荡异族的战五渣。

青铜器的发展带动了祭祀活动的复杂化、高端化,令商人在神鬼的世界里沉沦。祭祀的极大繁荣又促使商人发明了用于祭祀和占卜的象形文字,用来交通鬼神,铭刻圣迹。

最早出现的一批文字都与祭祀有关。祭司将祭祀活动中的动词、名词画在地上,又抽象为简笔画一般的书写符号,逐渐演化为成形的文字系统。为了长期留存,这种文字被刻在了龟甲与兽骨之上,故称"甲骨文"。早期甲骨文又逐步演化为铸在青铜器上的金文和晚期甲骨文,二者的区别类似于印刷体与手写体。

文字是人类创造过的最伟大、最强横的武器,加持效果绝不亚于青铜,其力量可以贯穿时空,横跃山海。

文字让文明得以在代际进行有效传承,加速了商人智慧与经验的迭代和裂变,这对于能够使用工具的种族而言是一种质的飞跃,比口口相传的效率和精准度高了N个量级。文字保证了种族中所有偶然或必然的发明创造都可以准确传承,其"复利效应"极其巨大。

文字的诞生还让他们掌握了历史——如果世界上只有一个人能进行记录,那么已经逝去的时间便成了他的私有财产。当数百年烟云变幻之后,曾经见证历史的人类终将全部化为尘埃,唯有掌握文字的民族才拥有历史与时间的解释权。

商民如燕,归去来兮,燕燕往飞。

商人在大地上纵横捭阖,不断寻找水土肥沃、灾害较少、铜资源丰富的风水地方,变成了搬家专业户。自商汤建都于亳(今商丘)后,商人进行了多次迁都:中丁迁于隞,河亶甲迁于相,祖乙迁于邢,南庚迁于奄。经历了漫长的流浪岁月,他们最终定居在了河南省的东北角——商朝第二十任君王盘庚将都城搬到了殷,从那时起到武乙继位,商人在此经营了近两百年。

商人的势力在殷达到了鼎盛,真正做到了威孚四邦,天下共主。郭沫若曾叹:"洹水安阳名不虚,三千年前是帝都。"

殷位于今河南省安阳市,居天下四方之中,称华夏之核心。各路领主来此朝拜,四方的资源在此汇集,各姓的使者在此交流,殷是所有方国之居民都向往的超级大都市。

为了统御四方诸国,商王建立了"内外服"制度。内服是商人的本土,即真正的"商国"领地,差不多有今天的河南省那么大,即狭义的"中原";外服是商族以外的属国。商王位居这个联盟的顶点,靠强大的武力让各方国部落匍匐脚下。

简单来说,内服是自己的亲弟兄,外服则是后来收的小弟。外服的方国接受商王给予的封号,并对内服承担一定的义务,如筑城、纳贡、参与联合军事行动等;商王对外服所拥有的土地和人口给予合法认证,承认他们在各自辖地内的权利,不定时地帮他们处理一下部落冲突。

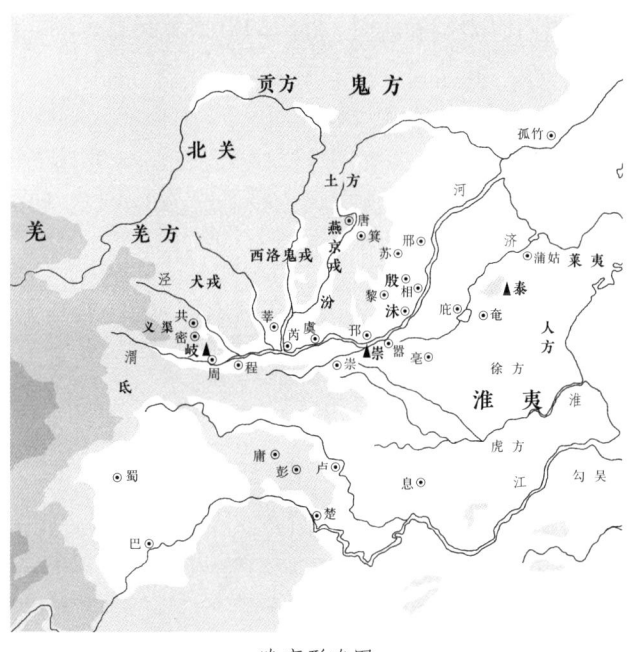

晚商形略图

维系这个体系的关键在于商王压倒性的军事优势。商人曾经也只是个世界边缘的部落,是强大的武力让其夺取了中原,所以肌肉和刀剑被他们奉为金科玉律。商王会定期带着军队以狩猎的名义巡游四方,并时常发动惩戒性的局部战争,在别人家门口舞刀弄枪是他们的一种娱乐活动。

除却我等神族后裔,其余皆是蛮族。

商人从未考虑过用先进文化去同化和改造"野蛮人",他们是高高在上的神之子民,不屑于与门外的蛮子为伍。即便获得了外服准入许可证的他族也并不被商人视为同类——内外服之间永远隔着一道鸿沟,没有神赐的血统,就永远也成不了神祇庇护的子民。

棍棒底下出顺民,但出不了真朋友。可想而知,商的内外服联盟并不牢固,每当内服力量衰弱时,外服的群狼就蠢蠢欲动。有商一代,治乱反复已有多次,战争成了大陆上永恒的乐章。

## 青铜之邦,上神之国

商,一个令亶父感到敬畏的字眼。

他祖祖辈辈治理的周国太小了,在商人的眼里,自己的部族大概只是支一文不名的西方蛮族。

周人的祖先是西方某支古羌人,与商王朝有很长的交往历史。周人的同盟"姜"也是羌人的一支,"姜"跟"羌"是一回事,曰族为羌,曰姓为姜。为了抓捕羌人,商的军团曾经无数次地向西开拔,将统治范围一步步扩大到羌人生活的区域。

商人西征的记录很多,目前可考证的规模最大的一次由传奇女将军"妇好"率领,她是商朝第二十三任王——战神武丁的老婆,"妇"字是与王亲近的女人的标志。妇好麾下的军队数量超过一万,这个规模盖过了多数羌人部落的人口。商军所过之处,羌人像草原上的两脚兽一般奔走,无数部落被掳掠,被屠灭,被焚烧,被从大地上干干净净地抹去。

在羌人的传说里,商国军团仿佛是从另一个世界走来的神兵,他们挥舞着寒光四射的金属兵器,驾驭着高大的战象,摆着整齐的队列,将羌人最强壮的战士摧枯拉朽般地击杀。

每思及此,亶父额头上都会冒出一层冷汗。

他有幸拥有过少量自商流传而来的青铜器,那是他的祖先为商人服务而换取的勋章。青铜是一种和土石完全不同的材质,擦拭后泛着令人敬畏的金色光芒,比最温润华美的玉器还要令人惊叹。上有饕餮兽纹盘踞,神秘而刚猛,似有神力蕴含其中。

若有朝一日我的族人也可以造出这样神赐的器物,那该是多么的幸运啊。亶父心中或许会响起这样的声音。

每过一段时间,商王都会带着军队到处巡游,接受四方之民的臣服跪拜,抹除不服从或者看不顺眼的邦国、部落,并掳走大量的异族人作为奴隶。商人将天下四方的城邦国家称为"方国",并给他们所知的每个方国赋予一个名字。偶尔,他们会从方国中挑选出忠诚能干者,擢升其为商国在异族地区的代言人,并封个爵位给他们。

对于高高在上的商,小部族们只有仰望的份儿,而获得一个中央认证的"名字"不啻一种荣耀。当然,并不是所有的方国都乐意跟在商国人屁股后头亦步亦趋,无奈商人实在太过恐怖,左右开弓,东征西讨,打得小部落们不服不行。众方国与商的关系也是有亲有疏,时从时叛。

周人的祖先很可能曾是商人的附属。《史记·周本纪》载:"后稷卒,子不窋立。……公非卒,子高圉立。高圉卒,子亚圉立。亚圉卒,子公叔祖类立。公叔祖类卒,子古公亶父立。"高圉、亚圉、公叔祖类三位周人先祖都曾被商王封授为"邠侯","邠"就是"豳",即豳地之侯。若这份族谱属实,那亶父一脉从太爷爷辈起就是得到商王认证的侯爵世家。由于缺少其他佐证，这份"贵族血统"的真实度存疑，我姑且说之，诸君姑且听之。

亶父一场不怎么浪漫的逃亡改变了他自己，也改变了世界，但这还算不上那一年东亚大陆上的重大新闻。那一年国际报纸的头版头条，是《新王继位》。

就在周国迁到周原的这一年，商国完成了领导人的更新换代。

新任商王名瞿，史称武乙。武乙是他的庙号（祭祀时用的官方称呼），死后经占卜确定。在瞿活着时，商人一般只称呼或记录他为"王"。周人迁岐的这一年就是"武乙元年"，这似乎暗示着商国与周国命运的某种玄妙联系。

武乙端坐于殷都的宫殿中，四下无声，略显寂寥。刚刚继位的新王脸上没有欣喜和兴奋，倒有几分愁容。大商国此时依然是天下无敌的神国上邦，但聪慧的武乙却从繁华的表象下嗅到了一丝丝腐败的味道。

雄才大略的成汤，军威盖世的武丁，这些伟大的先王都已远去。此时的商国已过了繁花似锦的全盛期，自武乙的爷爷祖甲去世后，商国国力日渐衰弱，国内国外的动乱都在加剧，这只玄鸟已经在悄然地失去元气。

武乙的爷爷祖甲在位时，商国的战斗力依然处于鼎盛期。祖甲在位三十年左右，别的事儿没怎么干，就是一门心思地搞西征，重点打击最剽悍的西戎诸部。在各路外服小弟的全力支持下，西戎被打得抱头鼠窜，商的势力范围一度推进到了甘肃东部。

也就是在这一阶段的西征中，一个打仗特别卖力的部落进入了祖甲的视野。这拨人体格上佳，且与戎狄杂居已久，熟悉当地情况，自然战绩出众。战后的封赏大会上,对其表现十分满意的商王决定任命此部落的首领为西北蛮族管理员。

这名首领叫组绀,后世亦称公叔祖类,正是亶父的老爸。

若以后世的皇帝做比,祖甲乃是一名秦皇汉武式的老大,特性是"好大喜功爱折腾"。年轻的时候他玩命打仗,晚年打不动了,就琢磨着搞点政治文化建设,力图证明自己"文治武功双管齐下"的能力,在历代商君里获得一个比肩汤武的崇高地位。

为实现这个目标,祖甲修订了《汤刑》,更新了文字和历法,还大幅度改革了占卜祭祀的规矩,开发了一套标准化的祭祀流程,史称"周祭"。关于周祭具体是个什么系统,我们后面再详细地聊。

祖甲的才能是值得肯定的,但是心急吃不了热豆腐。其大刀阔斧的政治宗教改革引爆了统治阶级的内部矛盾,"繁刑以携远,殷道复衰",商的力量在盘庚中兴之后又一次走上了下坡路。

屋漏偏逢连夜雨,断腿的蚂蚱碰见鸡。还没填好自己留下的这些大坑,祖甲就登上了周祭的先王名单,往生极乐去也。他的死被后世视为商朝百余年盛世的终结,商的经济与科技实力在他这一代也基本达到了巅峰。目前传世最大的青铜器"后母戊鼎"就铸造于祖甲或者他哥祖庚的时代,后母指"伟大的母亲",即祖甲和祖庚的老妈。此鼎以前被误认为"司母戊鼎",后来学者发现商人写字是可以左右翻转的,鼎上的"司"字其实是个翻过来的"后"字。

祖甲死后,商国陷入了短暂的混乱,被商国压制了多年的羌人诸部又开

后母戊鼎及"后母"金文

始活跃起来。羌人国"羌方"在陇西崛起，不停地进犯商国边境。

接替祖甲登上王位的是他儿子廪辛。小伙子非常生气，我刚继位你们就搞事情，这是摆明了不给我面子！

廪辛颇有乃父之风，他努力聚拢起了祖甲当年的小弟们，再次发动西征，把羌方打了个七零八落。其中有一支蚕丛氏被打得跟组织失去联系，其残余人口翻过玉垒山脉逃入四川盆地，成为古蜀国的一支。唐朝诗人李白作《蜀道难》，开篇即有"蚕丛及鱼凫，开国何茫然"之语，这个蚕丛就是羌人一脉。

羌人是大草原上的离离之草，野火烧不尽，春风吹又生。他们可以被击败，也可以被杀死，但永远无法被肃清。羌人的诸多后裔一直不停地骚扰着后继的历任商王，顽强地等待着那个能带领他们走向胜利的人。

历史上有个有趣的现象：一个王朝在发展壮大之时，不仅文臣武将辈出，老大也是身强体壮生殖力倍儿棒；而到了衰落期，不仅朝野人才凋零，帝王的身子骨也一代不如一代，经常英年早逝外加子息不旺。廪辛在位仅六年（一说四年），还没把他老爹留下的烂摊子收拾好就病死了，有子与否不详。

廪辛将身后事托付给了弟弟康丁，这是商国历史上最后一次兄弟相传。

康丁，姓子名嚣，《史记》中将其写作"庚丁"。

商民怀着悲痛的心情迎接了这位新王，期待他能统合四方外服，扫清商族晦暗，重现祖上荣光，做大邦之国的中兴之主。

康丁上位之后的工作是努力的，成绩也是有的，继位几年之后，就……死了。

商民的内心是崩溃的。

烟火飘散在风里，鲜血涤净于水中，一场大型的白事过后，殷都的墓葬坑里又多了一套棺椁。日子还得接着过，帝国的薪火也还要往下传。康丁之子武乙在茫然中登上了王座，望着座下众多陌生且苍老的面孔，准备直面命运的挑战。

## 帝在上

与刚刚完成搬家的亶父类似，摆在新王武乙面前的问题也有两个：一曰"戎"，二曰"祀"。

《左传》有言，"国之大事，在祀与戎"。"祀"就是祭祀，"戎"就是兵事。祀是对内的把控，戎是对外的处置，二者合起来就是国家机器的运作。兵事赢了可以获得奴隶与资源，进而更好地进行祭祀，然后在神的庇佑下打赢更多的仗，获得更多的奴隶与资源，如此周而复始。

国之大事本应是王的绝对领域，可对此时的武乙而言，这两件大事都成了烦恼歌。

我们先说内部问题——"祀"。要阐明这个问题，得从商人的宗教说起。

自第一个仰望星空的猿人蒙昧初开后，人类就未曾停下对万物探索的脚步。以人类智慧之有穷，解宇宙秘密之无穷，一定会遇到天花板。当外物之变超出了人类的经验和智慧范畴之时，"神"与宗教就诞生了。

宗教是人类向上求索的副产品，也是人类构建团体协作的衍生品。最初的智人们可以通过血缘关系彼此相认，组成一个亲戚团队，依靠合作的力量去战胜其他人种和动物。后来生意做大了，团队要扩张，血缘的组织力就不够了，因为你三婶的二大爷的表姑父的儿子跟你实在是不熟，难以互相信任。

为了解决这个问题，人类发明了语言，大家靠大量的信息交流确认团体成员的特征和可靠性，使得血缘关系较远的人也能组成利益统一体。但语言的组织力也有其极限，毕竟嘴巴的交流效率和脑子的读取能力是有限的。

尤瓦尔·赫拉利在《人类简史》中提出，靠语言与八卦能维持的团体规模大概是150人，自此以上，无法仅靠交流去让团队中的每一个人都相互了解与信任。而要构建城市、国家这种大型集合体，就需要一种更形而上的东西——故事与宗教。我们信仰同一个神，相信服从神的安排可以活下去，违背神的旨意将遭受天谴，这就是最早的社会公共准则。

神的组织力几乎是无限的，基于同样的神话信仰，大规模的人群可以拥有同一个范畴下的身份认知，进而遵守同一套制度或戒律，实现更加宏观尺度上的分工协作。

神未曾创造人，是人创造了神。或许社会性动物本质上就有被统治的需求。

那么，商人创造了怎样的神呢？

最初，商人把自己无法揣度，又赖以为生、无比敬畏的大自然当作神，祭祀对象包括河神、山神、风神、雨神、日神等，乱七八糟包罗万象，这叫万物崇拜。但商人也不是什么神都祭祀的，他们有时也非常"务实"。祭与不祭，怎么祭，取决于这个神对我有没有用。比如商人祭太阳但不祭星辰，因为太阳让农作物生长，星星则非常鸡肋，毕竟商人又不航海。

这听起来一点也不浪漫，完完全全是农业社会的实用主义特色。

神的队伍伴随商人巫术的拓展不断壮大，而后形成了四个大类：帝、天、地、人。天神即日神、风神、雨神等自然神；地神包括四方神、土地神、山神、河神等；人神则是祖先神，包括先王、先公、先妣等等。

在天地人之上，至高之神上帝端坐于神权金字塔之尖。请注意，"上帝"并不是一个舶来词，很多人以为上帝是基督教的专有名词，殊不知我们的祖先早就在频繁地使用它。最初来到中土的传教士为了让华夏子民快速理解上帝的尊崇，借用了这个词来翻译耶和华。

甲骨文　　　金文　　　篆书　　　隶书

甲骨文中的"帝"，形如苍穹中发自一点的万丈光芒，穷极浩渺，真真是孤独而灿烂的神。他居住在高高的九天之上，离人类十分遥远，其心与意，凡人不可妄言。

人间万丈火，九天一束光。上帝在凡尘中没有偶像、没有庙堂，亦没有直接和凡人沟通的渠道，十分神秘和高远。这种疏离感造就了神的崇高性与纯洁性。鬼神祭祀的极大繁荣则培养出了虔诚、敬畏的信徒。

商人是非常敬畏神明的，而且是真正意义上的敬畏。

究竟何为敬畏？

今人拜神，往往只是求神办事，赐我好运赐我考试通过赐我升职加薪迎娶白富美走上人生巅峰之类,香火钱相当于对神的贿赂。好一些的人是持续性贿赂,早晚礼拜请香,差一些的只有遇到麻烦时才去临时抱佛脚。而且在求神拜佛之时,今人口中使用的都是祈使句。

这本质上是一种对神的贪婪,他们心中信仰的不是神,是福报,更准确地说,是利益。

贪婪的信徒只能供养出贪婪的神。

商人几乎从不直接向神祈求什么,他们只是殷勤地祭祀,希望讨得上帝的欢心,然后通过占卜去揣度上帝的意思。

比如他们不会直接祈求上帝多降一些雨水,那太任性了,他们只是通过占卜去揣测神意,看上帝是要赐予我们风调雨顺还是洪涝干旱,或者如果有灾祸来到,我们需要献祭什么。特定的巫职人员会定期通过仪式与甲骨的灼痕与神交流,他们使用的术语不是祈使句,而是疑问句,而且是正反两面设问,由此来战战兢兢地揣度神意。

为了探知上帝的心情,得有个能看懂他老人家意思的使者,毕竟上帝不会直接给你打电话或者发邮件,由此就诞生了"巫"这个职业。

巫者,通灵之人也。

商族内部巫卜之风大盛,所以"巫"在部落中的地位很高。商人非常迷信鬼神,几乎日日祭,事事卜,占卜祭祀成了国家资源最重要的消耗点,巫也由此进入了国家的权力核心。在那个年代你要是说一个人"真见鬼",那多半是在夸他有地位。

早期受母系社会影响,巫师多为女人,"巫"特指女巫,男巫称"觋"。华夏神话中的女娲大神就是一位女巫。娲的繁体写作"媧",拆作女、冎、口。口在甲骨文中指容器,冎是倒过来的"骨"字(牛骨），所以娲就是一位用牛骨占卜的女性大巫。后来男巫师越来越多，"巫"便失去了性别指向，成了巫师队伍的统称。

巫的甲骨文有时写作手中抓着的"工"具，有时写作十字架的形状，这说明人家是有装备的。操作祭祀仪式的时候，巫们头戴面具，手持法具，口吐祝词，且行且舞。他们戴的面具叫作"终葵"，由专门的工匠家族制造，方形尖顶，上刻云雷之纹，民间传说里捉鬼的"钟馗"就是取其谐音。

甲骨文　　　金文　　　篆书　　　隶书

商的神灵体系很丰富，各类神的重要性在不同时期有所变化。前期对于自然神的祭祀相对较多，随着人们对自然规律的认知越来越清晰，这类祭祀便越来越少，到了祖甲、文丁时期，已经很少祭祀自然神。

所谓"知识改变命运"，于人如此，于神亦然。商代后期，国家的祭祀资源几乎全部喂给了一种神灵——祖先神，可以说成熟的商国宗教就是建立在祖先崇拜之上。

## 祖先在中

放眼世界，以祖先崇拜去支撑国家宗教的例子几乎绝无仅有，因为祖先神体系存在天然的推广难度。

你让其他民族跟你一起祭祀太阳，那很容易理解，太阳神当然是辉煌伟大的。但祖先神说白了就是你家的先人，凭什么把你的家事儿变成大家的公事儿啊？

答：凭我拳头大。

强者不仅掌握话语权，还掌握意识形态的塑造权。这是我家祖先神，你有权利选择不信，但我也有权力把你物理超度。

暴力推广粗鲁而有效，但只有拳头是远远不够的。

商人选择祖先神作为核心祭祀对象并非偶然。商王管理着一个复杂而庞大的多民族联盟，想要让联盟中的每一家都信服他，必须用一个自洽的逻辑来确立自己的"正统性"，让异族人不敢也不能窃取自己中央民族的地位。这套逻辑的编写过程就是所谓的"构建意识形态"。

为了实现这个目标，统治集团决定联合祭司（巫）们下一盘大棋。

首先，既然大家都信神，那就不要你信你的我信我的，太乱了。商人建立了一整套固定而完整的神灵系统，着重确立了上帝至高无上的地位。

"上帝"者，至高全能也。原始宗教经常采用图腾神、有形神作为主神，比较容易被信徒理解；而覆盖相对广域、发展相对成熟的宗教则多采用无形神、全能神，这种神也许会幻化出人形以显露圣迹，但本质上仍是无法描述、无法刻画的。只因这样的神才有最强的系统兼容性和最高的解释力。

真神无相，而又包罗万象，它自然是高于一切的天花板，逻辑上挑不出错误。这样的神明在主体信仰民族向外扩张的过程中，可以比较方便地嵌合乃至吞没外族的原有神灵系统。

对于上帝，大家伙儿还是认可的。

第二步，商人开始将上帝抬高再抬高，直至"绝地天通、人神不扰"。天神无有降地，地祇不至于天，人再也没有任何机会直接与上帝直接交流，他老人家至此成为悠悠苍天外至尊孤绝的存在。

第三步，赋予王族"半神"的特性，实现"君权神授"。你红口白牙地宣称大商王族本就是神，不太容易让人相信，但活人不行，可以从死人身上做文章，毕竟死后的世界谁也看不见，无法证伪。

按照商人的理论，商王活着的时候是世俗世界的统治者，死后则"宾于天""宾于帝"，服侍上帝左右，成为人间联系上帝的唯一途径。凡人不能祭祀上帝，但可以祭祀商王祖先。祖先神们高兴，上帝才能高兴；反之想让上帝高兴，先让祖先神们高兴。这样既不影响天帝之尊崇，又让王族以"帝仆"的身份与凡人划清了界限。

祖先神相当于一个夹在天帝与凡人之间的垄断层。天主教的统治思路与此类似，教士们宣称背负原罪的凡人不能直接向上帝祷告，必须通过教堂和神父来传达。你虽然不能和上帝交流，但你可以给教会捐款嘛，你捐得越多，我们帮你祈祷、赎罪就越多。教会由此达成了对教徒的支配和剥削，教皇的权力甚至凌驾于国王之上。后来部分宗教人士不服教皇与教会的垄断地位而创立了新教，新教徒可以直接向上帝祈祷，没有中间商赚差价。

第四步，构建人民的宗教热情和迷信心理。只有理论是不行的，实践才能出真知，或者实践才能把理论变成真知。具体做法就是大肆发展巫术，强调鬼神崇拜，构建复杂的祭祀、占卜仪式规程，把宗教活动变得越发频繁和盛大，将巫卜渗透到国民生活的每一个角落。国家的政治、军事都要仰赖宗教的支持。

"殷人尊神，率民以事神，先鬼而后礼。"鬼神思想一路演化到了变态级别，大事小情就没有不需要占卜的，阴晴雨雪、结婚生子、头疼脑热、播种收获，简直要烦死祖先神了。老百姓如此，贵族也不能免俗，通通迷信得一塌糊涂。

臣服

神权与宗教融入了王权与政治,祭司阶层也转化为贵族阶层。商人的宗教从前期"农业"性质的宗教,变成了"宗法"性质的宗教。

第五步,依靠武力、文字或技术的传播把商人的宗教扩散到被征服地区,让商王的神也成为异族的神,让异族的子民也成为商王的子民。

迷信这个东西很奇怪,它有很强的心理暗示效果和从众特质,所谓"信则灵,灵则信,越灵越信,越信越灵",当你身边的人都信的时候,你不信都不行。以先民的智慧水平,他们很难去质疑与阻止自己拜倒在这样一场宏大的宗教造神运动之下。

漫长的造神工程经历了很多世代,最终大获成功。子姓王族确立了自己的"正统":祖先神只会保护他们的后人,所以若有外族人胆敢觊觎我族王位,那我先人们会很生气,上帝也会很生气,后果就会很严重。

人类社会生产力的发展与社会组织形式的发展相辅相成,从氏族社会走向宗教背景下的王权帝国是社会发展的理性选择。神学是人类心灵深处的需求,令人无从抗拒。

后代商王对于他们先人构建起的这套系统深信不疑,或者不管他们内心深处是否相信,表面上都表现得笃信且虔诚。

宗教的艺术就是把控人心的艺术。

商王靠祖先神这套系统将众多民族玩弄于股掌之间,轻松写意。

再加上商族武力强悍，百战百胜，"神的庇佑"就愈显货真价实。每次遇到迁徙、战争等重大事宜，商王都要拉祭司来卜一把，以便"师出有名"，获得政治正确。其中最有名的案例莫过于"盘庚迁都"。

商国第二十任君主盘庚是一位中兴之君，他继位时恰逢政治暴乱，贵族之间相互倾轧，祸连数代。为了拨乱反正，盘庚决意迁都于"殷"，将各方势力洗牌重来。此举当然招致了部分贵族的反对，于是他招来祭司行龟甲之卜，看看上帝对迁都支不支持，上帝表示我当然是支持的。

这时候贵族们再不从，盘庚就可以名正言顺地动用暴力机器逼他们就范，平民阶层亦选择遵从神的旨意。盘庚由此完成了向殷的搬迁，后人将商称为"殷商"，将商人称为"殷人"自此而始。

规则这种东西，对于弱者是束缚与枷锁，对于强者就是道具和武器。

什么叫顾全大局？我最大，所以我就是大局。

## 贞人在下

掌握了天帝的商王顺利统治了很多个世代，然而这套系统存在一个漏洞，运行到晚商之时终现弊端——神权压制王权。

简单来说，就是祭司们翅膀硬了，管不住了。

祭祀的重要性赋予了祭司们莫大的权力，他们的队伍在壮大，他们的资源在扩张，他们的欲念在膨胀，逐渐形成了一个能钳制王权的"贞人集团"。

贞的象形乃是一尊神鼎，属动词，意为"祭拜占卜，查看神迹"。贞人，即卜问命龟之人，把控占卜这门至高玄术之人。

在商王说一不二的年代,贞人们都是王的亲信,用宗教为王权服务;后来王权衰弱,贞人坐大,权力的天平发生了逆转。

武乙继位后才明白,原来当老大也可以这么不自由。

祖宗们把祭祀事业发展得太过繁盛,现在打仗要问帝,收成要问帝,搬家要问帝,娶妻要问帝,连王的工作做得好不好都要问帝,简直是处处受制。而龟甲上烧出来的裂纹到底什么意思,最终解释权也不归王所有,而是归贞人所有。

万物之理皆逃不出"道""术"之分,道是世界观,术是方法论,在"统治"的问题上,人王占据了道,而贞人占据了术,乃是道术之争。

那么,如何才能成为一个人人艳羡的贞人呢?且听我跟你吹一吹。

其一,要掌握甲骨占卜的技术。

从甲骨上的记录来看,一条完整的卜辞分为叙辞(占卜的时间和人物)、命辞(所问何事)、占辞(审视兆纹后做出的吉凶判断)、验辞(根据占卜结果与兆书进行的验证)四部分,每一步都有其规范,不是张口就能来的。提问需要从正反两面来设问,称为"对贞"。

上帝只能回答判断题,而且一次只能回答一个问题,信息传输效率非常有限,故贞人必须熟悉祭祀的全部流程,进行精准而有效的提问与追问。

比如,一次祈雨的占卜可能包含如下问答。

"是不是用煑这种仪式，才能下雨？"煑，就是将象征"旱魃"（带来旱灾的怪兽）的人在大木头上烧死。假设裂纹给出了肯定回答，则继续问："如果煑不烧人，而是烧牲，行不行？"假设答案是否定的，则继续问："煑的时候烧每，能不能下雨？""每"通"母"，指一类身份特定的女人。假设答案是肯定的，则继续问："一次烧仨，够不够？"假设答案是肯定的，则继续问："后天煑，行不行？"假设答案是肯定的，则继续问："在城南的高台上烧，能不能下雨？"假设答案是肯定的，还要问："是不是煑的时候要配上舞蹈，才能下雨？"……

是不是很复杂？这是在甲骨文中能看到的内容，实际的问题可能更多。问题链拖得越长，贞人对最终结果的把控力就越强，越有利于他们翻云覆雨，掌握权力。

仅祈雨这一个项目就有好几个祭祀方案，煑只是其中之一。故占卜者需要储备大量的套路，这就叫专业。

其二，要掌握丰富的文化知识。

比如要懂天干地支和历法，不然卜辞都没法写；要懂历史，哪个王干过何种事迹出过什么教训要如数家珍，绝无错漏；要懂"书法"，能在龟甲上刻一手工整准确的文字，不然会难死后世的考古人员。

凡此种种，不一而足。目前可辨认的甲骨文单字超过 4000 个，实际数量还要更多，学起来也不算容易。

此外，甲骨文也是有书法的，或者更准确地说是刀法，要求工整美观，最好还有自己的风格。甲骨有相当的硬度，而且具有纤维结构，力小容易刻痕浅，力大容易顺纤维把骨头崩裂。因此想掌握一手潇洒利落的刀活儿绝非易事，老师的教授与足够的练习缺一不可。考古中曾出土过专门给新手练字用的牛骨，上面雕满了重复而歪斜的甲骨文字，展示着好好学习的重要性。

其三，要年富力强，能长时间投入工作。

祖甲确立了完整的祖先神祭祀规程，称为"周祭"。具体流程比较复杂，大致就是从先公"上甲微"开始，将历代先王先公及其配偶按特定的世系、庙号顺序排列，然后用三组共计五种祭典，从每年第一旬的甲日开始，一个王世接一个王世地祭祀，每天祭祀谁、用什么方式都是定好的，不能乱。

一旬为十天，按甲、乙、丙、丁、戊、己、庚、辛、壬、癸十天干排序。天干十日的排列法衍生出了东方民族常见的"十日崇拜"，比如《山海经》中的"扶桑，十日所浴"和后羿射十日的传说等。

这么祭祀完一圈，大概要三十六旬，称"一祀"，时间上恰好就是一年。有时候还会加一旬，类似闰月，所以祀法又是历法。一圈之后又一圈，就这么周而复始地祭祀下去，真是想想都累。

除了祖先祭祀外，贞人还要参加其他种类的祭祀活动，这是诸事皆卜带来的负面效应——工作量很大，全年无休，老得加班。

贞人的力量不只局限于宗教事务层面。在人事上，由于巫卜的渗透太深，商的宗教官与政务官已经糊在一起，很多世俗官本身也是巫师，在解释层面和执行层面有双重的权力。更重要的是，贞人几乎都是贵族出身，背后有家族势力撑腰，裙带关系一牵手，敢叫王廷抖三抖。

自大巫与贞人掌控国家祭祀权后，人王与贞人集团的势力就处于此消彼长的缠斗中。最高级的通天大巫甚至可以借天帝之口跟商王唱反调，你说要搞房地产？我说不许搞！不对，是上帝说不许搞！搞得武乙十分头疼。

以上就是武乙面对的内部问题——"祀"。接下来咱们再说武乙面对的外部危机——"戎"。

## 双线作战

戎的甲骨文是戈与盾的结合，披坚执锐谓之戎。商人是尚武的民族，既好战又善战，可常在河边走，哪能不湿鞋？西方的虎狼之民在与商人漫长的周旋中锻炼出了敏锐的嗅觉，一旦商国的军事活跃度降低，西边就会有人嗅到"商机"，出来搞事情。羌方我们已经提过了，其他的主要刺头还有鬼戎、戎狄、旨方等。

为此，每隔一段时间都要有强王组织西征，跟大规模"扫黄打非"一样，治一次消停几年。

甲骨文　　　金文　　　篆书　　　隶书

俗话说，祖传牛皮癣，专治老中医。祖甲死后，西部边患再度复发，多个善战的部落开始缓慢东侵，向平原地带形成军事挤压——亶父的逃亡就发生在这个时期。

福无双至，祸不单行。新王武乙面对的国际形势可谓一片不大好。西边刚犯了牛皮癣，东边又来了不速之客——"东夷"。

"夷"字从大从弓，说明他们擅长弓射，是善战的民族。相比于羌、戎的彪悍，夷人比较温和，其中曾经诞生过君子国、不死（长寿）国等传说之乡。

但在武乙的眼中，东夷是比西方的敌人更加危险的存在，因为他们更文明，更先进，数量也更多，古书中有"九夷"之说。东夷与商源出一脉，数百年的文化沟通使得双方相互影响，彼此交融，商的人殉、人祭之风就源自东方。夷人对商很了解。

商人与东夷曾有一段蜜月期，当年商人驱赶夏桀之时，很多东夷部落都赶来相助，大家是一个战壕里的兄弟。然而恋爱的激情总是短暂的，跻身中央民族的商人倨傲而强硬，很快便与夷人彼此看不顺眼。

到了商国第十任君主仲丁之时，双方终于擦枪走火——东夷中的"蓝夷"跟商国狠狠地干了一架，自此大仗小架不断，进入了中年夫妻时打时和的状态。

《后汉书·东夷列传》载："武乙衰敝，东夷浸盛，遂分迁淮、岱，渐居中土。"淮即淮水，岱即泰山。东夷在武乙时期开始由东南向西北迁徙，与商国争抢中原核心地带，双方的对抗正式进入了白热化。

东夷的忧患让武乙如坐针毡，西进分子的祸乱更是迫在眉睫。打仗最忌腹背受敌，思忖再三后，武乙决定先应付威胁更大的东夷。但如此一来，必得有人替他、替大邑商稳住西边，可找谁来完成这个工作呢？

就在武乙头疼的时候，周人的使团来了。

# 第四章

# 受禄无丧　奄有四方

### 抱大腿的哲学

东有君王,如龙如虎。西有姻亲,亦有臣属。解决了"长幼"问题的亶父,接下来要面对的就是"东西"。

选东还是选西,决定着周国的政治取向。

周人在豳地和戎族部落杂居百年,风俗上明显戎狄化,与姜姓氏族也早已血气连枝。此时没了豳地的亶父已经不够资格再称邠侯——他们已从商国的视野中消失了。亶父可以趁此机会完全脱离商国文明圈,成为地地道道的"野蛮人"。

或者,他们可以重新与商国取得联系,在帝国的羽翼下谋求更大的利益,逐步脱离与"西方蛮族"的联系。

亶父最终选择了东方,选择了商。

作为一名有见识的首领,他懂得拥抱高等文明有多重要,懂得农业垦殖所代表的安定、富足、可控的生活方式有多美好。周人一直都敬畏着商的神威,商人自豪地将殷都称为"大邑商",周人也承袭了这个叫法，言必称"大邑""天邑"，自己则谦称"小邦周"。这种迷弟心态深入骨髓，早已不能自拔。

亶父决定向商王讨回自己丢失的爵位。休养生息后的周国如今有钱了，大约在迁居岐阳后的第三年，亶父向大邑商派出了满载礼物的使团。

是否能再次拿到外服准入许可证，亶父并没有把握。运气好，可能再入商王法眼，继续跟着上邦谋求富贵；运气一般，可能被商王完全无视，白跑一趟；运气不好，可能被当成边境盲流或新生的羌人部落，被商国视为新的打击目标。

就在这般吉凶难测的情况下，怀揣着礼物的使者们惴惴不安地上路了。他们沿着河流冲刷形成的狭窄平原向东行进，穿过大片原始而茂密的参天古林，躲开森林深处的部落和野兽，终于在那神之国度的圣殿里见到了伟大的国王。

古公亶父

周国历史上又一个伟大的转折点来临了。

亶父简直不敢相信自己的耳朵：商王不仅补发了土地产权证——将岐阳"赐予"了他，还直接封他为商国西部的高级贵族。太让人感动了，看来大国的领导也不是想象中的那么高冷，对老朋友还是很亲切很厚道的嘛。

亶父很惊喜，殊不知周人的觐见也给了商王一个惊喜。武乙正想在西部找一个小弟，真是说曹操曹操到，来得快不如来得巧，来得巧还来得妙。

无论从哪个角度来看，周方都是个非常合适的选择。

首先，周人祖上曾经跟着商国打过仗，算是门儿清点儿正，经受过组织考验；其二，周人熟悉西方"暴民"的文化及其活动地域的地理环境；其三，自己即位不久就知道来朝贡，可见亲近大邑商之心甚诚，大大的良民，值得培养；其四，从使者的描述来看，周方的经济条件还不错，习耕种、建城邦，算得上文明国度，跟外面那些妖艳贱货好不一样，孺子可教。

就决定是你了！

亶父摇身一变成了"西伯"，也就是商国外服中西部诸方的扛把子。当然，周人从大邑商手中获得的也不仅仅是一个虚名和一个土地证，还有真正有价值的东西——大邑商支持他们经略西部的超级资源：金属冶炼技术、手工业技术、政治文化体系，以及青铜原料配额。

这是亶父做梦都想要的东西！

## 女之美，铜之华

周国的基因本就带有"杂交优势"。他们有农耕民族的血统遗存，受戎狄的风俗影响，与羌人搞联姻，现在又得到了商国的先进文化和技术输入。

周国将这些东西融会贯通，自此华丽转身，羽化成蝶。

亶父模仿商的政治体制，在周国设立"五官有司"，分司徒、司马、司空、司士、司寇五个部门，分管土地户口、军政、土木工程、爵禄、治安保全。

麻雀虽小，五脏俱全，周人试着从各个角度向天国上邦靠拢，力求仿出风格，仿出水平。没有人指责他们抄袭，在强弱分明的世界中，模仿和借鉴是弯道超车的最优选择。

光是当小弟还不够，为了实现"全盘东化"的战略目标，亶父还祭出了撒手锏——求和亲。

出于对亲商积极分子的鼓励，商国同意了和亲请求，派了一位"公主"下嫁周国，当了亶父的儿媳妇，季历的正妃。季历这下不仅"子凭母贵"，还"夫凭妻贵"，身兼双重血统加持，头上的主角光环从白炽灯换成了二极管，越发耀眼。

纵观史上最著名的几次中央民族与四方民族的和亲，王昭君是宫女，文成公主是远支宗女，可见娶到一个正牌公主并不容易。这位商国"公主"也有点水分，她其实是商国贵族挚任氏家的二女儿，史称太任。亶父对这位大邑商的媳妇很满意，贵族之女还是王女对他来说并不重要，政治影响打出来就够了。

季历和太任的婚姻生活和谐美满，不久之后，他们的儿子在岐阳平原上降生了。亶父对这个孙子赞叹不已，给他取名为"昌"。

昌者，明亮之相，其道大光，诗云："东方昌矣。"亶父和季历希望这个孩子能茁壮成长，像太阳神般照亮周人前进的道路。

太任是个好媳妇，史称其"端一诚庄，惟德能行"。她还是胎教的创始人，《列女传·母仪传·周室三母》说她怀孕后"目不视恶色，耳不听淫声，口不出敖言，能以胎教"。

会胎教的人幼教自然也不会落下，"文王生而明圣，大（太）任教之，以一而识百"。无怪乎姬昌能长成一个圣人苗子，实在是他妈妈太有本事了。

在拥抱商国所获得的诸多好处里，最重要的还是青铜。

青铜，大国之命脉，社稷之所依。一个造不出青铜礼器的国家，不可称文明之邦；一支配不起青铜兵器的军队，不可称威武之师。商人掌控了青铜器具的最高制造技术，并武力垄断了国际金属市场的大半供给，这是其执天下牛耳的力量之源。

商周的青铜器分为食器、兵器、酒器、水器、乐器、车马器等诸多门类，其中多个门类又与礼器有所交叉，如食器中的鼎、酒器中的觚、武器中的钺，都作为礼器使用。得益于商人对酒的疯狂热爱，酒器的种类最多，在礼器中的占比也最高。

青铜品类虽繁，却并非民间生活的主要用物，因为实在太贵了。百姓家里仍是以陶器为主，只有贵族可称"钟鸣鼎食之家"。

青铜的拥有量直接体现着一个人的社会地位，有钱人对于青铜的嗜好极大，如同当代贵妇们热衷于奢侈品。妇好墓中发掘出的各类青铜器达468件之多，这还只是王的老婆，料想正牌王墓的排场必然更加惊人。可惜商王之墓多遭盗掘，少有惊人发现。

商国的青铜产业十分发达，形成了专以青铜工业为营生的一批家族，称"百工"。他们世代传承及打磨青铜制造技艺，豢养大批专业奴隶，进行精细化的分工协作，积累了丰富的专利技术。

百工执掌的青铜产业已经实现了规模化运作,殷墟遗址中有多处一万平方米以上规模的青铜坊现世,在其中可以生产数百公斤级的青铜重器。这种大型物件的铸造需要两百名以上工匠的密切配合。在数千年前,此等规模的青铜坊无异于一座超级工厂。

混沌重器,文雕却细。百工在美学上亦颇有造诣,猛张飞绣花,粗中有细。

殷人的铜器讲究纹饰繁缛,风格神秘,既有极简风的几何纹理,又有凹凸层叠的浮雕走线。人神鸟兽皆可化用,充满了凝固的怪力乱神范儿。造型和雕饰是青铜器制造中最吃功夫、最显技术的地方,故纹饰越富丽雄奇,器物就越是贵重。

存世青铜器中,造诣最高者当属十大传世国宝之一的"四羊方尊",其复杂的纹理组合张力十足,圆雕、浮雕、线雕集于一器的工艺堪称鬼斧神工。

那么,作为殷商时代的先民,如何获得一尊心仪的青铜器呢?主要有两个办法。

第一种叫嘴炮法。首先,投胎到一个有钱有势的贵族家里;第二步,把想要的器具样子想好;第三步,告诉你爹;第四步,等着收快递。

四羊方尊

第二种就难一些了,叫陶范法,也称块范法、模铸法。主要过程分五步。

1. 作胎(最考验艺术创作力的一步):做一个泥塑的模型,也就是器具的"胎",在表面框画出纹饰的轮廓,注意分清阴刻(凹陷)和阳刻(外凸)。

2. 翻范：用细陶泥贴满泥胎表面，将形状和花纹印在泥片上。然后将泥壳划成几块，取下后烧成陶质，成为"陶范"。

3. 合范（最重要的一步）：将烧好的陶范拼接起来，组成外范，这是塑形完美与否的关键；而后将泥胎削去一层，做成内范，准备铸在铜器内壁上的铭文要反着刻在内范上。最后将内外范合成一体，范间空腔的尺寸就是青铜器的壁厚。

4. 浇注：把铜锡等原料按比例配好，烧熔，倒进陶范，待其冷却后破范取器。由于泥胎是纯手工制作，陶范又是一次性用品，故每一件青铜器都是世间孤品，无法量产。一说到青铜冶铸，大家都会首先想到铜液熔流的画面，其实浇注环节比较简单，如果一件青铜器的制作周期要一个月，这个环节也就一天。

5. 打磨：打开美颜功能，将粗糙的新铸铜体打磨抛光，变成泥胎的样子。

说起来简单，做起来腰疼。工业生产是失之毫厘差之千里，既吃功夫，也讲天赋。一个熟练技工的经济价值可能胜过一支军队，一尊巨大的铜鼎可能等同一位神灵。

一个拥有打击西部蛮族实力的周国，才是武乙需要的周国，于是他大手一挥，将周人带进了青铜时代的大门。某种程度上，他比亶父更配得起"周国新石器时代终结者"这个称号。

## 武乙的困局

花开两朵各表一枝，当周人如火如荼地好好学习天天向上之时，殷都里的王也没闲着。

与隐忍深沉的先王不同，武乙是个直肠子硬汉，面对强大的祭司

集团,还有其背后虎视眈眈的宗亲贵族,以及那个高高在上的天帝,他勇敢地发出了雄狮的咆哮:

废话不多说,还我王权来!

武乙的第一个想法是效仿盘庚,迁都,洗牌,重头来过。殷建都久矣,盘根错节的利益集团和地头蛇多不胜数,中央命令难以通达社会基层。贞人们跟掌握世俗资源的贵族内外勾结,形成了权力寻租的利益链条。迁都可以打碎他们的合作关系,把土地等核心资源重新分配,让王权变被动为主动。

关于武乙究竟迁都与否,史学界颇有争议。《史记》和《竹书纪年》都有他迁都的记录,第一次从殷跑回了旧都"亳";第二次是离开了"亳"而"徙(黄)河北";第三次又迁到了"沫邑",即后来的朝歌。但考古记录却不支持这些说法,殷墟出土的甲骨契刻覆盖了各个时期,没有缺环;其他文物与遗迹也可证明,殷墟一直是商的都城。

频繁出现的迁都记录都是假的吗?倒也未必。一个可能的解释是,商国后期已经开始在都城之外设副都、陪都。

明成祖朱棣迁都北京后一直实行两京制,旧都南京设有完整的机构班子,各色衙门与北京无异。武乙所迁的几个城市,尤其是最后迁至的沫,很可能就是商的副都,用于分化首都的部分职能。

但不管怎么说,武乙的迁都计划执行得不够彻底,商国百年的宗教势力硕大无朋,像一块巨石般难以撼动,宗庙、祭祀依然牢牢地钉在殷都。

出师不利没有让武乙气馁,反而激起了他的战斗欲。所谓万事开头难,然后中间难,最后结尾难。有困难不怕,办法总比困难多。

扬汤止沸怕是没什么作用了，武乙仰天长啸，看老子给你来个釜底抽薪！

## 向神权开炮

武乙将要进行的乃是"斗天斗地斗人神"的伟大事业。他暗暗地摩拳擦掌，欲与天公试比高。

打倒万恶的神权主义，恢复王权至尊！

和贞人们斗太麻烦了，一茬接一茬，春风吹又生。武乙决定绕开这些杀不绝的蟑螂，一劳永逸地解决问题——直接向他们背后的偶像开战。

那个偶像，自然就是上帝。

按今天的说法，武乙这种行为可以算破除迷信，用唯物主义思想武装自己。可惜这些话武乙也只能在心里说说，商国宣传上帝都宣传了几百年了，你突然跟大家说上帝根本不存在，我的祖宗们都是骗人的，那肯定不行，老百姓觉得你疯了不说，自己的正统招牌也砸了。

既然上帝必须是存在的，那只好换个思路，证明自己比上帝更牛！

武乙的脑回路与常人不同，不仅想法惊世骇俗，行事风格也是大开大合。为了让所有人都清楚地看到自己比上帝更牛，他开始疯狂地作秀，挖空心思地设计一些古灵精怪的桥段来抓人眼球。

这些故事桩桩件件都很猎奇，其中最精彩的莫过于"偶人博戏"与"囊血射天"。

武乙命工匠制作了一个偶人，恭恭敬敬地摆在大殿之上，然后昭告臣民，天帝被我给请下来啦！大王现在要跟上帝博一博，快来看啊! 有钱的捧个钱场,没钱的借钱来捧个钱场!

国民听到这巨大奇闻,纷纷跑来围观。帝乙就在众目睽睽之下,"与之博,令人为行"。

博,博弈、博戏也,即赌。《春秋繁露·五行相胜》中有"博戏斗鸡,走狗弄马"之语。现可知的最早博戏是春秋时的"六博",一种用骰子和12个棋子来进行的游戏。

"骰子类"赌博游戏是桌游中最早的品种,随着时代的发展逐渐分为两支:一支到唐朝时发展出了花色与规则更复杂的"叶子类"(把花色绘制在叶子上),明朝时又演变为画在纸牌上;另一支在宋朝发展为刻在骨头与象牙上的"骨牌"。纸牌与骨牌在清朝实现了大一统,诞生了高端大气上档次、人民群众喜闻乐见的国粹——麻将。

至于武乙和人偶博的是什么花样,没有记载,总之就是一人一偶斗桌游。那画面,远远看去,宛如一个智障。

人偶自己不会动也不会说话,武乙就命人代表这"上帝"来玩。能知晓上帝棋路的自然得是个贞人,武乙这是一石二鸟,当众打宗教官员的脸。和领导博戏,敢赢吗?赢了不被砍死才怪。这名上帝的代表战战兢兢地下了几局,毫不意外地大败于武乙。

我赢了,我比天帝更胜一筹! 伟大的商王武乙,他继承了大邑商的光荣传统,商汤、武丁、盘庚在这一刻灵魂附体,他不是一个人在战斗,他不是一个人! 他已经成了一个神……经病。

武乙博赢了还不罢休,要当众侮辱上帝,给败者"肉体惩罚"。旁边的大臣们实在看不下去了,一个个磕头如捣蒜,大王万万不可万万不可,你这简直就是在作死啊。

可劝也是白劝,兴奋的武乙已然血冲天灵,抄起鞭子把人偶噼里啪啦地教训了一顿。

鞭打之后大王余兴未消,决意玩个更惊悚的——他命人做了个皮囊,装满鲜血后高高挂起,弯弓而射之。皮囊中箭则破,于青天之下血花飞溅。武乙说这是"射天",就是射老天一脸血的意思。

这场行为艺术影响力甚大,几百年后还有粉丝效仿。战国时,宋的末代国君宋康王是个猛人,为了展示自己的强悍,他也效仿武乙来了这么一手,"盛血以韦囊,悬而射之"。之后他自立为王,攻齐败楚退魏,跟战国七雄的好几个都结下了梁子,风头一时无两。

囊血射天

可惜天要使人灭亡,必先使人疯狂,宋康王越疯越大,乱政拒谏,嗜酒滥杀,最终被齐魏楚联军攻灭,做了亡国之君。

囊血射天,大逆不道是也。

武乙的"恶行"层出不穷,凡此种种,在众人看来简直嚣张得无以复加,愚蠢得无以复加。

武乙是真的蠢吗?并不,他只是荒诞。

所谓"别人笑我太疯癫,我笑他人看不穿",武乙看似二愣子的举动皆藏着政治诉求。他一边加强军权掌控,一边卖力地贬损上帝,将自己塑造成一个"疯王"。对于一个敢于直啐神面的疯王来说,杀戮凡人简直是小菜一碟。贞人们惧怕他古怪暴戾的性格,故帝乙时期,商国祭祀的频率与规模被大大压缩,神权在一定程度上被蚕食。

可惜旁人最关注的多数不是荒诞背后的动机,而是奇谈之上的噱头,就像香艳故事与猎奇文章总能赢得最多的点击量与转发量,几千年来一贯如此。

不知是有意还是无意,帝乙在另一个层面也对祭祀活动的衰减做出了推动,简单来说就是"不供货"。将主要精力放在内部斗争上的武乙无力维持之前几代的征伐强度,军队也无法再大规模地为宗教供给祭祀所需的核心耗材,这导致国家层面的祭祀规模出现衰退。

祭祀所需的核心耗材是什么?

答:人牲。

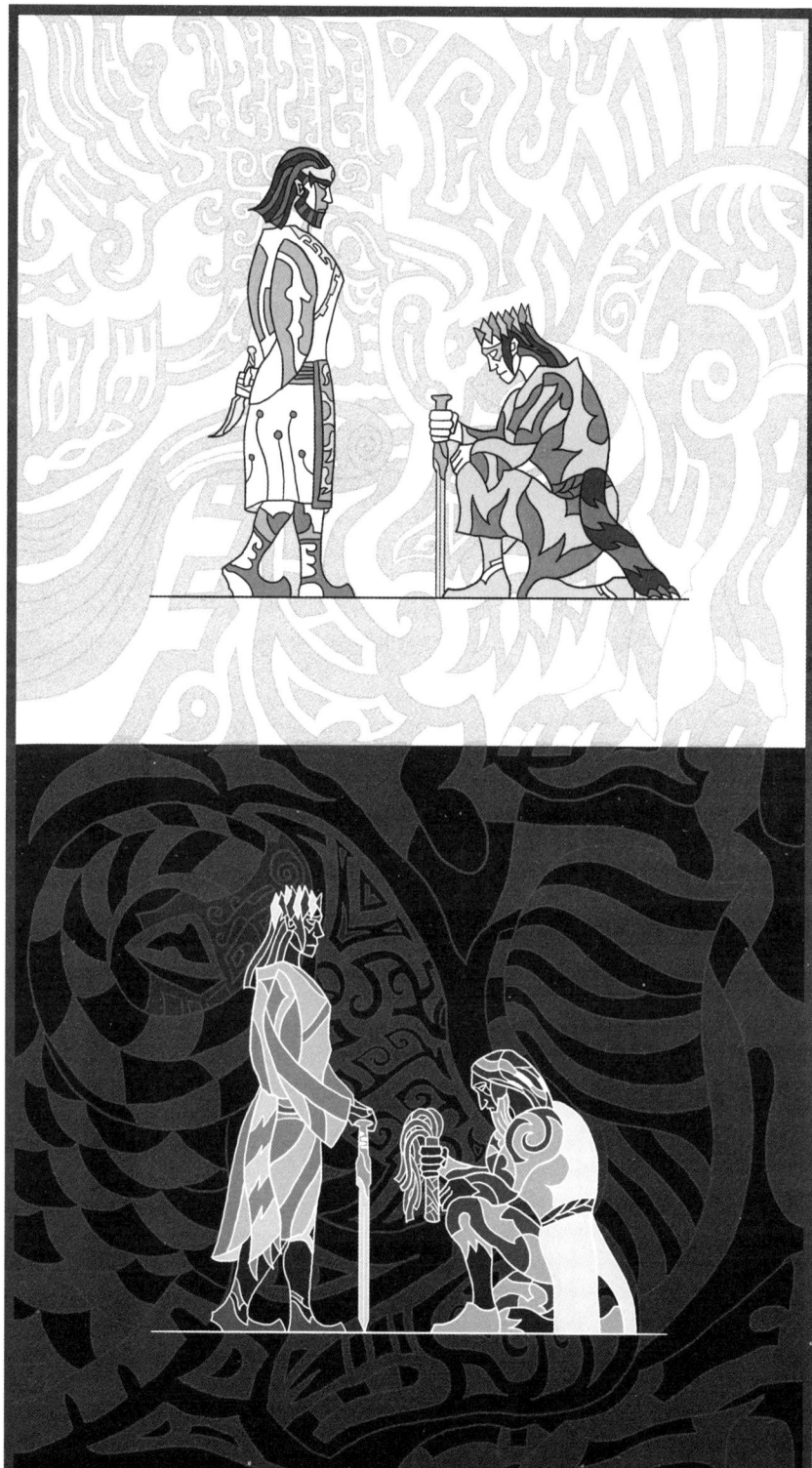

# 第五章

# 畏天之威　于时保之

用

　　顺黄河而下，出崤函而东行数百里，可见殷都。王城壮阔，城垣纵横数十里，堪称四方之极。数十座宫宇、宗庙支撑起这座大都邑的雄浑气象，象征着先民中至高至华的文明。

　　大邑商有宏伟的宫室，精致优雅的青铜器，但在那光芒万丈的辉煌背后，隐藏着一个鲜血淋漓、残酷恐怖的时代烙印。当月亮暗淡无光之时，一间间大屋的夯土之下会传来隐隐约约的撕裂抓挠之音，那是被封镇的亡魂发出的绝望哀嚎。

　　这王都的每一处高台、每一根立柱之下，都埋葬着横死的人命。

　　先民相信人死之后灵魂不灭，凡人将前往彼岸世界继续生活，历代商王先祖死后则会前往上帝身边侍奉。死后的世界依然需要资源，需要子孙们给彼岸的鬼神提供吃穿用度。信奉鬼神的商人遂将现世的财物不断地献祭，以支撑死者的浮华丰盛，其中最主要的就是食物，有素食也有肉食，肉食被称为"牲"。

牲的甲骨文是一只被拴住后待祭的活羊，引申为祭祀用的动物。毛纯为"牺"，体全为"牲"，合格的祭品就叫"牺牲"。

除了猪牛羊等畜牲外，还有一类"人牲"。

甲骨文中的"人"是两道弯曲恭顺的线条，如同大地上生长的农作物，孤独简约，随风摇曳，颇有渺小之感。在商人眼中，绝大多数的"蛮人"就跟原上草、林中兽、穴底虫无异，是可以批量采购的工具、原料，甚至是食粮。

人牲，规格最高的祭品，也最能讨得祖先神的欢心。那是一种高级料理，米其林五星特供，只有贵族才有资格享用。食人族在石器时代早期是一种普遍的存在，虽然商后期的生产力已经足够发达，不再需要以人为食，但食人风俗依然作为一种带有宗教色彩的习惯保留了下来。

商人对用于祭祀的人牲似乎并不挑剔，大人孩子都可以。从目前已开掘的祭祀坑来看，成年人一般都是处死后投进坑中，孩子则多数是活埋。

除了祭祀以外，人还被用于殉葬，即"人殉"。当主人死去，一切从属于主人的"人"都应该作为财产一起带走，为主而死是他们的权利，也是他们的义务。殉人的身份相比牲人要高一些，成分也更复杂：牲人主要来自于俘虏和奴隶，用于满足祖先的口腹；殉人除了奴隶以外还有生前跟随死者的低等贵族、提供淫乐的姬妾、用于保卫的武士、照顾生活起居的仆人、驾车驭马的御奴等，用于满足亡灵的衣食住行性生活。

根据生前的地位，殉人们将在墓穴中获得各自的一亩三分地，旋环左右，拱卫其主。他们按生前职务各居其位，身份高的还能获得随葬物品。

青铜器 甗

商人将人牲祭祀推到了巅峰,杀人被当作一门艺术和一项产业来运作。运气好的人牲会被"伐",即斩首,这是原始社会头颅崇拜在商代早期的遗存。妇好墓中就出土过装着人头的"甗"(音同眼),其功能相当于蒸锅。

被"伐"的人牲已经算是运气好的了,因为斩首的痛苦在诸多用牲方式中相对较小。人牲的处理手法随祭祀方式不同而变化多样,每一种都有其专门的技术动词。比如"陷",即活埋,在土中挣扎而死;"沈",沉入水中,献祭河神;"岁",形如用武器斩掉人的双足,意指割去人的肢体;"卯",被贯穿解剖而死,卯这个字的意象就是人体被一分为二,那时候可是没有麻药的;"皷",用石头砸成肉酱而死(今后再也不能直视豆瓣酱了);"烄",这个之前提过了,将人牲用大木头烧烤;"戠",取出脏器后将人暴晒为肉干;"汎",将人牲放血……

如果人牲是一名"方伯",他的脑袋可能会被制成礼器,经由精细的加工取出颅骨,刻以铭辞,而"头盖骨刻辞"记录的内容就是使用这名珍贵的方伯祭祀祖先的过程。

所有这些处理人牲的方式被统称为一个字,"用",将人牲祭祀即称为"用牲"。商人绞尽脑汁,将当时条件下所能实现的用牲方式几乎穷尽。

一长串的甲骨文字跟随祭祀礼仪被创造出来,铭刻于青铜甲骨之上,每个字都能咂摸出血的味道。甲骨文是一种为祭祀而生的文字,很多字的本源都是杀戮的符号。当凝视那些死的字符时，你似乎能从笔画的纹路中感觉到一种活的暗流，祭祀者对杀戮的热衷令人毛骨悚然。

## 献身的艺术

祭祀活动贯穿于商人的社会活动之中，用牲也随之扩散至王朝运转的各类场景。拿土木工作来说，要建造一座大屋，最累的人可能不是司空或包工头，而是祭司。

《礼记·曲礼下》曰"天子祭天地，祭四方，祭山川，祭五祀"，东汉儒学大师郑玄作注曰："五祀，户、灶、中霤、门、行也。"不夸张地说，整座殷都就是建筑于人牲的身体之上的。20世纪30年代起，考古人员在殷墟宫殿宗庙区共发掘出53处建筑基址，几乎每一处都有人骨出土。

商人筑起一座宫殿需要四到五个步骤。首先是处理地基，构筑基槽、台基、台阶等地面结构。这是整个建筑过程的第一步，也是最重要的一步，对祭祀的需求也最大。在建造过程开始之前，施工队伍要举行"奠祭"——在地基底部埋入人牲、动物与青铜器，动物主要为狗，人牲主要是孩子，这就是"奠基"的由来。今人在施工之前依然会搞奠基仪式，只是所埋之物变成了碑石树木，只有悬疑小说里才会埋人。

地基搞定之后是建墙。商人把墙视为建筑内外世界的分野，负责阻挡外部的邪物侵浸，因此要在墙垣建筑过程中"祀墙"，为墙壁注入灵力。祀墙之前，需要在墙根葬入牛羊猪狗以及人牲。从出土情况来看，墙下少人骨而多人头，应该是根据工程类型而专门做的调整。大型建筑还要立柱，并在墙壁和柱子上涂红色、黑色的饕餮纹、云雷纹等装饰图案。

第三步是修盖屋顶，这一步用不到人牲。商代建筑会在屋顶的几条脊梁上装饰锯齿形的脊饰。

其后是第四步"安门"，即装配门窗。门与户是建筑物内外的通道，同样需要"祀门"以保平安，在门或台阶附近葬入人牲与动物。

工期结束后，最后一步是庆祝落成，伴着庆贺仪式在建筑物前埋入车马人兽。一座大型宫殿的建造过程可能要消耗牛羊猪数头至数十头，狗数十至百余，人牲数十至数百。建筑祭祀中用的主要都是家畜而非野兽，取其守门看户的特性，象征"安定"。其中用得最多的是狗，因为商人相信狗有"宁风"之力，可以保护建筑免于风雨侵袭。

在神圣的国都内，每一座宫殿都被浸入了亡灵，生者与死者的命数在殿顶地基之间交融,使得这些大地上的居所获得了混沌与神秘的力量,可以像大山一样为人类遮风挡雨。

仅根据目前可辨认的残余甲骨卜辞统计,自盘庚迁都至商国陨落,有人数记载的祭祀用人超过一万四千名(很多卜辞没写用人数量),实际的数字肯定还要大大超过这个量级。

武丁在位时征伐无数,战争打得多,获得的战俘也多,从供需两侧分别推动了祭祀产业的发展,故他在位之时也是商代用牲的巅峰,卜辞可辨认的用人数量超过九千,简直是杀人如麻的绞肉机,保持着有商一代的总夺命纪录。单场最高夺命数也由武丁获得,曾一次用人牲达五百名,可见其武功之盛。

得胜的商王要向祖先展示自己的功绩,这些"两脚羊"就是他向祖先神们邀宠的礼物。武丁最喜欢征伐羌人,这似乎是一种传统。羌人悲惨地成了整个商代用牲的主力军,用羌的案例占到了殷墟杀人卜辞的大半。

上万个羌人倒下去,一个雄主站起来。武丁和他老婆每次出征,都会带回大量的羌人男女,其中有些战俘还不待拔掉箭镞就被拿去用掉。祭司舞罢,屠刀挥下,万人坑中又添新骨,几千年后重见天日之时,尸骨中的箭头仍铜光微现。

离离原上人,一世一枯荣

自武丁之后，商国国力渐衰，人牲的获取速度难比当年，用人牲的数量自然开始减少。与此同时，生产力的发展也对劳动人口提出了需求，一个活奴隶可以为国家产生更多的剩余产品，让他们活着的价值开始变得比"用掉"他们更大。

人牲的短缺限制着祭祀的规模与频率，这为武乙对抗祭司集团提供了机会。他借助自己对军权的强力把控，开始有意识地调控人牲的供求关系，强化贞人集团对武士集团的依赖。

不得不说，他已经摸到了一点胜利的门道。

武乙用尽了全力，一点一点地打破着上帝在百姓心中树立的偶像。只有拼命地进攻可以缓解他内心那无名的焦虑，以及那种因为看不到真正的敌人在哪儿而挥之不去的违和感。

伴随他手中铜锤的起落，偶像身上的裂缝逐渐扩大着，碎屑窸窸窣窣地落下，那种声音让武乙感到巴适得很。可惜他却始终忘了抬头看看偶像的脸，那分明刻的是他自己的样子！

如果商王统治的正统性就来自上帝，那么打破上帝的尊威无异于向世人宣告这样一个事实：商王的血脉与这泥塑的上帝一样，并不是永远不可触犯的。"上帝"与"下帝"本是两位一体，对上帝的每一次攻击，都在同步抽走商王自身的元气。这是一场没有赢家的战斗，注定悲壮而虚妄。

武乙管不了这么多了，他已经杀红了眼睛。

像一头困兽。

## 国父的墓志铭

清晨的风卷刃而过，盘旋于空阔的田野上方。今年的秋天比往年的都要寒冷一些，季历打了个哆嗦，下意识地紧了紧衣服。

跟随他而来的送葬队伍绵延不绝，自王城出发，行至北方的一处高岗之上停下脚步。这儿就是亶父生前为自己选中的葬身之地。

火把摇曳，晨光熹微，那火光是穹庐下唯一让人感觉到温暖的东西。

在周人搬迁至岐原的第二十一个年头，亶父去世了。他二十年的苦心经营为周人留下了丰硕的遗产：袭商人之法构筑的官僚机构与国家体制，种满了庄稼的耕地，充盈的物资与人口，高科技含量的青铜武器与战车。他对自己后半生的奋斗十分满意，这些应可抵消失却祖宗土地的懊恼了。在最后的日子里，他想起了那天夕阳下的奔跑，那是他逝去的青春。

如果有机会让亶父阐述一下自己的政绩，我想他可以这样讲：命运就算颠沛流离，命运就算曲折离奇，别流泪心酸，更不应放弃，守得云开就能见月明。当年我从豳地逃出来的时候，绝对想不到我的人生还有这么精彩的下半场。

在岐原这二十年我也没干什么别的，大概就三件事。第一，确立了向大邑商靠拢的基本国策；第二，立了一个好的继承人；第三，得了一个很牛的贵族头衔。如果说还有一点成绩就是把国家的经济搞得还不错，这个跟我们周人的命运有很大的关系，还有就是给儿子娶的老婆也是很好的。总的来说就是这些，谢谢大家！

武乙二十一年，周公亶父薨。子孙依其嘱咐，将亶父尸身葬于其后半生奋斗的地方。几十年后，他的曾孙追封其为"周太王"。

亶父以前的历代首领如何丧葬不可考，也许是和他们的老亲戚羌人一样火葬，让死者灵魂随着火神的跳跃、风的吹拂与烟的升腾一起走向彼岸。但周人此时已从商制，那自然也是要学商人搞土葬的。

与商王牺牲无数的大国葬礼不同，亶父选择了一种最为极简风的坟茔——没有坟茔，或者文艺一点说，以大地为坟茔。有周一代，王陵不树不封，踪迹难觅，如今留存的遗迹都是后人为了纪念或收门票钱而建设的假东西。

不论是有意还是无意，这种选择都堪称大智慧。再华丽巍峨的陵墓，再坚固无匹的封土，再威严神武的守卫，再精巧专业的机关，都无法保护墓穴免遭不速之客的打扰。时代会进步，权力会烟消云散，雄伟的陵墓更是盗墓者眼中的标识，不树不封的周王们却得以安静地躲藏在地下，享受着轮回之外的宁静。

亶父死，季历立，尊称公季。属于季历的舞台正式到来了！

## 猛人季历

季历与他生性怀柔的父亲截然不同，拥有典型的阿尔法人格，是一个实打实的猛人。亶父没有看错人，季历果然是一个开拓型的领导，纵观他的一生，根本就是一台停不下来的战争机器。如果要选一位现代的将军与之类比，那应该是二战时德国的隆美尔，两人有着相同的战争哲学——进攻，进攻，进攻！

武乙当年扶植周方是为了加强帝国西界的防御，这一安排终于在季历掌权后收到了实效。待羽翼丰满，这名年轻的领袖立刻将屠刀伸向了周边的部族。

季历的第一个目标是东边的近邻，程方。程国人的远祖为五帝之一的颛顼之孙"重"与"黎"。重担任颛顼的祭司，黎则是掌管火的官员，称"祝融"。两人的后人被封于程邑，后演化出程国。

程是个老字号的方国，当年与夏人关系紧密，是商的老对手。商灭夏后程人撤出了中原地区，辗转搬迁至关中平原中部。作为亡夏之遗民，程方一直不太安分，商也看它不太顺眼。

季历为这一仗准备了多年，毕竟是职业生涯的第一个项目，不容有失。此时程国国内的情况也是心里塞羊毛——乱糟糟，先秦史籍《逸周书》中曾提到过程国败亡的原因："损顺增爵，群臣貌匮，比而戾民。"大意就是程国君主这人没有金刚钻还要瞎改革，一边在国内乱封贵族一边压缩俸禄，搞得锅比米都多。大臣们穷得脸上都泛了绿光，遂勾结起来坑害百姓，导致国内经济一片混乱。

趁他病要他命，武乙二十四年，季历亲率军队伐程，一举将其击破，把程国土地纳入了周的腰包。这是季历的首战，杀伐之快感尤其强烈。原来把别人的东西变成自己的东西如此畅快！

周氏集团发展到今天也算是小有规模，纵向发展的速度太磨人，不如直接横向收购来得痛快。兼并程方之后，季历将兵锋指向了周人的老对头，义渠人。

## 义渠人的故事

义渠，商国西北方的戎人部落，正经马背上的民族，好战、凶狠，经常同西北地区的朋友们连线搞部落战争，比如和狄人之国"鬼方"就曾互殴多年。

拥有文字的商人除了具备历史记录权和历史涂改权，还掌握了种族命名权——我们今天所看到的方国名字的书写体，基本都是商人所创造的，换句话说，所有方国的名字都是商人起的！今人对商代四方部落的第一印象，就来自商人的文字，比如看到"鬼方"这个名字，就能感觉到商人不太待见他们。

所谓人过留名，雁过留声，于人如此，于民族亦无异。鬼方人肯定不会称呼自己为"鬼"，但商人将鬼方二字刻于甲骨青铜之后，他们在历史长河中的名字，就只能是鬼。

哪怕是曾盛极一时的游牧民族，比如一度压得强汉抬不起脖子的匈奴人，最容易让今人回想起的也只有这样一句诗歌："失我祁连山，使我六畜不蕃息；失我焉支山，使我嫁妇无颜色。"这不是祁连山下马背诗人的吟唱，这是汉人的词，汉人的字。匈奴其实就是"凶奴"，一种狡黠的蔑称。而同样与汉人长期纠缠的契丹人因为建立了自己的文字体系，就有了属于自己的历史和文明，不会任由汉人涂鸦。

活在汉人文字里的匈奴人，没有自己的历史。这就叫没文化，真可怕。

扯得稍微有点远了，我们说回义渠人。作为戎人强族，义渠人过去也没少欺负周人，当年在豳地蚕食周人领土的戎狄匪帮中就有他们。如今戎狄向内迁徙，威胁到了商国的财产，狠狠地教训他们就成了武乙给季历布置的重要课题。

义渠的战斗力远非程方可比，不是随便抄个家伙就能打死的主。季历打下程后没有急于出手，他一边整编新地盘，一边耐心地等待机会。

帝武乙三十年，机会来了，义渠人内讧了！

义渠人属于典型的"野蛮"作风，草原上不打嘴炮，谁强谁做主。义渠君主年老力衰，眼看就要撒手人寰，下面的年轻后生各个蠢蠢欲动。他两个老婆生的儿子都眼巴巴地盯着首领宝座，彼此虎视眈眈，手下干部们也纷纷站队，"分党而争"，内斗不止。两兄弟越闹越凶，终于引发了义渠内战，完全把老首领当成一团空气。

季历坐山观虎斗，等两方斗得人困马乏之时突然出击，带领厉兵秣马多时的周人闪电般压制了屁股向外搞家务的义渠人，终结了这场狗血剧。

义渠人的结果还算不错，季历俘虏并带走了义渠君，但没有屠尽其部族。大概是因为同化游牧民族的成本比较高，义渠人也没有被周国收编，得以保存独立建制，只是宣誓对季历俯首称臣。

周人的战神

义渠自此成为周的附庸，老老实实地给周人打了很多年的工。几百年后西周倾颓，周平王东迁之时将放弃的关中之地封给了嬴姓贵族，秦国由此建立。义渠也于此时内迁于关中，与秦人做了邻居。秦国至穆公时国力日强，开地千里，遂霸西戎，义渠作为西戎八国之一转而臣服于秦。臣服当然只是做做样子，此时义渠的实力依然强劲，暗地里没少跟秦人掰腕子。

随着战国群雄的武力征伐愈演愈烈，戎族各支力量逐渐被扫出了历史舞台，只剩下义渠这根独苗还硬挺着。义渠君筑城圈地，自立为王，成了战国时期硕果仅存的戎人之国。

可惜这打不死的斗魂、硬脖颈的汉子最后还是跪在了温柔乡里。

公元前300年左右，一位要美人不要江山的义渠王跟秦昭王的老妈宣太后做了露水夫妻，名义上对秦称臣。义渠王自此乐不思蜀三十年，导致部族武力废弛。宣太后在今日以"芈八子""芈月"的名字为民间所熟知，是个心狠手辣的女强人。待时机成熟，她便设了个套把自己的义渠情人一刀宰掉,顺便以谋反之名出兵剿灭了义渠部众。戎人在中国西北大地上书写的自由传奇,到此也画上了句号。

程与义渠只有两次留在了史料中的代表性战役,这一时期的季历应该还有针对其他方国或游牧民族的征伐。从这两仗可大致勾勒出季历的作战方针:对于农耕型的方国,平其国而兼并其地,以吸收合并为主;对于戎狄等游牧民族,以杀伐压制,而后整编为附属武力为主。

打仗,他是专业的。降伏义渠这一仗打出了季历的威名,也让其商国"代理人"或"走狗"的身份为西北各部族所知。季历开启了以战养战的模式,用抢夺来的资源持续供给着周氏战争机器的运转,向周与商的敌人们进军。

## 王见王

季历一连串的胜利为大邑商减轻了边患压力,还带来了比以往更丰富的人牲供给。武乙对自己的眼光非常满意,他决定好好嘉奖一下这个给自己长脸的小伙儿:季历同志战功彪炳,表现优异,是一个值得赞扬的军事人才,也是服从中央命令的好青年,应该被树立为光辉典型,在王畿与外服四方推广和宣传。

帝武乙三十四年,季历入大邑商朝谒商王。

顺着大河穿过崤函通道,途经秦岭、崇山与广袤的平原,季历终于怀着紧张的心情来到了殷都。此时河南地区的年平均气温比现在高2℃左右,冬天还要更暖,平均能高出4℃,天气潮湿且多雨。殷墟出土的甲骨卜辞中,询问下雨会否造成水灾的比例比求问何时能下雨的还要多些。

初入殷都的季历大开眼界。那些戴着奇形怪状的骨簪与玉饰、金饰的女子，那些留着各种后现代发型的男子，那些长羽飘飘、彩衣炫目的祭司，那些在城中空地上休憩的大象，那些市场上的虎、熊、麋、貘、竹鼠等大小野兽，牛、羊、猪、狗、马等各色家畜，还有草席上成排的鲤鱼、青鱼、赤眼鳟、草鱼，以及四阿重屋式的大殿宏堂和脚下陶制的排水管道，无一不震撼着这个乡巴佬的心灵。

在洹水西折而南行的拐角处，季历走入了殷都的宫殿群。武乙就在那宫殿的深处等待着他。

这是一次历史性的会晤，双方在友好的气氛中互相交换了对国际形势、经济合作等方面的意见与看法。商王作为领导对季历前一阶段的工作成绩表示了相当的肯定，对其家庭生活也表达了殷切关怀（毕竟是商国贵族的女婿），还对其下一阶段的工作提出了高屋建瓴的指示。季历谦虚地表示区区小功何足挂齿这都是我应该做的，我会紧跟大邑商步伐，牢记大邑商指示，严格要求自己，在未来取得更多更好的成绩。大家在哈哈哈哈的一团和气中结束了会谈。

面子活动搞完了，才好进行真正的利益交换，当然，这不是一场对等的谈判，身为臣属的季历是没有资格讨价还价的。武乙布置给季历最重要的一项指令，是要周人配合商的总体战略，准备开始对王朝西部及北部的游牧民族展开新一轮的军事打击。

匍匐于大殿中央，季历的额头感觉到了石板的冰冷。在武乙面前他不再是一个杀伐果决、呼风唤雨的国王，只是一个效忠于上邦的战士。

作为附属国代表，季历为武乙带来了他东征西讨所攒下的丰厚战利品——"贡"。工为大，贝为钱，贡就是大大的财物多多的钱。

"纳贡"是方国对商的一项重要义务。

从卜辞中的记载来看,方国对商的"贡"物主要分为六类,按其价值从低到高排列为:(1)最不值钱但很重要的黍等农作物;(2)牛羊猪狗等家畜;(3)鹿象兕虎等野兽,特别要指出的是商人很喜欢白色异兽,后世皇帝对白化动物的偏好由此而始,有病无所谓,物以稀为贵;(4)龟壳、兽骨等重要的占卜耗材,商国的龟甲多来自南方方国的进贡;(5)武器(以弓最为常见)、织物、宝石与玉制的装饰品等,属于当时的工业产品;(6)人,既包括用于提供各类服务的奴隶,也包括以羌人为代表的人牲资源。

在人道主义的价值观中,人命的价值是无限的,不可衡量的。在商人的眼中,异族人却是可以明码标价,贵贱分明的。一个普通的羌人价值低微,"人不如狗"并不是一句玩笑话。同样作为人牲,方伯或部落酋长的肉身就非常值钱,可以达到普通羌人的百倍、千倍。战功赫赫的季历能提供的最强贡品,就是珍贵的方伯。

商王的内心是欢喜的,他赏赐了季历土地三十里,玉十瑴,马十匹。这只是台面上的恩赏,台面下还有对王朝核心资源"铜"的分配份额的提升。

殷商时期,青铜文化以商为中心呈扩散态势,不同地域的青铜器已经有了成分(如锡的含量)和造型上的特色,说明一些方国已经掌握了自有的冶炼与铸造技术。周之所以能快速崛起为军事强国,就是因为获得了商给予的技术与资源输入,并成功地将其转化为自主知识产权。

任何一个政体或巨型企业的发家路上都有一些不足为外人道的"黑暗面",这几乎是不可避免的。待功成名就,胜利者会用强大的话语权将这些历史黑点淡化,乃至掩埋。周国的发家史也不例外,季历的崛起之路始终离不开和武乙之间的黑暗交易——周人替商人打仗，带回大量的异族人口充作贡品，用以换取商国的资源；商向周输出武备，以此换取周的治安服务与人牲输入。

贩卖人命，一本万利；碾魄成钱，榨骨作币。

周国的"周"字是商人所赋予的，其读音或许来自周人语系，其形却必然由商人创造。那么在商人的理解中，周是个什么样的存在？

在较为传统的观点中，周字描绘的是田亩纵横，中间的点代表庄稼，说明商人将周人视作善于耕种的民族。另一种观点认为，周字中的梯形框架是一座高耸的祭台，散点代表血滴。其佐证是周字的金文加了一个"口"在底部，而口在甲骨文字体系中代表容器。口字在祭祀类动词中很常见，比如表示祭祀帝之意的"禘"字，旧时写作"啻"，即帝下面加了一个口。

商人文字体系中的"周"

鲜血顺祭台的纹理流下，在容器中汇聚，形如献给神祇的红酒。这说明商人将周人视作献牲者，是为祭台带来鲜血的人。

这次入王畿的朝贡打开了季历心中的几个角落，也颠覆了他以前的一些认知。

原来殷都是这个样子的，街道更宽，房子更大，但也不过是地上的一座大城而已，不是那飘浮于云端的神殿。

城里繁华炫目，但并不见神在闪耀，只有人在行走而已。

坐于大殿正中的那个王,没有三头亦没有六臂,头上也没有发光的小圈圈在飘,我这双眼睛明明白白瞧得真着,他就是一个人,一个和我毫无二致的人!

此时的季历与武乙都不知道,这是两人的第一次见面,也是最后一次。

棋语云"王不见王",两王相见,从来都是不吉利的事情,往往要生出些不干净的东西。高台上的王在盘算着如何充分利用阶下的王,却不知有些不可名状的东西开始在阶下的王心中滋长。

商的神与王,不是我祖辈口中所传的那个样子,那个至高无上、坚不可摧的样子。我有一个大胆的想法,或许,我也可以……

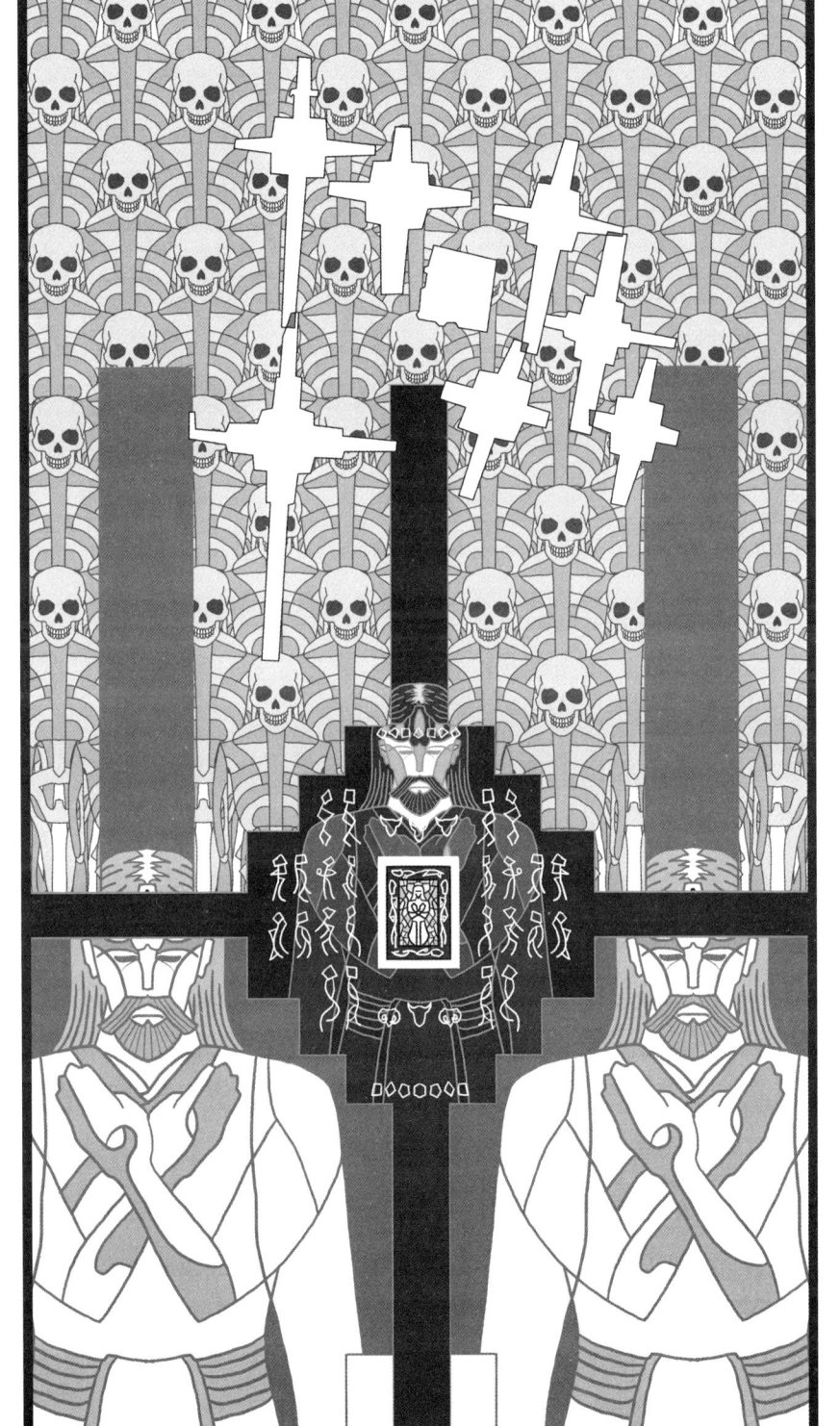

# 第六章

# 何天之龙　敷奏其勇

## 宗教改革与王权复兴

西边的季历跑断了腿，东边的武乙合不拢嘴。周军的活跃为他扫除了后顾之忧，让他可以放心整顿内政并放眼东方。经过沫邑新都的经营、旧都政治功能的分割与一轮轮针对贞人集团的血腥镇压，长期落于下风的王权终于再度占据了上风。

而让他得以翻盘的关键武器，还得算他那个打响了还政于王第一枪的爷爷留下的遗物——周祭。

祖甲之前，商朝的祭祀乱得好似一锅粥，先王、先王的兄弟、先王的重臣、先王的老婆等各路人马都可以登上祭祀名单，有的都难以考据是哪儿冒出来的。祭祀的形式也是既多且乱，操作界面非常不友好。即便祭祀对象确定了，祭祀方案的选择、日期的确定还得通过占卜确定，这种无效冗余给国家带来了很大负担。

为扫除这一弊病，祖甲在国家上层发动了宗教事务改革，其改革思想可以概括为八个字：化繁为简，正本清源。

祖甲大力去繁就简。先把上甲以前的远祖先公从祭祀名单里剔除，然后将上甲之后的先王、先公、先妣们论资排辈，划分为大小宗。大宗是直系先祖，小宗是旁系先祖，如此则嫡庶有别，可以看人下菜碟。祭祀的模式则被明确为五种祭典、八种形式，按照特定的顺序循环使用，避免了东一榔头西一棒子。所有这些被统合为一整套"周祭"

周祭所见商王世系
（参考常玉芝《商代周祭制度》）

| | | | |
|---|---|---|---|
| | 1 上甲 | | |
| | 2 报乙 | | |
| | 3 报丙 | | |
| | 4 报丁 | | |
| | 5 示壬 | | |
| | 6 示癸 | | |
| | 7 大乙 | | |
| | 8 大丁 | 10 卜丙 | |
| | 9 大甲 | | |
| | 11 大庚 | | |
| | 12 小甲 | 13 大戊 | 14 雍己 |
| | 15 中丁 | 16 卜壬 | 17 戋甲 |
| | 18 祖乙 | | |
| | 19 祖辛 | 20 羌甲 | |
| | 21 祖丁 | 22 南庚 | |
| 23 阳甲 | 24 盘庚 | 25 小辛 | 26 小乙 |
| | | | 27 武丁 |
| | 28 祖己 | 29 祖庚 | 30 祖甲 |
| | | | 31 康丁 |
| | | | 32 武乙 |
| | | | 33 太丁 |
| | | | 34 帝乙 |
| | | | 35 帝辛 |

《史记》所见商王世系

| | | | |
|---|---|---|---|
| | 1 微 | | |
| | 2 报丁 | | |
| | 3 报乙 | | |
| | 4 报丙 | | |
| | 5 主壬 | | |
| | 6 主癸 | | |
| | 7 天乙（汤） | | |
| | 8 太丁 | 9 外丙 | 10 中壬 |
| | 11 太甲 | | |
| | 12 沃丁 | 13 太庚 | |
| | 14 小甲 | 15 雍己 | 16 太戊 |
| 19 河亶甲 | | 18 外壬 | 17 中丁 |
| | 20 祖乙 | | |
| | 21 祖辛 | 22 沃甲 | |
| | 23 祖丁 | 24 南庚 | |
| 25 阳甲 | 26 盘庚 | 27 小辛 | 28 小乙 |
| | | | 29 武丁 |
| | | 30 祖庚 | 31 祖甲 |
| | | 32 廪辛 | 33 庚丁 |
| | | | 32 武乙 |
| | | | 33 太丁 |
| | | | 34 帝乙 |
| | | | 35 帝辛 |

商王世系图

的规程,虽然还是很复杂,但比过去已经清晰简化了很多,好歹是有章可依了。

另一方面,祖甲将占卜事项大幅削减了一半以上,只保留了战争、祀祖、田猎等不到十个重要项目,并修订了卜辞的写作条例与甲骨的使用规范。祖甲之后数代的卜辞记录变得清晰整齐,方便阅读,值得后世的考古人员给他敬上一杯。

除去资源的节约和执行的规范化,祖甲的改革还带来了两个政治效应。

其一是继承制度的变化。周祭让王室血脉的嫡、庶区别凸显,扬嫡抑庶,为嫡子继承制成为主流奠定了基础。其二是王权得到了强化。祖甲设立"周祭"的目的神似抽奖促销的补丁式说辞:"该活动的最终解释权归我公司所有。"经过他的改革,祭祀占卜由谁来整、整谁、怎么整的解释权都归于大王,贞人影响世俗生活的广度和随意性被极大地压缩。

这样一方面可以提高政治效率,让王令的执行更加顺畅,另一方面也降低了贞人的话语权,减少他们假借神明掣肘人王的机会。神权自此进入了衰落的快车道。

内政稍显安定之后,武乙开始调动军力打击境外敌人。他首先向东用兵,挫败了威胁中原的人方,摧毁了湖北境内的归方,阻滞了夷人北渐的脚步。而后他掉转枪口,带着季历等一众小弟打击西部不听话的方国。

其中一个重点目标,叫作"召方"。

商是天下最强,却不是列国公认的共主,有大量的方国长期和商处于敌对状态,外服的结构也从未稳定过。召方正是一个观察商与诸方国关系的典型。召在卜辞中留下了一大堆与商人征战的记录，且贯穿了多个商王世系，属于从未被纳入商人内外服体系的部族。

召方，舜之后裔，亦写作"刀方"，光看名字就知道是个狠辣的角色。鼎盛期的召方甚至敢于主动进攻商国，并一度推进至王畿附近，让安防警报响彻于常年安定的殷都上空。卜辞中记录了惊慌的商王在宗庙集合百官求告祖先神的事件，足见当时的形势之危急。

武乙的"武"字代表了他镇服四方的勇力。此次他御驾亲征，并召集季历在内的多名方伯协同作战，声势浩大。行军过程非常谨慎，途中留下了诸多卜辞，侧面反映出武乙对召方的重视。最终山西境内的召人被武乙亲率大军重创，召方伯被迫对商俯首称臣。然而召方在武乙身后世系的卜辞中仍是多次现身，死都不改刺儿头本色。

内斗外战皆顺利，双维度的胜利让武乙发自内心地得意。武乙相信，待他于四方展开的大会战将各路牛鬼神蛇通通扫荡之后，商之国势必将恢复到鼎盛状态，自己也将成为比肩武丁的圣主。

花开最盛时，绿野艳如斯；一场寒雨后，零落两不知。就在武乙沉醉于纵横捭阖的快意之时，一张巨大的黑幕已编织完毕，悄然爬上了他的后背。命运的无常就要显现，尊贵的帝王与卑微的奴隶皆无法幸免。

## 西落鬼戎

商周会晤次年，季历依照武乙的指示再起兵锋，直指西落鬼戎。

鬼戎一族来自天山，沿山脉迁移，商时居于中原西北地区，是一个多部落联盟的统称。他们属于游牧民族中实力较为强大的一拨，在很长一段时间里都是商国的劲敌。

牧民的淡季跟农耕民族正好相反，北面的草原开始枯萎之时，南方中原正是收获的季节，所以鬼戎一到雨水减少的时节就想去农耕民族的地盘上打打秋风。今天抢一点呀明天抢一点，抢着抢着就抢到了武丁上位。

商的战神对挑战者从不姑息，一怒而倾全国之军以向，决意把这个骚扰众小弟多年的顽疾祓除。鬼戎也不虚他，联合了盟友"土方"正面迎击战神。这场战争的规模相当之大，前后打了将近三年，从遭遇战打成了消耗战。

武丁不断从国内调遣兵力，并广泛地召集诸侯前来助战，对西北战线源源不断地施压，最终依靠国力优势压倒了鬼戎，立大国之威，降戎马以归，终结了这场有商以来规模最大、耗时最久的大仗。鬼戎的活动范围向西被大大压缩，成了"西落鬼戎"。

可惜武丁这样的雄主不是代代都有的，而游牧民族的生育能力又很旺盛。鬼戎的男人若是死了，他的儿子可以娶爸爸的女人（只要不是亲妈），兄弟之妻也可以作为财产继承，这都是为了充分发挥生殖潜力，多生孩子以保持部落规模。一旦赶上水草丰茂的好年景，鬼戎的实力就开始恢复。

现如今商国军力衰退，鬼戎又悄悄地把脚步向东迈进，在危险的边缘反复试探。商国早就发现了他们的踪迹，但苦于腾不出手来收拾。既然季历你这么能打，那就由你来对付吧！

武乙三十五年，季历广撒网细捉摸，确认了鬼戎主力群落的方位，迅速对西落鬼戎的核心区域进行了痛击，一连摧毁了多个部落。季历的战斗力令人惊叹，战果之辉煌更令人咋舌，史载"俘其十二翟王"，"翟"通"狄"，季历来了个狄王批量大采购，几乎将鬼戎部落联盟的领导层一网打尽。

周国的战神得胜而归，威风凛凛。这一打之多的部落首领价值连城，一定可以从武乙那里换来不少好东西。正当回师周原的季历盘算着怎么把这群宝贝进贡之时，一封自殷都发出的邮件却不期而至，其内容令他目瞪口呆：

帝武乙，死了！

## 天谴背后的人祸

打得了蛮夷斗得了上帝的传奇帝王武乙就这么死了。

史载其"猎于河渭之间，暴雷震死"，一生不走寻常路的他死都死得那么有个性——晴天一个大雷，咔嚓就给劈死了。实在是死得特立独行，可以角逐一下史上最佳惨死帝王。其他获得提名的还有举鼎玩儿砸死自己的秦武王，掉粪坑里淹死的晋景公，被太监活活气死的唐肃宗，肾亏过度精尽人亡的汉成帝等。

问题来了，武乙真是被雷劈死的吗？

不管你信不信，我反正是不信。

武乙的死是一场千古悬案，暴雷震死之说显然是在暗示"天谴"。现在我们就来看看本案的几个疑点。

第一，武乙到渭河边去干什么了？

官方说法是河间狩猎。商王出征经常冠以"巡狩"之名，貌似打猎，实则武装巡视加公款旅游，这在卜辞中很常见。先民时代的战争工具与狩猎工具完全一样，使用的战术和阵列也十分相似，有时在行军途中还会兼行狩猎，军事演习与物资补充两不误。所以此处的狩猎，就是武装巡视的隐晦说法。

第二，武乙到底是谁杀的？

后人对于凶手的真实身份有很多的猜测，但都缺乏实锤证据。武乙的敌人真是不要太多，国内外有的是对他恨之入骨的家伙。

"渭河之间"在商国本土的西侧，已经进入了当时周人的势力范围，所以第一个犯罪嫌疑人就是周。有人认为此次"巡狩"的目标就是周人，因为季历战无不胜的形象在商国内部引发了威胁论，警觉的武乙担心自己养虎为患，想抢先一步扼杀这个潜在的敌人。可惜季历之强已经超越了想象，武乙杀虎不成，反丢了卿卿性命。

这个说法在动机和地理位置上都比较合理，但与当时的形势有一定的冲突。首先，季历此时可能有反商之意，但尚无任何反商之举，没有理由轻率地拿他开刀；其二，武乙此时需要季历，戎狄之患的清理才刚进行到第一阶段，后面需要周人打扫的地头还多的是，现在拔周等于之前的栽培通通白给，要拆桥也得等过了河再说；其三，武乙死后季历依然继续当着商的马仔，商周之间的关系也并无明显恶化迹象，如果凶手真是周人，那按商人的风格百分之百会报仇；其四，周国变强了不假，可那是相对于其他方国与部落而言，其实力与大邑商仍然存在质的差距，这一点也在后来双方的较量中被证实。综上所述，周人行凶的可能性并不大。

商军借道渭水之滨是向西行军，若目标不是周，那一定是某个西部的戎人部落或敌对方国。商此次的出击可能是武乙在周的配合下肃清帝国西部敌对势力的一次行动。所以第二个犯罪嫌疑人，就是商本次的打击对象，那个没有留下名字的部落或方国。这个猜测的可能性也不大，能击败商国军队的敌人几乎不存在，何况还要于万军丛中取商王首级。不过战场总是瞬息万变的，我们也不能排除敌人通过设伏、陷阱等方式打了商军一个措手不及，或突如其来的游兵、流矢射伤商王等意外情况。所以可能性虽不大，倒也不能完全排除。

上百年来历代商君皆从戎事，败者寥寥，死者绝无仅有。考虑到在军队保护之下强取商君性命的难度，另一类嫌疑人似乎更有得手的可能——内奸。武乙这些年来破除迷信还政于王的工作做了不少，对于祭司集团和旧贵族势力造成了重创，这些人无时无刻不想把武乙送到奈何桥的另一头。

商内部的倒王派有两类：一类是真心信仰上帝与众神祇的保守派，武乙在他们看来实在是大逆不道，倒行逆施，尸位素餐，必须除掉这个祸害，不然整个商国都要大祸临头；一类是实用主义者，他们本身也不关心上帝与宗法，但是你的改革动了我的奶酪，那你必须得死。

所以这次商王暴死事件还有另一种可能：趁武乙此次出征之机，贵族势力与军中内应相勾结，在渭水之滨将其刺杀。强压之下必有反抗，这场或有的行刺其实是一次阴谋政变。

第三，为什么是被雷震死？

"天打五雷轰"是国人发毒誓时的经典范式。被雷劈死在中国文化里属于最直观的天谴，这与祭司们的利益诉求也最契合。因为杀死武乙只是过程，他们的目标是再次恢复神权的至高无上，连带着恢复贞人集团的权威。

不信抬头看，苍天饶过谁！

武乙在贞人集团头上肆无忌惮地跳舞和面折上帝后依然活蹦乱跳好多年的事实，已经让大众对上帝的威严产生了怀疑，所以武乙不光要死，还要死在神的震怒之下。从这个角度上讲，刺客来自内部就显得更为合理。

当然，行刺之说也只是分析与揣测而已，事情的真相已经随着渭河的流水一去不返，永远不可能为人所知了。

一生辛苦劳碌，与天斗、与帝斗、与人斗的商朝第二十八任君武乙，作为正史中唯一一个体验过五雷轰顶的君王，就此告别了他钟爱且未竟的事业。他虽然并不信仰上帝，但依然被摆入了宗庙，成为"宾于帝"的先王之一，这真是个莫大的讽刺。

不知当他的灵魂面对上帝之时，是面有惭色地下跪求饶，还是竖起大大的中指，摆出一个王的蔑视。

希望是后者吧。

## 王的坟墓

武乙的尸体运回了殷，先用清水涤去血污，再拿锦衣遮住伤口。其尸身入棺，棺外有椁，棺椁相叠以护其身。头侧有玉鸟一件，象征其玄鸟之后的血统；大腿之间另有玄鸟一只，首尾呼应。

尸身左侧有铜钺一柄，是为朝堂礼器；右侧有铜戈一支，是为生前所操兵器。口含玉玨，腹盖玉璜，足踏玉镰，腰缠穿孔绿松石饰带。足下另有骨镞铜镞各四件、弓一具，乃武乙生前喜爱之物。

左膝处有斛、爵各一，左右锁骨留玉璧各半，下颌安柄形玉器一枚，右拇指戴扳指一个。其他另有小型器物若干。

商王墓坑呈方形，四方各有一墓道伸出地面，整体呈十字星状。墓道的数量代表死者的身份，王族四条，贵族一般两条，平民可能只有一条乃至没有。

棺椁入坑之前，坑底另掘一小坑，大约在尸身腰部下方位置，称

"腰坑"。腰坑内有贝一具、狗一只、人头一个，狗颈部系有铜铃。

连狗都有饰品，普通的陪葬者却没有，真是人不如狗。

棺椁夹缝之间有殉人八名，西南各两名，东一名，有妃、妾、近臣等，字面意义上的伴君如伴虎。殉人身体完整且配有玉饰贝币等，呈U形排列，环绕商君。

如果死人有灵魂，这几个女子一定会在商君跟前叽叽喳喳地抱怨空间忒小了。

墓壁上有大小龛洞，称"壁龛"，洞形有方形、圆形、梯形诸般，并无定式。大孔内有殉人、殉牲，中孔内有青铜器具，小孔内有陶器。墓坑竖穴四壁有抬高，称"二层台"，上有青铜器具与陶器若干。青铜器具种类繁多，如簋、爵、斝、觚、尊、壶、鼎、觥、戈等，多为酒器，皆是纹饰华丽的贵器。陶盘中盛有牛羊骨肉，作为陪葬之祭食。

墓道口处有兽型石雕，威严可怖，但实际效果甚微，吓不住盗墓贼。殷墟内所有四条墓道的墓坑都被盗掘，无一幸免。

墓道内放置青铜兵器、酒器、车马、乐器，并开挖殉葬坑、车马坑。殉葬坑内有数十具人牲，皆身首异处，人首朝向棺椁。车马坑三处，呈长方形，每坑埋马四匹、车一具，合计三辆四匹马力的顶配豪车。所有陪葬品均在填土过程中逐步分层掩埋。

墓外挖数个方形大坑，分人殉坑、兽殉坑、祭祀坑、车马坑，各类人兽器物一应俱全。待商君飞升之后，这些殉葬之物（人）将保证他衣食无忧，香车美女一如生前。

以上描述是我根据商代墓葬的发掘情况自行虚构的，如有雷同，纯属巧合。商代墓穴多遭盗毁，能完整保存下来又能辨认身份的是极少数，实际的武乙墓形貌如何，根本没人知道。

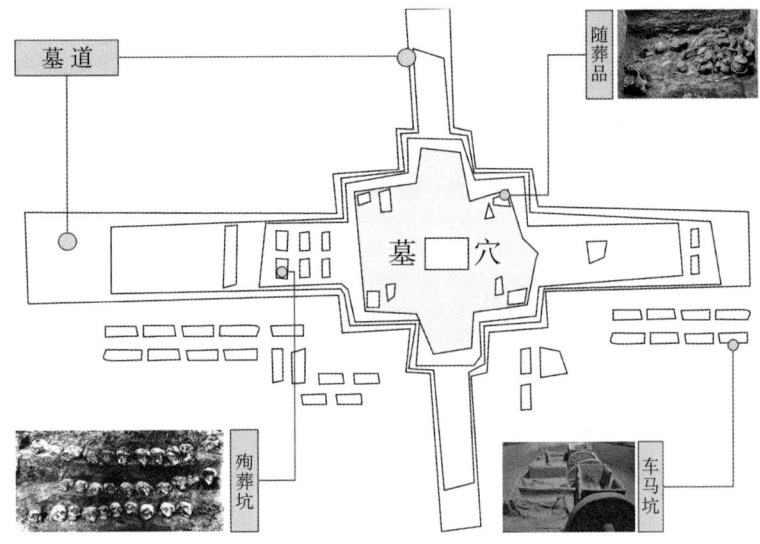

商王墓葬坑结构

商人尚不能建造如此规模的地下宫穴,故一切安置妥当后,偌大的墓坑会被逐步填埋。在这一大堆人兽铜陶玉的陪伴中,武乙永久安眠于黑暗的地下世界里,他再也没法、也没有必要仰着鼻孔跟这个世界较劲了。

在享受永久的宁静前,每个人都要在时间的河流中困苦而孤独地前行。

世界是留给活人的,死去的人已经停下了脚步,活着的人还得继续折腾。商国还要延续,外敌还要肃清,祖先还要祭拜,羌人还要抓取。很快大家就会忘记这个暴戾的帝王,忘记他那些荒诞的事迹。

贞人与敌视武乙的贵族们在拍手相庆,举杯共饮,这天杀的匹夫到底是被打倒了;商的百姓们在或喜悦或惶恐地八卦王室斗争,更多的只是在一天劳作后筋疲力尽地睡去;奴隶们又多活了一天,他们对明天没有期望,内心也谈不上什么波澜;原野之外的方伯们在观望殷地的动静,谋算着自己接下来的计划;季历在一片黑暗中辗转反侧,他的心里一团乱麻,索性推醒了太任,想和她商量商量。

天上的月亮在这嘈嘈杂杂的耳语心声中悄无声息地爬过中天。皎洁无瑕,千秋无异,不知凡尘风云变,只洒清辉于人间。

## 和顺之君

清晨,朝歌城外细雨飘零,天色蒙蒙大亮,百姓仍在睡梦中。一只甲士护卫的队伍从朝歌北门鱼贯而出,向东北方的殷都急行军而去。

隐隐约约,队伍中央的大车里传出一声轻叹。

武乙驾崩的消息自西方传来后,殷都乱成了一锅粥。贞人们立刻着手重塑祭司集团的权势,第一要务就是加强殷的核心地位。武乙经营朝歌多年,此时"太子"子托也身在朝歌。祭司们立刻派人前往朝歌,请王子回殷主持先王白事,并继位为王。

这大队人马护送的,就是即将登基为王的商国新君——文丁。

文丁,姓子名托,商国第二十九任君主。其父武乙的一生是战斗的一生,相对于爱折腾的武乙,文丁温顺平和,不那么锋芒外现。爷俩庙号一文一武,凸显了其执政风格的不同。

文丁年轻却有城府,他深知新君的主要任务是维稳,父亲死得不明不白,自己对内外环境又缺乏了解,不如韬光养晦,以免重蹈父亲的覆辙。继位后的他默许了贞人们的政治操作,于是文丁一朝,殷的权力核心自朝歌又归于殷。

此时的中国大地上还有一个人也打了

文丁·和顺之君

满心的小九九，这人就是季历。

周国正处于高速发展的机遇期，他与武乙的合作一直很愉快，此时遭遇领导变故实在不是什么好事，政策导向不明晰，工作不好干哪。

此时的周已不再是从前的周，此时的季历也不再是从前的季历，他的眼界与野心都有了质的飞跃。在他的治下，周国从一个流亡政权发展成了商国西部最强大的方国，政治经济皆进入国际一流水平，他老爸丢掉的豳地业已重新归入周人手中。别人不敢打的我敢打，别人做不出的我敢做！岐山脚下的青涩少年如今已有霸王之相，舍得一身剐，敢把王侯拉下马！

## 初尝败绩

武乙时代的季历是比较收敛的，他对于一手扶持周国崛起的老领导始终恭顺有加。但政坛上向来是一朝天子一朝臣，这位新王是个什么水平，对先王扶持的方国又是个什么态度，季历一概不知，也没打算知。

文丁继位次年，季历即点起大军向北方开拔。此时文丁正为亡父服丧，无暇顾及征伐事务，因此这次出征大概率是季历自行自为，而非商国的指示。商代已经有了为父母服丧的习俗，《尚书》有载："王拜手稽首曰：'予小子不明于德'。"此处的王是商王祖甲，"予小子"就是他服丧期间的谦称。

自季历扫荡西落、尽俘翟王之后，陕西境内的戎族军力已经基本瓦解。鬼戎疆域之东，有一燕京山，属于今吕梁山脉，古称晋山之祖，山接黄河第二大支流汾水。山水之间的土地孕育着一支戎人，称燕京之戎。从今山西静乐县沿汾水向南，约二百里土地均为燕京之戎的势力范围，太原也囊括其中。

从岐山出发攻击燕山，行程近千里，这大大超出了周人以往的攻击半径，也不符合其一贯的"闪电战"风格。劳师远征乃兵家大忌，若非具备压倒性的优势，往往会遭遇惨败。欧洲中世纪数次发动十字军东征，始终无法长期维持对耶路撒冷的掌控，不是耶稣不给力，实是阿拉伯人离得近，兵力输送有效率。

由于途经丘陵地带，周人视为杀手锏的战车无法携带，这削弱了他们的优势。到了目的地还要先沿着汾水摸索燕戎的主力军位置，无形中又给军队增加了消耗。

越国以鄙远，君知其难也。季历应该知道这样的远征是不明智的，但他还是毅然决然地出发了。一方面，他想尽量将战场扯远，以免引起商人的不满；另一方面，对戎狄征伐的连续成功让季历变得过于自信了，戎族在他眼中已经变得不堪一击。

月满则亏，骄兵必败。季历即将为他的骄傲付出代价。

没有平坦的道路，亦没有有效的补给系统，周人的军队需要不断停下来打猎以补充给养，并寻找向导确定行军路线。虽然他们尽力进行急行军，但山岭的阻隔还是大大延迟了军队的步伐，最快也要数十天才进入燕京之戎的领域。当周人还在沿着汾水寻找敌人大本营时，燕戎的军队已经四面而出，向周军发动了猛烈袭击。

强弩之末不能穿鲁缟。疲惫的周军无力抵挡，被杀得大败而归，汾水飘红。季历于乱军中蹚出一条血路，灰头土脸地逃回了岐原。

## 砍人的牧师

刀俎变鱼肉，失败而归的季历终于尝到了轻敌的苦果。好在周国的家底已经比较厚实了，一次惨败还输得起。

季历没有再向燕京之戎寻仇，但他的子孙却为他雪了这一耻。多年后，燕戎为躲避商国的挤压，逐渐向东方迁移，其中主要一支沿永定河南下，迁到了今天的北京附近，建燕亳国。所以燕京之戎就是有文字记载以来的第一代北京人。后燕亳国于周武王时期被周军所灭，取而代之的是周分封的北燕国。

对于周人的行动，文丁一直沉默着。他有一大堆头疼事需要解决，比如天灾。

文丁三年，中原气候异常波动，洹水"一日三绝"。绝，决也。洹水穿过王畿地区，洪水直接淹入了商人的耕地，对农业生产造成了巨大破坏。

每当欧亚大陆的气候发生重大变化时，逐水草而居的游牧民族都会率先受到气候波动的冲击，进而南下侵袭农耕民族，以求自保；农耕文明的收成也会受到气候影响而出现灾年。如果此时中原王朝国力强盛，那就可以扛住灾害，击退蛮族，获得"多难兴邦"的成就；要是赶上国力衰微，要么压不住难民和起义军，要么扛不住游牧民族的铁蹄，一命呼呜。

一个叫余无戎的部落就缺了点儿运气，这群山西东南部的牧民在文丁四年遭遇了旱灾，马儿瘦出了肋骨，孩子饿得像非洲难民。余无戎的首领愁得满脸褶子，速速点起还能作战的青壮年，打算去跟附近的方国讨点粮食吃。还没等出发，一群手持铜兵的周人突然杀进了他们的帐篷，将一脸错愕的汉子们通通砍倒。

文丁四年，季历伐余无戎，克之。周人抓住天灾之机，将山西南部的牧人部落通通降服，在自己的功劳簿上又添加了几个名字。

这一次，沉默已久的商王终于行动了。文丁大手一挥，赏！

季历同志威武无双，荡平蛮寇，稳定了帝国之西疆。大邑商决定册封其为"牧师"，任西方诸侯之长，享自行征伐之权。

卜辞中对于军队的称呼有"师""旅""行"等。师是军队的最大单位，武丁时将军队编制为左中右三师，即三个集团军，设师长统领。《尚书》中有"邦伯师长，百执事之人"的记载，师长以下还有千夫长、百夫长等。十人为什，百人为行，三行为一"大行"，三大行为一旅，三旅为一师。所以三师约九千人，再搭配战车等，约万人。这种三三建制的军队体系一直沿用到了现代。

师者，军队也。牧者，驾驭也。牧师，就是驾驭众军，掌握军事征伐与生杀大权之人，帝国名正言顺的西方守护者，西方大地的首席执行官，万不可当成神父或者弼马温来理解。

季历的威望在这一刻达到了满点，升职加薪，迎娶白富美，出任大区总裁，走上人生巅峰，夫复何求？

当然有求。总裁说到底还是个高级打工仔，而所有打工仔的顶上还有个东家。为何不再进一步，爬到天高处，做上帝的新使徒？

人寂寂无闻时可以甘于平庸，忍受清苦。但一旦品尝了人上之人的滋味，断无法再忍受那跪拜于地的姿态。周的国王用手中的剑从荆棘中开辟出了一片土地，如今那里裂开了一道巨大的深渊。他久久地凝视着那渊底的涌动，一股浓厚的欲望从中喷薄而出，化为一只黑色的天狗。

那深渊中的天狗一跃而起，它要呼风唤雨，吞食天地！

# 第七章

# 如临深渊　如履薄冰

## 天地逆位

北风烈烈,西伯利亚的巨肺将寒流源源不断地吹向东亚,途经蒙古高原侵入中国大地。

夏代与商代早期,整个亚洲处于一个相对温暖湿润的气候周期中,草长莺飞,农稼多熟,物资充盈。但殷商晚期开始,大陆气候开始进入相对寒冷干旱的周期,干湿分界线逐步向南推进,肃杀之气君临北方大地。

河水荣枯异常,西北的土地变得难以耕种,游牧民族的草场亦开始枯萎。寒冷与贫瘠逼迫游牧民族不断内迁,与农耕文明发生更加激烈的碰撞。

天地正位则民畜安息,如今乾坤逆转,稳态不存。在大自然的神祇面前,人类的力量实在太过渺小,刚刚开启的智慧尚不足以看透大千变化。先民们只是察觉到今年的冬天好像更冷了,粮食产量貌似不比去年,野兽的栖息地域发生了变化,还有旱灾与水灾更加频繁莫测了。

这一切都在非常缓慢地发生着,缓慢到只有善于观察与记录的智者才能觉察。先民将这当作神的旨意,他们更加虔诚地祭祀着本民族的神灵或先祖,期望能保存一份安身立命的幸运。

天道有常,不为尧存,不为桀亡。在不具备改造自然的魔力之前,无论一个文明还是独立的个体,都要在更高级力量的脚下谨慎地求生,战战兢兢,如履薄冰。

王侯之道,亦是如此。

文丁五年,牧师季历迈出了他称霸道路上的重要一步——搬家。

周原美则美矣,地理位置还是太靠西,制约了周人的行动半径。季历为周人选定了新的东进大本营,就建立在他曾经灭掉的程国土地上。

周人大举搬迁至此,开始营建"程邑",将之打造为周的新都。万甲东迁,百射东渐,周的宗庙、祭祀活动仍保留于周原,军政中心则迁移至程邑。这片土地的旧主人已经搞好了土地基建,所以程邑的建造非常顺利,很快地,一座崭新的城池就耸立在了渭河北岸。

新台有泚,河水弥弥。新台有洒,河水浼浼。

季历心中的天狗自此暴露于白日之下。

名义上,季历建造程邑是为了更好地打击山西境内的各戎族部落,行使其牧师的职责与权利。但实际上,程邑已经成了悬于关中平原以东各部族头上的一把尖刀,寒光照耀的范围内赫然可见商国。

## 程邑的意义

当年拿下程邑,是季历军事眼光的体现。

程地居双龙之会,北临泾水,南控渭水,攻可顺流而下,直捣黄龙;守可凭大河之险,拒敌以固。后方有周原作为大本营,依靠渭河

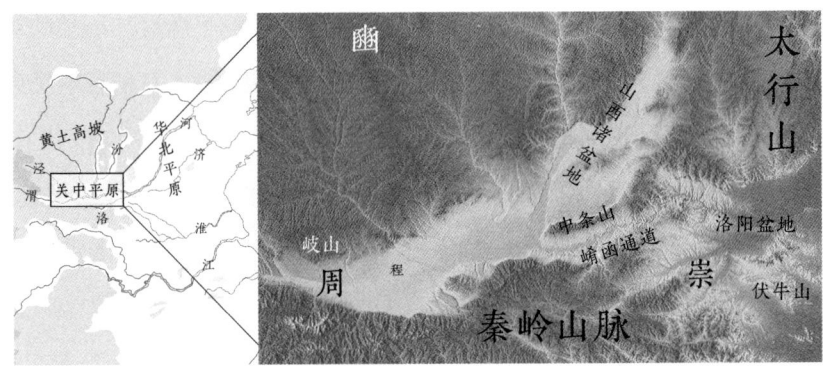

关中地貌全览图

快速完成物资与兵力的补给,是攻守兼备的要冲。

由于含沙量不同,泾渭二水一清一浊,于交汇处呈现一道明显的界线,是为"泾渭分明"之奇观。站在城头遥望泾渭之会,季历的心中一定是豪情万丈,或许有了几分曹操君临江水、作《短歌行》时的气魄。可惜殷商时代的人文化水平太次,还咏不出这么厉害的诗文,最多就是叫祭司找块老牛的肩胛骨刻几个字记录一下。

向东迈进的周人以程邑为中心,几乎控制了整个关中平原。正是看中了此地的龙蟠虎踞,后世秦人才在此建都,并在四方建立函谷关、大散关、武关与萧关来拱卫,龙气至此盘绕不散,这片土地也由此得名"关中"。

只要扼守住东部的崤函通道,关中的统治者就可以顶住东方诸国的进击。汉朝贾谊作《过秦论》曰:"尝以十倍之地,百万之师,叩关而攻秦。秦人开关延敌,九国之师,逡巡而不敢进。"

文丁七年,程邑的建设工作正式完成。城池既定,兵刀便起。季历率军跨过黄河,再次突入山西东南部,并在此降伏了始呼之戎。

季历每打一场大仗,平均要准备三年时间,频率并不算高。他们此时已是习农耕之事的国家，不能再像游牧民族那样逐水而来逐风而去。周人需要时间慢慢地消化他们所占领的新地盘，迁徙人口，刀耕火种，将草场和丛林变为可以长期发展的沃土，并安置或吸收他们降伏的部族。数十年间，周人与其附属部族的人丁已经悄然散布于商国西北的广大土地上，继承了戎人曾经据有的广大地盘。

这次对始呼之戎的征伐让商国产生了警觉——周人的刀锋从未距离商国的本土如此之近。但商人又挑不出什么口实，季历是商君册封的牧师，征伐是他的本职工作，打击对象也是商国的敌人，这事儿没毛病。

文丁对周人依然采取着怀柔政策，对他们在西方的军事动作表示支持。

文丁为何要放任周人坐大？难道他真是个无胆的软柿子？

当然不是，要理解文丁对周人的放纵，首先要弄明白这位君主为商国制定的基本国策。周的基本国策可以用十六个字来概括，"强国强军，逐蛮并土，抱商大腿，踹商屁股"。而商人此时的基本国策则是"以戎制戎，集力治夷，摒弃西北，力图东南"。

打击周国与文丁的发展思路相悖，所以他是不愿意的。

## 东南的价值

商人只把周人当成驱赶蛮人的工具而已，西北哪怕打成一团糨糊也不关他们的事。最好是周与戎斗个两败俱伤同归于尽，也好省了商人的麻烦。

商国的未来不在西北，而在湿润的东南。

数代以来，商国的经济发展已经变得迟缓，他们迫切需要为帝国注入新的空间与资源,以支撑人口的增长与统治阶层的消费升级。而谋发展最重要的资源,是土地。

数十年来的气候转变已经为商人感知,黄土高原和北地的水在枯竭,天气在转寒,不再适合养尊处优多年的商人。那些扰人的戎和狄收拾起来非常费劲,得到的土地质量还不尽如人意,所以开拓西北,不划算。

温暖的东方虽然也有善射的夷人,但与之作战的成本还是要低于收拾来去如风的北方牧人。而且东南方水系丰富,土壤肥沃且空气湿润,农作物一年多熟,连妹子的皮肤都变好了。

除了土地以外,另一样核心资源也是商国扩张方向的重要考量,即铜、锡等关系到帝国命脉的金属。青铜资源的消耗量是帝国经济的晴雨表,经济越发展,铜的用量就越大。长江流域的山地埋有储量巨大的铜脉,丰富远胜西北。

基于这个思路,殷商末期的国家力量开始不断向东方、南方集中,以保证国家开拓计划的顺利实施。用兵东南必然导致西北方空虚,所以周的存在就显得尤为必要。一旦对周用兵,牵扯国家力量自不必说,戎狄内侵的事儿谁来管?

为了避免双线作战,文丁只能尽量对周人温柔以待。只要季历的行为不算太出格,就尽量不在西边搞动作。能哄好的咱就不吵吵,能吵吵的咱就不动手。

这个思路大体是靠谱的,唯一的缺陷,就是文丁低估了周人的力量。

文丁十一年,季历将上一战的成果消化完毕,开始向山西腹地推进。山西南部除始呼之戎外,还有一支翳徒之戎。翳徒之戎在戎族中文明程度相对较高,不过碰上季历依然毫无还手之力,三名高级干部被生擒，史载"获其三大夫"。

此后季历一路猛攻，将陕西全境与山西大部均纳入了周国统治范围。此时周人居高临下，俯视中原，商国的整个背部都暴露在他们的视野中。周人的前线部队距离殷都只有区区几天的脚程。

这下局面就比较尴尬了。商人的东南大业才刚开始，季历就把北边的戎人削了个七七八八，工作这么卖力，你是想造反吗？

## 王又见王

周人一直是举卫商之名，行兼并之实，现在与商国相邻的戎族已经打扫了大半，突然没了目标，一下子空落落的。远处倒是还有一些，比如北退的燕京之戎，但跑那么远去打仗对季历而言没什么油水。

与商国翻脸的时机还不成熟，这一点季历很清楚，他还需要更多的时间准备。商国看着是没有以前硬气了，但瘦死的骆驼比马大，对于商国军队的真实力量，季历可是一点底儿都没有。

文丁此刻也充分意识到了周人的危险，这群土包子狠蛮子步步为营，此时不管，早晚要成大患。眼下跟季历动手的实力还是有的，可是商人的战略我们刚才已经分析了，打起来得不偿失。

动，还是不动，这，是个难题。

商周双方就像一对走到了缘分尽头的情侣，虽是相看两生厌，偏偏都有把柄攥在对方手里，都不想先提分手。相比之下，主动权还是在文丁的手里，他需要做的只是评估不同选择的成本收益；季历面对的却是一场豪赌。

赌赢了，或可宇内称王；赌输了，大概倾家荡产。

季历的手心在冒汗。当下还是表一表忠心，安抚一下领导的情绪，给自己多争取一点消化和壮大的时间为好。正好手边抓来这几个翳徒之戎的头头，去给领导送个礼吧。

文丁十一年，季历献三大夫于商。他收敛起自己的獠牙，再次摆出一副臣子的恭谨姿态，带着大批的礼物与奴隶来到了商都。十三年前的他也是这样，从城门一步步走向王的宫殿。

那时，他是一个虔诚的信徒，因为首次得以面见商王而欢欣鼓舞；如今，他是商国牧师，每一个动作都充满了自信与力量。

那时，路人看他的眼神充满了陌生，甚至没有多少人注意这些异国的乡巴佬；如今，他已名满天下，路人皆欲观之，他们投来的目光复杂而冰冷，令季历如芒在背。

座上武乙变文丁，十三年弹指一挥间。

季历仿佛又站在了那道深渊之前，目光被深邃虚无之处的黑暗牢牢抓住，一种未知的恐惧从心底渗出，一点点冰冻着他灼热而压抑的心火。

他看见深渊中睁开了一只眼睛。

欲窥深渊者，深渊亦窥之。

## 文丁杀季历

季历这人在军事上非常果决，往往能在作战时占据先机；在政治上他也有一股赌性，敢于以身试险。可惜政治舞台比战场更加危险，那儿捅人不用刀，杀人不见血。所以他失算了。

怀揣着文丁不会跟自己摊牌的迷之自信，季历再次站到了商王的面前。他献上了自己带来的戎人等战利品，慷慨陈述着自己为翼护大邦商所做出的不懈努力。王座上的文丁如往常一般温顺而平和，连说的话都一模一样：季历护国有功，赏！

王嘉季历之功，赐之圭瓒、秬鬯，九命为伯。

圭瓒，玉制酒器，其形如勺；秬鬯（音同巨唱），以黑黍和香草酿造的国酒，相当于商代的茅台。圭瓒与秬鬯都是祭祀专用品，品级属最高规格。

文丁说历啊，干得不错，来来来举起酒杯，今天起我们就是一个桌子上欢乐的君臣。

这些是虚礼，接下来才是实打实的封赏——"九命为伯"。

"九命"是周人所创的礼制，官爵分九命九品，上公九命为伯（一品），三公（相当于宰相）二品八命，侯伯三品七命，以此类推。商应该是没有"九命"规制的，此处大概是后世史官借"九命"来形容季历所获的爵位乃最高等级。

牧师是"权"，伯侯是"位"，有权有爵，既富且贵。可季历满足吗？

当然不，他的眼神里没有欢欣和感激，只是淡淡地称谢。

物极必反，文丁给予季历的封赏已经是商君所能给予方伯的极限，"功高震主"是也！季历没有读出这盛极而衰的意味，也许文丁的小绵羊形象已经在他头脑中成了定式。

西伯侯的智计比起他的勇武还是逊了几筹。圭瓒没在怀里焐热乎，小绵羊突然露出了他的獠牙，帐下甲士斜刺里杀出，几把锃亮的刀刃给季历架了个围脖。

一代战神在惊愕中束手就擒。文丁细数季历不臣之罪，将其打入天牢。

他看不通透，文丁一直不动手只是不想承担大动干戈的成本。觐见是一场将他与周国军队剥离开来的鸿门宴。失去了军队的将军，纵有巨灵神之威也是困兽犹斗；失去了季历的周人，威胁性也大打折扣。想那吕奉先于虎牢关下力拒关东联军而不败，等五花大绑跪在曹孟德面前，嘴里也只剩了喏喏求饶。

之所以上闷棍之前还要给甜枣，一种可能是商廷内部意见不统一，使得文丁的态度有所反复，毕竟囚杀季历这种大事儿不是王一个人能做主的；另一种可能比较腹黑，升职加薪是要让季历放松警惕，体会一下什么叫爬得越高摔得越惨。

季历摔得很惨，摔得骨头都散掉了。

他被囚禁于"塞库"，这不知名的地方承载了周国战神最后的时光。

季历最后是饿死的，自尽的，还是被商人杀害的，无人知晓。他的尸身有没有被商人拿来用掉，也没记载。四面高墙围天光，将军战甲褪寒芒。数百年后，春秋五霸之首的齐桓公也在迟暮之时困死于高墙之内。合诸侯，定四方，换不来临死前一口热汤。

在寒冷与孤独中，季历走向了死亡。

## 圣者姬昌

在北欧神话里，伟大的战士死后会被女武神瓦尔基里们接入英灵殿，在此享受永恒的幸福。季历没有这种福分，因为他头顶的神域已然住满了子姓的祖先神，没有门票留给这个姬姓的战士，连站票都没地儿买。

老大虽死，周国的希望却还在。因为季历已经留下了一个超级厉害的继承人，战神之子，岐原人、牧人和先民的王，大草原的太王之孙，奴隶与羌人解放者，易经博士，革命导师，长寿者，西境统治者暨全境守护，泾渭之水的姬姓王子，天火降生文王昌。

中国君王录上最伟大、最受推崇的圣主之一,未来的周文王终于闪亮登场了!此处应有三分钟的掌声。

斜杠青年姬昌,亶父之孙,季历之子。严格来说"姬昌"这个叫法是错误的,古时男子称氏不称姓,女子称姓不称氏。姬昌氏"周",所以我们应该叫他"周昌"。周国,就是"姬姓子孙中周氏一脉建立的国家"。后来宗法制度崩解,姓氏称呼变革,像"嬴政"(始皇帝姓嬴氏赵,应为赵政)、"姬昌""姬发"这种误称被用得越来越普遍。我们顺应习惯,姑且继续称他为姬昌。对于后面出场的人物,也沿用这种并不严谨的叫法,大家明白就行了。

作为史上最被神化的君王之一(之一两个字也许可以去掉),周文王身上背负的传说多到可以单独出一本《故事会》,比如我们前面提过的"太任胎教"。

含蓄的司马大爷在《史记》中描述姬昌的出生场面只用了三个字——"有祥瑞"。祥瑞乃伟人标配,大概又是天边飞来祥云,枝头落了百鸟之类,跟耶稣降生时天使带着果篮降临产房差不多的意思。

姬昌不仅生得壮丽,还生得奇异,东汉《论衡》说他长了四个乳。不光他,所有的圣王都生而有"异相",黄帝面凸似龙颜,颛顼头上长角,帝喾骈齿,尧的眉毛有八种颜色,舜目重瞳,禹的耳三个孔,汤的胳膊上有俩肘,周武王眼高于顶(字面意思,眼睛长得高),周公旦驼背(这是硬拉来凑数的),皋陶长了张马口,孔子头顶凹陷,总归没有一个正常的,不是残障就是丑怪,相比起来姬昌这个乳房增生还最不上档次。

古人迷信,神人不分家,还总将圣人描述得奇形怪状来凸显神奇,于今人看来倒也幽默得紧。

姬昌被粉饰为"圣人"是很久以后的事情了，此刻他只是一个满腔愤恨的青年，因为他爹被人给弄死了。杀父之仇不共戴天，商周数十年的友好邦交瞬间跌到冰点。

囚杀季历没能收到预想中震慑周人的效果，这大概也是文丁一直忌惮与犹豫的原因。年轻的周原之主上台后立刻整顿军备，厉兵秣马，要为父亲报仇。奉姬昌之命，周的兵员与物资开始压向东线。

周国成熟的战争体制开始运转，将战备资源向会军处集合。打仗是一件非常耗时耗力的事，需要长时间且复杂的准备。行军途中的驻扎地为"次"，号召人们或臣属供应军需物资则称"供次""取次"。有时候卜辞会写得更详细，比如"供马"，即提供战马。

金庸在《射雕英雄传》中讲了这样一个故事：宋徽宗年间，有个文官姓黄名裳，机缘巧合下习得了一身上乘武功，比一般的武林高手要高那么一点点。某天他奉旨剿匪，亲手诛杀了多名敌人，不想引来其同伙上门报仇。黄裳不敌逃走，惨遭灭门。从此黄裳的人生只余报仇一事，他放弃了原本的人生，隐居于荒僻处，潜心思索破除天下各大门派武功的法门，这一琢磨就是四十年。四十年后黄裳终于神功大成，出关寻仇，却四下里找不见仇家——基本都死光了，只剩了一个满脸皱纹的老太婆。黄裳于此顿悟，放下报仇执念，并将毕生所学著成一部威震天下的武学总纲，曰《九阴真经》。

倾尽心力为报仇做准备，结果还没动手仇家就没了，此乃一个武人最大的悲剧。这个结论好像跟刚才故事的主旨不太相符……算了不要在意这些细节。

这个忧伤的情况也发生在了姬昌身上——正当周人的战备工作搞得如火如荼时，文丁崩了。

# 第八章

# 所谓伊人 在水一方

## 强人帝乙

文丁在位十年出头,史料中对他着墨甚少,其形象并不清晰。在我的想象中他应是个暖男,一生隐忍,在生命的末尾才迎来了一次酣畅的爆发,旋即便如流星般坠落了。

史籍中关于他的只言片语基本上都与季历有关,这是他的幸运,也是他的不幸。若无季历,史家可能更加吝惜对他的记述,直至单调如一张白纸;可季历的存在也使得他的人生仿佛一个附庸,一个侯伯灿烂光芒下的阴影。就连死亡的脚步都前后相随,仿佛他的存在意义就是给季历画上一个句号而已。

公元前1102年,文丁去世,其子"羡"于殷都继位,史称帝乙。

在文丁治下,商国的政治由武乙时期的动荡转向稳定,对周边民族也保持了继续压制。若不考虑自然灾害等不可控影响,他的政绩应该还算不错。大多数时间里,他驱使周人为其作战,配合王师的主动出击,一定程度上解决了西北的戎族祸患。只可惜周人的成长超过了预期，最终双方翻脸，有点晚节不保的意思。

　　帝乙一上位就要面对他爹埋下的大雷，心里苦海翻腾。西边的周人一点都没有罢手的迹象，文丁死了还有帝乙，父债子还吧！

　　帝乙二年，还在守丧期间的商王接到了边防警报：周人来了！

　　文丁担心的事情终于发生了。周国军队从关中、山西等地陆续集结于商国西境，磨刀霍霍向殷人。周国为这场战斗准备了两年多，此时方才发难，可见姬昌并不是一介冲动武夫。帝乙继位不久，根基不牢，此时出兵正可以攻其不备。

　　周国的军队此时已经发展为复合型军团，这复合既体现在族属上，也体现在兵种上。

　　自亶父时期起，周人就开始吸纳其他部落进入周国，使周与商一样成了核心族姓为骨干、多族姓部落为补充的联盟型邦国，比如羌人族有邰氏等。联盟的行为被称为"比"，《周礼》曰："大国比小国。"此外，很多被降伏的游牧民族部落也成了周国的附庸，为其扩展势力外延。在未来的战争中，他们将为周人的侧翼提供有力支援。

　　除了构建联盟，周人在军队建设上也承袭自商老师。商老师作左中右三师，以方阵战为主流模式，周人也依样画葫芦，构建了几乎同种规格的军团。

　　步兵是晚商军队的核心战斗力量，以"戈"为主要格斗兵器，人手一把。依所在位置的不同，还会搭配盾、甲、斧钺、刀等特种兵器。步兵中还有一类居于方阵前列，与盾戈兵相配合的"刺兵"，以长矛为武器。

　　在步兵方阵之后，为大部队提供远程火力支持的是"射兵"，即弓箭手。每一百名射兵为一个单位，称"百射"。百射可不是摆设，他们在步兵方阵冲锋时对远方目标发动齐射,杀伤力居各兵种之首。

骑兵则称为"戎马"或"多马",也以百骑为一个编队。商周时期的骑兵尚不属于军队主力,一是生产力不行,养马太贵了,打仗消耗又大,养不起也死不起;二是此时马具和骑射技术发展不成熟,没有马镫,士兵全靠双腿力量夹着马身来维持身体平衡,很难配置重型武器。你让关羽拿着八十斤重的青龙偃月刀在马上舞一个来回,大概率就把自己转下来了。游牧民族普遍腰粗腿粗屁股大,就是常年骑马骑出的效果,这样的体型在马背上才稳得住。骑兵主要用来抓捕俘虏、追击逃跑的敌兵,或者担任斥候(侦察兵)工作。

步兵与射兵之外,第三类主要战力是车兵。战车在成汤时期就已经出现,有两匹马力的,也有四匹马力的,后来还有五匹马力的,不过五匹的只用来分尸。一辆战车上标配三人,按现在的分法应该算个两厢车,中间是司机——驭手,其背后一侧是射兵,另一侧是矛戈兵。战车的精华之处在于功能的多样性,它是各类兵种的集成体现。拿一个载体把原有的兵种往一块儿凑凑就成了新科技,跟当下风行的互联网商业模式创新有异曲同工之妙。

战车编队分大小,每队有5辆、25辆、100辆、300辆等不同规模。周人善用战车,到殷商末期,周人的车兵编队已经可以脱离步兵独立作战。高机动性的战车负责对敌军的方阵造成强力冲击,势大力沉,远近攻守兼备,唯一的问题是车身缺乏减震系统,所以只能在平原上使用,路况不好容易翻车。卜辞中就有某位商王乘马车追赶犀牛(胆子相当大了),磕碰岩石翻了车的记载。

面对陆续集结的周人,商国境内立刻发布了红色警戒。帝乙对周人的反扑早有准备,他事先召回了一定数量的军队,并从国内征调了

商战士　周战士

新兵员以备不时之需。商国男儿们快速地武装起来,奔赴国都西部以阻击周军。

商国的兵员征召政策类似于古希腊,士兵皆由自由民组成,战争是公民的责任,也是一种荣耀。征兵入伍称"登人",即登记姓名于兵册之意。

这可能是商国第一次与同世代的军队战斗,对面的周人与自己一样摆开了阵形,手持青铜兵器,身披皮甲,有射手与战车压阵。周军也面临同样的情况,他们一贯的对手都是手持棍棒石器的蛮族。

由于先民平均寿命较短,曾见识过那天军神威的"老兵"基本死光了。商人的恐怖他们已经遗忘了太久。

在震天的喊杀声中,商与周的步兵方阵及战车碰撞在了一起,血雾瞬间于两军交汇线上飚射而出。刀剑在太阳的照射下凶光闪烁,青铜箭头划破空气的声音此起彼伏,轻易地洞穿了敌人的皮甲……

那一天,周人终于回想起曾一度被商所支配的恐惧,还有像两脚羊一样被敌人驱赶的耻辱。

史料中记载了这次战争的开头,却无一字记录结尾。从后来的发展来看，毫无疑问是周人战败了，商人用拳头证明了大哥依然是大哥。《诗经·大雅》中记录了很多周朝的开国史诗，尤其是翦商的伟大壮举，但双方这充满纪念意义的第一次灵与肉的碰撞却被神奇"漏掉"了，原因是什么，我们都懂的。

士气大挫的周军逃回了程邑，转攻为守，战战兢兢地预备抵抗老大哥即将到来的惩罚。

## 大哥依然大

周人的这次失败几乎是注定的。

一个方国发展到周这一步，基本已经看到了上升的天花板。如果真要与商国老大哥开战，不是灭国战就是争霸战，无论哪种，都是消耗战、持久战。姬昌并不懂这些，他的目的仅仅是报仇而已。至于报仇以后怎么样，怎么才算把这仇报了，他大概还没有想清楚。

想打一场胜仗需要很多因素的加持，天时地利人和、将领行军后勤、计策谋臣兵力等，孙子所领衔的历代军事家们著有大量兵书来分析这些问题。可当战争上升到大国之间灭国争霸的水平时，所有的战略分析就浓缩成了唯一要素——国力。

国力首先体现为技术实力。只有当双方的军事科技不存在代际差时，战争才能称为战争，否则就只是屠杀而已。几百名配备火枪的西班牙军人可以击溃近万人的印加帝国土著兵团，数万八国联军依靠装备和军事素养的优势能击溃大清帝国的八旗军。拥有青铜武器的商族军队与部落战士的差距，相比热兵器与冷兵器的差距也不遑多让。周国依靠商的技术输入，在这个层面基本具备了对商作战的水准。

国力还体现为生产力：有多少人口，多少粮食产量，多少武器储备及以上各项的补充速度。生产力可以理解为战争潜力。二战开打时，美日的海军实力没有显著差距，日本海军在战列舰和航母数量上还有微弱优势；然而在珍珠港之战爆发后的两年时间里，美国就下饺子般变出了十多艘重型航母，而日本只增加了一艘，双方海上力量迅速拉开差距。大国之间的战争不能只看台面上有多少战力，更要看台下有多少潜力。1942 年美国的钢产量和煤炭产量是日本的 10 倍，这巨大的生产力差距让战斗的结局在开打前就已然注定。

冷兵器时代最重要的战争潜力指标就是人口和粮食。王朝战争普遍伴随人口的大量消耗：秦灭赵的决定性战役长平之战中，赵国损失四十万青壮年，国家战争潜力基本耗尽，其灭亡遂成定局；安史之乱让唐朝人口减少六成；元灭宋，汉族人口损失超过八成。除了人口外，粮食储备也是国家实力的另一个重要体现。由于农业生产力的低下，古代的粮食产量与人口消耗多数时候只能维持在一个勉强的平衡线上，人口锐减和农田被破坏都有可能迅速拖垮一个国家。曹操打仗时偶有屠城，但严禁军队践踏禾苗，因为他清楚维持农业生产的重要性。白骨露于野，千里无鸡鸣，则国将不国。

商国气数未尽，亡国的元素还未凑齐，国力亦没有衰弱到无法压制诸侯的地步。周国虽今非昔比，与大邑商拼地盘、人口、粮食仍是不及。就算他们能挣到一场暂时的胜利，也无法改变其必败的结局。

周国不仅是秀肌肉不行，精神层面同样比不了。小弟我曾经一穷二白，大不了回家从头再来。这仗周国输得起，商国可输不起。

商的内外服体系本就松散，主要依靠宗教与恐怖统治来驾驭列国。要是被小弟给打了，以后还怎么压制道上的众多帮派？会不会显得祖宗在上帝面前失宠，不管用了？这两大印象一旦瓦解，商国将立刻失去其中央民族的威信。

反过来讲，周国作为商之附属，在"宾于帝"的祖先神理论中已浸淫多年。深信商人受上帝庇佑之人在各方国中不在少数。这种迷信若不破除，战士们未战已怯，便失了先机。发动战争的第一步是搞好政治宣传与国民、盟友的心理建设，对于这种系统性的工作，年轻的姬昌和他的臣子们都没有经验。

战败的姬昌被迫选择了军事上的大范围收缩，战略性放弃了季历这些年来大举开拓的地盘——经营多年的太行山以西的土地统统免费赠送。帝乙顺势接收了这些土地，并将其中一个儿子"子期"封于郝（今太原附近），插旗圈地，步步紧逼。

面对商国的进逼，姬昌已然无计可施。冲动是魔鬼啊，射出去的箭犹如泼出去的水，商国岂能善罢甘休？

反正后悔也来不及了，那就来吧，老子就在程邑等着你！当然，不来更好！

## 战争与和亲

上帝之手从云端缓缓垂下，点亮了姬昌头顶的主角光环。

商朝的信使来了，他们送来的不是战书，而是一封婚书。

帝乙说阿昌啊，你们周国这些年为大邑商南征北战，立下了汗马功劳。咱们两国一直是君臣和睦，亲密无间。西伯侯怀有异心，先王把他关起来只是想教训提点一下，一不小心让他死了，这完全是个意外。咱们因误会而兵戎相见，我真是痛心疾首，疾首痛心。

不管怎么说，你是我非常看重的臣属，我爱才心切，愿意大人不记小人过；当然，西伯侯的死，我们也有责任。所以不如就此罢兵，咱们两国重修旧好，再塑君臣。你老爹当年跟我老爹混，现在你跟着我混，继续当我大邑商之西境守护，享受西伯的崇高地位，你看如何？我还愿意把妹妹嫁给你，以后你就是我的妹夫，咱们结个通家之好，成就千古美谈。

姬昌的大脑短路了三秒，这什么情况？他困惑地抬头望向东边，商国那旮旯到底发生了啥？

商国软了，因为他们打不动了。

按下葫芦浮起瓢，帝国的东南边境再次响起了警报。就在周国和商国彼此消耗之时，东夷也瞅准了商国君主更迭的空档，又一次兴兵犯境。

武乙一朝，东夷已有蠢动之相；文丁一朝，东夷已有北渐之实；至帝乙一朝，东夷终于掀起了大规模的入侵高潮，四处与商人争夺土地。就在周国的复仇军团陈兵西境前后，不知是巧合还是暗中勾连，夷人也同步发起了对商的进攻。

先是淮水流域的东夷大国人方兴兵犯境，而后又有河南南部的盂方和今安徽境内的林方先后叛乱。腹背受敌的帝乙陷于双线作战的苦境。

周与夷都不是寻常的小角色，商国很难速战速决，当下还是得稳一个打一个。两下相权，各方面以商为师、又有多年邦交情谊的周人自然是拉拢的好选择。如今季历死在了商人手里，血气方刚的姬昌心心念念为爹报仇，几无谈判的可能。商人一旦示弱，周军的士气、战意可能更盛。

深谙权术的帝乙决定先给予周国当头棒喝，让暴怒中的姬昌冷静下来，再把他拉回谈判桌上。

帝乙强顶着东线战场的压力,调集兵马回西方与周人对垒。兵者虚虚实实,越是"中干"之时,越要表现得"外强",只有豁出全力快速打服敌人,才能避免将战争拖成持久战。

对于商国的战斗力,帝乙有十足的信心。结果也如他所料,姬昌无力招架商国的攻势,一腔热血被打回了肚子里。

战争不过是政治的前戏。仗打完了,该到了修复两国关系的时候了。帝乙又选择了那个古老而有效的办法——和亲,这招真是百试不爽。战意尽丧的姬昌也赶紧就坡下驴,再次向大邑商表示效忠。

商周间的这次政治联姻影响甚大,被后世无数史家骚客所引、所述、所分析,史称"帝乙归妹"。

关于这场世纪婚礼,周人在《诗·大雅·大明》中描述如下:"文王初载,天作之合。在洽之阳,在渭之涘。文王嘉止,大邦有子。大邦有子,倪天之妹。文定厥祥,亲迎于渭。造舟为梁,不显其光。"

诗歌是这样说的:姬昌承载了周国大业,天帝又赐予了他美好的姻缘。他走过洽水之北,渭水之滨,在岸芷汀兰中停下了脚步。那一日天朗气清,惠风和畅,他在氤氲的水汽中看到了一个恰似偶像剧女主的大姑娘。大邦(商)有女初长成,如同天仙下凡尘,华容婀娜,令他怦然心动。茶饭不思的姬昌急召神官占卜姻缘,得到的结果是一个大大的吉兆。迎亲那天,姬昌亲到渭水岸边迎亲,河上没有桥,搞得新郎好心焦。他拿出了霸道总裁的手腕,派船队于河面首尾相连,化为碧波中的鹊桥。

鹊鸟鸣啼,长船如堤,一切都是闪闪发光的粉红色。西伯与王妹,高贵对高贵,一对璧人很"登对"。这么伟大的姻缘一定是天帝的安排,所以叫"天作之合"。从此以后,这个词语就成了中华民族对于完美婚姻的至高定义。

一切看上去都那么美好。可惜，也仅仅是看上去。

## 帝乙归妹

人生若只如初见，何事西风悲画扇。

《诗·大雅·大明》在开头几句美好的赞颂后画风突变："于周于京，缵女维莘。长子维行，笃生武王。保右命尔，燮伐大商。"

这句"缵女维莘"，说的是姬昌从莘国又续娶了新妻，而后生下武王。由此看来上一段婚姻似乎失败了，中间发生了什么全被直接跳过。

我猜到了开头，却猜不到这结局，而且你还把过程给我删了。

这段被神秘隐去的王室八卦隐藏在一本奇书之中。此书堪称中国玄学众典之首，百般变化，包罗万象，上可以推演洪荒宇宙，下可以测算因缘寿数，是中华文明的高山源水之一，堪称经中之经，典中之典。

这本奇书就是《易经》，准确来讲是《周易》。

传说《易经》有三部：夏的《连山易》、商的《归藏易》、周的《周易》，仅《周易》传世。这《周易》分《经》《传》两部分，《经》又分八八六十四卦，每卦皆有卦辞，为占卜之用。关于《周易》之妙，我们后面再聊，此处单说其中的第五十四卦——"归妹"。

所谓"六经皆史"，《周易》的原型是占卜卦辞连缀而成，而卜辞本就是历史事件的记录。"归妹"卦的卦辞就是在讲述这段"归妹"的故事。

六十四卦里含了三百八十六爻，每爻亦有爻辞。我们一句一句来看"归妹卦"的卦辞和爻辞，关于帝乙归妹的真相就隐藏在这些爻辞中。

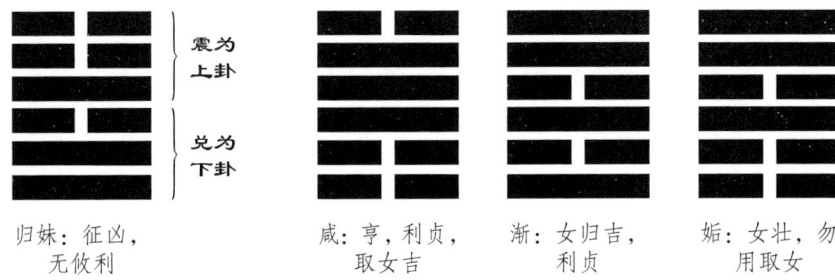

第一句为卦辞，总领开篇："归妹，征凶，无攸利。"

卦辞乃一卦主旨，此句直截了当地指出了归妹一事的不祥——凶而无利。《周易》中涉及婚恋问题的卦象有好几个，"归妹"外另有一"渐"卦。"渐"说的是循序渐进，水到渠成，为吉卦；而"归妹"的卦象上为震卦（可代指长男），下为兑卦（兑为悦，指少女），以少女配长男，非正常组合，对比"渐"卦有急于求成之相，欲速则不达，为凶卦。

第二句为第一爻爻辞："初九，归妹以娣，跛能履，征吉。"

娣，妾中的年幼者。商周时代和今天一样，实行"一夫一妻"制，不一样的是在妻之外还能娶很多妾，遵从"媵嫁制度"。根据周礼，天子与诸侯正常情况下只能娶一次，但一次可以娶九个。妻去世不能再娶，但是活着的时候可以"出妻"，即休妻。诸侯嫁女儿的时候会带上陪嫁姑娘，一般是妹妹（娣）或者侄女（姪），统称为"媵"，一起嫁过去做妾，共事一夫。商周时代只有庶民才是真正的一夫一妻制，不是因为不想多娶，而是因为没钱没地位，娶不了。庶民有妻而无妾，故称"匹夫"，所以记住了，单身狗是没有资格称匹夫的。此外，奴隶之间也可以婚配，前提是征得主人的允许。奴隶生下来的孩子称"奴产子"，依然是主人的私有财产。这句爻辞中的娣即娣夫人，非正妻,说明嫁过来的女子只当了个侧室。虽不能持正,但如果正向本分地求取,不冒进,犹如"跛能行",还是可以凑合过的。

第二爻爻辞:"九二,眇能视,利幽人之贞。"

"眇能视"与"跛能履"意思差不多,出自"履"卦:"眇能视,跛能履,履虎尾,咥人凶,武人为于大君。"视力虽有问题但仍然能看见一些,腿脚有毛病但还能走,都这熊样了还要跟在老虎后面得意忘形嘻嘻哈哈,简直作的一手死。这句的意思是身为侧室,就该好好辅佐嫡夫人,不要有非分之想,幽静自守,可得吉祥。

第三爻爻辞:"六三,归妹以须,反归以娣。"

须为姊,娣为妹。该爻爻数六三,六代表这一爻是"阴爻","阳爻"则用数字"九";三代表这一爻是本卦第三爻。单数为阳,双数为阴,单数爻(三)上出现了阴属性(六),这叫阴居阳位,其位不正。这句是说位不正的女人想嫁过去当嫡夫人,但最终还是只能当了一个娣夫人。肥皂剧的意思开始出来了。

第四爻爻辞:"九四,归妹愆期,迟归有时。"

迟是等待的意思。延误了婚期,只好推迟,等着定下新日子,真是好事多磨。

第五爻爻辞:"六五,帝乙归妹,其君之袂,不如其娣之袂良。月几望,吉。"

这一条终于进入了正题。帝乙把妹妹嫁给姬昌,可她的礼服还不如陪嫁女的礼服华丽,说明其有贤惠勤俭之德,如月亮般皎洁而不盈满,是吉兆。预示这本应是一段美好的婚姻。

第六爻爻辞:"上六,女承筐无实,士刲羊无血,无攸利。"

卦在第六位的阴爻不称"六六",而称"上六"。先民婚配后要祭祀宗庙，向祖先求子，然而爻辞中的女人提着篮子却空无一物，男人刺羊取血而不得血，祭祀不成，暗示血缘无继，没有子嗣。第五爻中的吉祥画风急转直下，成了"无攸利"。预示美满的结合因女方生不出孩子而成了悲剧，和亲最终失败，还会引双方相背离。

《左传·僖公十五年》中有个与此相合的记载。晋献公想把女儿嫁到秦国，让史苏占卜吉凶，占出来一个"归妹"卦接"睽"卦。史苏解释说，东边嫁女给西邻，最后好事变坏事，不吉利。男人宰羊不见血，女人举筐空荡荡，一定会引来西邻的愤怒，最后势成孤寡，没有盟友。史苏乃是引用商周结姻失败之事来劝阻晋献公与西方之国的和亲打算。

将这些碎片串联起来，我们就得到了故事的全貌。

帝乙归妹以降福荫于周，姬昌审时度势后愉快地接受了。双方的结合被称为天作之合，一时在列国间传为佳话。但政治联姻很难造就真正的爱情，生于王家的女人也敌不过命运的捉弄——她始终没能诞下子嗣。这位王妹在多年后因病而死或被"出妻"，姬昌通过又一场政治联姻娶了新的女人。

最高不过离恨天，最冷莫若无牵念。嫁妹妹虽被称作"归妹"，但这样的女人往往无处可归。"俔天之妹"没能完成帝国赋予她的使命，她最终只能走向虚无。

帝乙的妹妹大概是个美丽的好姑娘，但她的美在杀父之仇与国家政治面前根本不值一提。待到西风悲画扇，当年的百船桥已不见了踪影，唯有渭河之水依旧波涛滚滚，远听如诉如泣。

这就是"天作之合"的结局。

姬昌后来另娶的这位正妃被称为太姒，来自今陕西省合阳县附近的有莘国。太姒天生丽质,仁厚知礼,很得姬昌的欢心。这一次他大概是遇到了真正的爱情,那种感觉轻狂而自由,热烈而奔放,原始而纯粹,随沧浪奔流于原野之上。他毫不避讳地向初次遇到的太姒求爱,今天我们将这种邂逅称为一见钟情。

关关雎鸠

北宋欧阳修与南宋朱熹均认为姬昌与太姒的故事被记录在了《诗经》的其中一首里。诗词之妙,在于可以将那份纯粹的情感从世俗中抽离而出,化作行间字灵,得以传歌,得以隽永。当国仇家恨、荣华霸业均化为城头浮土、原上飞尘,唯有对单纯情感的咏叹凝成了文明的精魄,震颤于华夏后裔的唇齿之间,经久不息。

那首诗如是说:

关关雎鸠,在河之洲。窈窕淑女,君子好逑。
参差荇菜,左右流之。窈窕淑女,寤寐求之。
求之不得,寤寐思服。悠哉悠哉,辗转反侧。
参差荇菜,左右采之。窈窕淑女,琴瑟友之。
参差荇菜,左右芼之。窈窕淑女,钟鼓乐之。

## 竹书旧事

帝乙归妹之后,商周正式"重修旧好"。姬昌暂时收起内心的仇恨,拍拍膝盖捡起了西伯侯的爵位。国家总工程师帝乙同志将全部的身心都放在了对东方展开全面经略的蓝图之上,对于周人,他表现出了相当的宽容。

宽容的其中一个表现，就是没有乘人之危。《竹书纪年》记载，就在商周之战的隔年，周国发生了地震，草木动摇，禽兽奔走。面对这个打击叛商之臣的最佳时机，商人却无动于衷。这充分说明商周之间的恩怨已经暂告一段落。

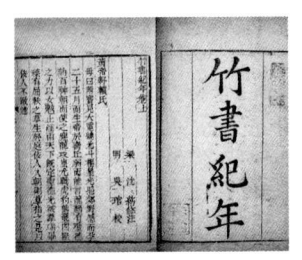

《竹书纪年》书影

就在地震发生的这一年，《竹书纪年》中还出现了一个来自西北方的敌人："帝乙三年，王命南仲西拒昆夷，城朔方。"这是一处明显的错录，南仲系周宣王时期的将领，受宣王命至朔方筑城以拒昆夷，其事迹见于《诗·小雅·出车》，在这里却穿越到了殷商时期，应是整理散佚的竹简之时发生了错误。

《竹书纪年》又称《汲冢竹书》，是研究商周时期历史最重要的文献之一。西晋时，有盗墓贼掘墓而出竹简，晋武帝得知后派学者前往整理，将大量零散的竹简重新编辑，遂成《竹书纪年》。

此书罗举天下改朝换代之事，以编年体写就，叙述风格十分犀利，甚至三俗暴力，知识分子读了都说好。很多晋朝学者都在著作中征引了《竹书纪年》的内容。

五代时，此书因战火散佚。后来经过清、民国乃至当代众多学者的搜集、抢救与重新考证、编纂，形成了此书的辑佚本，即现在通行的《古本竹书纪年》。与"古本"相对的还有一份约莫出现于元末明初的《今本竹书纪年》。后世学者多认为"古本"的可信度高而"今本"的可信度低。但无论今本还是古本，均与原本有了一定的差距。

《竹书纪年》往往被用来与正史互相印证，其价值与严谨程度固然不能与正史相提并论，但也为后人辨别历史真相提供了很多素材。

此书的一大特色是更接近人性之恶，多处记载与正史南辕北辙，极大地冲击了正统的儒家价值观。

比如，正统史学基本都沿用了尧舜禹相互禅让，以德、礼治天下的说法。而根据竹书中的记载，舜是囚禁了尧，并流放了尧的儿子而夺取政权；禹逼迫了舜，汤流放了桀，都是流血的政变。对于主流士大夫而言，这本书堪称很离经叛道。

后来出土的一些重要古文献真本，如"清华简"等，也印证了竹书记载一定的真实性，使得这本残破的竹书获得了很高的史学研究价值。

## 帝乙征夷

周国怎么抢险救灾、多难兴邦的，此处按下不表，单说开拓者帝乙的军功。数年之间，商与夷整天大小摩擦不断，有事没事就摩擦摩擦，在这光滑的平原上摩擦。就这么一直擦了好几年，终于擦出了一个硕大的火花。

帝乙九年，商君接到奏报，夷人已于东南方集结，有大举入侵之相。帝乙遂统合军队，征调诸侯，誓师于沫（朝歌），大军直指东夷。

军队向东南行军，途经今河南省睢县。此地草木丰茂，丘岗连绵，沼泽成片，人马的行进速度不得不放慢。由于临近王畿，离夷人势力范围还较远，战士们的精神显得略有松懈。

在水草阴影的掩遮下，一支伏击部队潜伏而至。他们以迅雷不及掩耳之势不可当的节奏向队形散乱的商军发动了突然袭击。商军不备，一时间兵马大乱，四下里败走。无奈的帝乙只得率全军撤回商国地界。

卜辞记载，截击商军者乃商国南方方国"盂"，其首领名叫"伯炎"。盂方，甲骨文中亦称"盂夷"，说明其祖先也属夷人一脉。新石器时代，原始部落星罗棋布于今睢县附近，不断发展壮大，至公元前2000至前1600年左右形成了氏族方国。因盂夷善制陶器，故以器具为名，称古盂国。

盂方是离商国本土最近的方国之一，在武丁时期被曾商国降伏。如今夷人的烽火烧到了中原大地，伯炎果断带领盂夷重回夷人联盟的怀抱，举兵叛商。

出师不利令帝乙大为光火，卧榻之侧竟有敌人潜藏，可见东夷问题的严重已经超出了想象。帝王之怒犹如雷霆，动则五岳倾覆。帝乙九年十月，商军对盂方展开了报复性的攻击，如巨石压卵般碾碎了盂方，伯炎沦为人牲，直接被送去供奉列祖列宗了。

帝乙把其中一个儿子封在了盂方，将这片土地改造成了商国的田猎场与练兵之所。回师的途中，军队捕获了一只白色的犀牛。殷人以白色灵兽为瑞相，帝乙十分开心，派人在甲骨上记录了此事。

帝乙十年秋天，子姓大军与助战的诸方军队再次集结。这次帝乙做好了万全准备，军容之盛更超去年。九月甲午日，帝乙亲赴殷都宗庙祭祀，以人畜做牲，占卜出兵征伐人方之事，得吉兆。遂传令全军，誓师于高台之上。大军拔旗而起，兵甲耀日，嘶吼震天。

商军历时30天左右，于九月癸亥日到达了首个远征中转站"雇"，此地距离殷都约三百里，已进入山东境内。商军每日仅推进五里，可能是途中为筹集军需进行了多次田猎，或为确定行军路线进行了多次占卜；也可能是帝乙吸取了上次的教训，步步为营，在行军过程中不断瓦解东部游离的小股夷人部落。

在"雇"进行了驻扎与休整后，大军继续开拔，途经今山东境内的乐（济南）、商（泰安）等地及商国旧都亳，花费百余日兜了一个大圈子，终于到达了此次远征的前线大本营——"攸"。征途跨越近1500里，是一次货真价实的"远征"。

卜辞显示，帝乙在行军过程中进行了多处原因不明的停留，大概是对途经方国进行了一次政治面貌大普查，亲商者吸纳，背商者杀伐。

商军为什么特意绕这么大的弯儿？

大规模的远征如同三宝太监下西洋，是对国家资源的巨大消耗，因而国君对这种不可轻易使用的大阵仗投入了很多期待。此次出征是帝乙为巩固东部统治而进行的一次重量级巡狩，其目标不仅是打击夷人国度那么简单。

商王朝在东方曾有很多属国，既有创造了海岱文化的古阿东之后裔，亦有商人的分支民族。自武丁以降，帝国在东方的影响力日渐衰颓，许多在商文化的灌溉下发展起来的方国都在暗中倒向了夷人联盟。帝乙消耗巨大本钱发动这波东方巡狩，为的就是让东方列国明白：老子天威犹在，尔等不可造次。

攸国地望位于今安徽宿县北部，扼守着商帝国通向江南的咽喉要道，凶猛的武丁曾将商国的势力范围扩展至此，并播下了子姓方国的种子。第一代攸侯名"子攸"，系武丁之子。当代攸侯则有一个非常吉利的名字——"喜"。

攸是大邑商东部最忠心、也最核心的属国，更是商人向南方水乡迈进的重要跳板。攸侯多年来一直奋斗在抵抗夷人的最前线，如同揳进东夷世界的黑色铆钉。

帝乙在出征前已派人传命于攸侯喜，此次远征将以攸国作为攻略夷人的大本营，攸国部队须做好准备，与王师协同作战。

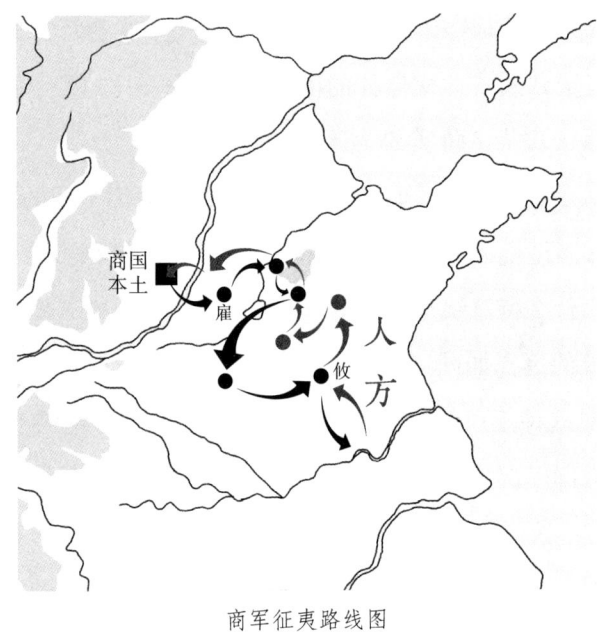

商军征夷路线图

商国本阵与各诸侯军组成的联合部队完成整编后,继续向前推进至攸国东部的永邑,开始安营扎寨,准备与此次远征的头号目标"人方"进行决战。

殷墟卜辞中,"夷"字也写作"人""尸",如金文中淮夷常写作"淮尸",所以人方、夷方、尸方都是指向同一个集团。古音中夷、人二字音韵相同,这种发音在今天的胶东方言里仍略有遗存。

人方乃夏覆灭后规模最大的一支东方遗民,其分支在商代晚期已遍布沂水流域与今山东南部,是东夷中最强大的部族。商人视人方为夷人中的代表国家,周人则习惯把这个方国称为尸方。

人方的战士们如期而至,战斗很快打响。商国联军列开阵形,步兵方阵从正面推进,利用武器优势牢牢牵制住人方主力,攸国及其他诸侯伺机从两翼进行夹击,"右、左其周",形成了对人方军队的包围圈。得益于长期狩猎（军事演习）的锻炼，联合部队的战术配合十分高效。

与漫长的行军相比，战斗的过程要流畅得多。人方军队突围不成，大溃于商军的包围阵之下，人方首领"夒"遁走。

击溃了本次远征的头号大敌后，商军士气大振，遂衔枚突进，快速行军以追击夒。联军再向东南推进了数百里，一直深入到淮水流域，这里有夷人联盟的另一个方国，"林"方。先民部落逐水而居，城镇依水而建，定位敌人最好的办法就是顺水而寻。前后历时不到一周，商军就将林方彻底荡平，但夒再次逃遁。

夒者，狡兔也，这位方伯转了一个弯后又出其不意地往回逃，确实狡猾大大的，对得起他这个名字。可狡兔三窟也难敌猎人慧眼，商的追击部队沿其行迹一路围追堵截，咬定青山不放松，穿越"春""永"等地，最终在攸地将狡兔酋长抓获，为这次远征画上了完满的句号。

拆毁敌城，整饬土地，清点财物，收敛俘虏，一系列的战后流程轻车熟路。意气风发的帝乙率大军回到了攸国城邑。在接下来的一个月里，整个攸国都弥漫在一团狂欢、激荡的彩色迷雾之中，商族战士们举办了一连数日的大型庆功宴，肉香浸木，酒香浮井。

巨大的祭台在攸国城外的平地上高高立起，雷纹卷出兽首，铜钺敲击玉胄。帝乙头戴神冠，亲自主持了献俘祭主、告执礼的仪式，将商族小辈的赫赫战功通报给了天上的祖先神，感谢祖先们对大商国荡清敌寇的保佑之功。

以夒为首的夷人方伯、酋长们被当作人牲献祭，烈焰将他们的尸体吞没，肉身去无踪，灵魂更出众。商人、攸人与诸国的战士们环绕着冲天的火焰且歌且舞，且呼且号，神的声音在亦真亦幻的氛围中溜进了每个人的脑袋。

祭司头上的翎羽随铃声上下震动，在威严可怖的面具上投下细细的阴影，如同一道道醒目的刀痕。人肉的味道与人牲死前的哀号进一步刺激着围观者的感官，他们疯狂地对神灵表达着自己的虔诚，个人的灵魂在繁复的仪式规程下消融于集体的意志里，这场大型的祭典让所有人都达到了颅内高潮。

仪式结束后，男男女女们走入祭台附近的树林或建筑，在火光的摇曳中进行着灵与肉的碰撞，尽情挥洒他们的荷尔蒙。野合是商人祭祀活动结束后的常规桥段。神让你们享受当下，及时行乐，这是活着的人彻底抛弃神性回归兽性，却又与神识最为接近的一刻。

此次东征留下了非常丰富的卜辞与铭文记载，让后人得以窥见商人征伐列国的详细过程。繁杂的卜辞不仅描述了战斗的胜利，还透露出一些十分重要的商国内政之细节。比如诸多卜辞的签字贞人都是"王"，这说明帝乙在这场远征中亲自主持了大量的祭祀占卜活动。他既是大军的领导者，又是占卜者和祭祀的施行者，集人神之权于一身。相比于划清界限、挑逗侮辱上帝的武乙，帝乙找到了一种更聪明的与贞人集团斗争的办法：

老子亲自做贞人！

在商国最后两任王（帝乙、帝辛）的时代，占卜与祭祀开始大量地由人王亲自主持，卜辞中常见"卜王贞、王曰贞、王卜贞"等字样。祭祀制度的进一步简化降低了宗教事务的执行难度，人王得以迈过贞人的资质门槛，成为王国上层建筑的第一话事人。

条理化的规程赋予了宗教新的形态。种种迹象表明，商国晚期宗教已从巫卜神秘之术彻底转变为了理性宗教。

武乙若在天有灵，必当老泪纵横。

在攸地驻留 28 天后，帝乙班师回朝。返程只花了大概 60 天左右，比出征时快了不少。帝乙在回军途中顺道"友好访问"了一些小方国，路过泰山时还搞了一把祭祀。

经历六旬（商历一旬为 10 天）的跋山涉水后，殷都出现在了远方的地平线上。

王贞·帝乙

一步又一步，三步并作两步。回家的脚步总是比出征的脚步要轻快些，但回家的路却总比出征的路要远些。荣耀归于王，亡魂散于野。商国的战士们在异乡留下了亲密无间的战友，带回的只有一身的疲惫与伤痕。能活着回来的人是幸运的，因为等待他们的家人终可得偿所愿。

兵戈会缺刃，鞋子会破洞，衣服会抽丝，但渴望生存下去，渴望再次拥抱父母妻儿的心情只会涨，不会减。这是平凡到不会在史书中留下名字的人们最朴素的情感。

一本五彩斑斓的《诗经》里，我最爱的不是"蒹葭苍苍，白露为霜"，亦不是"桃之夭夭，灼灼其华""一日不见，如三秋兮"或"青青子衿，悠悠我心，但为君故，沉吟至今"。诚然，这些诗句每一段都可以反复咀嚼，或清新沉静、令人动容，或至情至性、至真至梦。

可他们都少了几分厚重、几分悲壮。

我最爱的是这样几句：
"昔我往矣，黍稷方华。
今我来思，雨雪载途。
王事多难，不遑启居。
岂不怀归？畏此简书。"
那日我匆匆离去，禾苗青青，夏华初露。
如今我胜利而归，白雪皑皑，覆满归途。
国家风雨维艰，想闲居哪来工夫！
……问我如何不想家？
奈何军书。

# 第九章

# 王此大邦　克顺克比

## 内外交困

　　优秀的文学作品需要丰富的元素、悬疑的情节、精妙的转折与充沛的情感，还需要一个完美的主题将这些元素聚拢为一体。"为父报仇"就是一个常见的好主题：杀父之仇不共戴天，如烈酒般刺激；如果父亲恰好是王公贵族，那么又有了家国政治；主角要逃亡或隐藏，就有了命运的伏笔；复仇者成长过程中遇上个把红/蓝颜知己，就有了爱情元素或友情元素；靠近敌人的身边行阴诡之计，又有了谍战元素；身份暴露，那就是谍中谍之无间道；复仇成功——史诗级反转，复仇失败——史诗级悲剧，复仇成功后自己也死了——史诗级反转加悲剧。

　　有了这么多优势傍身，无怪乎"为父报仇"这个主题衍生出了如此多的经典。西有《哈姆雷特》，东有《赵氏孤儿》，动画领域还有《狮子王》等。

　　而在早于所有这些故事发生的年代，一直穿越到公元前1100年左右的关中平原上,那里有个名叫姬昌的忧郁男人也在思索为父报仇的情节。迷离的眼神,稀疏的胡茬,无一不透露出他的与众不同。这个集哈姆雷特的复杂内心、赵氏孤儿的孱弱身份、辛巴的王者之气于一身的西伯侯虽已归位,其内心的痛苦与仇恨之火却丝毫没有消减。

理想很丰满,现实却很骨感。被商国挫败后的周国几乎一夜回到解放前,不仅丢失了高歌猛进的锐气,也失去了山西之地,东进之路再度伸手不见五指。明面上商周两国做了亲家,一团和气;但台面之下,双方都明白你这张旧船票已经不能再登上我的破船。

信任这东西一旦破裂,如镜难圆。

帝乙在东方收割人头无暇西顾,为防止周人再行"不轨",他开始扶植新的方国。在河南西部及山西的土地上,商国一口气安置了虞、芮、耆、邗等国,彻底堵死了关中平原连接中原伊洛的狭窄门户,后世称这一通道为"崤函",即崤山与函谷关的合称。

痛苦给年轻的西伯带来了成长,让他得以冷静与客观地审视双方国力之差距,并重新思考自己和家国的命运。欲以偏居一隅的周国之力去撼动那棵根基深厚的大树,姬昌要做的还有很多很多。

他需要重新从锤炼内功做起,内修政治经济,外结盟友小弟,团结一切可以团结的力量,并祭出敌人无法窥测的战略。

姬昌之所以能在未来创立不世之功,主要依靠两个方面:一是超凡的心智,二是超长的寿命。超凡的心智让他可以订立主次分明的"国策",并洞悉演算未来之变,伏线数十载以翦商;足够长的寿命则让周国有足够长的周期去实践他的安排,不致因领导人的更迭而前功尽弃。

然而这都是后话了,一连串的挑战接踵而来,瞬间就压得这个年轻人气喘连连。好运无常在,厄运不独行,前面已说过,战败的周国此时又遭逢地震，国内境况惨淡非常。姬昌忙不迭地带着民众抢险救灾，用工作麻痹那颗躁动的心。

关于这场地震，《吕氏春秋·季夏纪第六》记载了一件逸事：周国都城遭逢地震后，百官请命征发徭役增厚城墙，以移走灾祸。姬昌否决了这一提案，他表示天降异象是要惩罚有罪之人，而这个罪人就是国君。若为了给自己免罪而劳民伤财，就成了罪上加罪。只要国君改变习惯，增加美德，一定会感动上天以免除灾祸。遂注重礼法、结交贤士、赏赐群臣，周国上下齐心，逐步恢复了元气。

在灾难面前，姬昌移花接木，变"多难"为"兴邦"，其手腕与应变可以给满分。虽然这则记录的真实性大概不高，但它凸显了主流价值观对姬昌政治能力的评判：一个绝对的高级玩家。

与此同时，这个很少被大家关注到的细节型小故事还引出了一个十分深刻的话题：天命所归为何？

## "德"的种子

天命（天帝）对于人类，究竟秉持着怎样的态度？

这个对今人而言显得有些幼稚的问题，却是贯穿中国古典哲学和古代政治领域的重要命题。每一代智者对于天命的发问，总是隐秘却又振聋发聩。

商人率先给出了他们的答案：天命是神秘的，不需要凡人去揣测。后来他们又打了一个补丁：虽然凡人不能揣测，祖先神们却可以获知。凡人只要向他们询问，并接受和服从就好。当然，要收咨询费。

简单来说，商人的答案是"天命唯亲"。天，只偏袒他身边的仆人。

姬昌不喜欢这个答案。在长久的思考后，他给出自己的革命性结论,也是第二版答案——"天命有德"。

天伟大而仁爱,他弃恶扬善,只偏袒有德行之人。

又过了约六百年,一个叫李耳的先知从朴素的唯物论出发,给出了新的答案——"天地不仁"。

"天地不仁,以万物为刍狗。"他认为天是没有私心的,对待万物一视同仁。天,谁都不偏袒。亲与不亲,有德无德,没什么两样。

这个观点被李耳纳入其著作《道德经》中。后来这位先知被人们恭敬地称为"老子"。

殷商灭亡后,"天命唯亲"退出了历史舞台,"天命有德"与"天地不仁"却互不相让,展开了旷日持久的拉锯论战,彼此都有很多让人耳熟能详的经典。荀子曰:"天行有常,不为尧存,不为桀亡。"这是"不仁"派。《六韬·武韬·顺启》曰"天下者非一人之天下,唯有道者处之";《孟子》曰"匹夫而有天下者,德必若舜禹",这是"有德"派。

得益于儒家思想的助力,在大多数时间里,"有德"都压制着"不仁",直至近代科学大发展后,唯物主义思想的兴起让"不仁"取得了世俗世界中的翻盘,"有德"则退缩到了宗教的自留地里。

若更深入一层去想——天命之争的本源是什么?各路智者真的是在讨论虚无缥缈的上帝吗?

天命之争,从根本上讲其实只有两个字——"正统"。

它实质上讨论了这样一个问题:什么样的统治者,才算是天命所归?

商人说"天命唯亲",是血统论,得天下者,只有商人,只有子姓王族。

姬昌说"天命有德",是颠覆血统论,得天下者,不分种族,只要有德。

老子说"天地不仁",是颠覆德行论,得天下者,什么都不分,有能者便可居之!

每一种理论的推出,都是在瓦解前一种理论的正义性,从而让台下之人有机会向既得利益者发起挑战,为发声者所属的群体争取新的空间。

再回到地震平息后的周国现场。当姬昌向群臣与国民讲出那番令人动容的自省言论时,一个颠覆性的思想在当场的每个人心中萌芽。姬昌很显然是经过深思熟虑的:如果想要推翻商人的统治,就必须瓦解他们的天命,那么,取而代之的应该是一种怎样的新观念?

废墟之上,长空之下,周的国君侃侃而谈,春风化雨式地抛出了一个引子。几十年后,这个名为"德"的引子将勾起一团烧天巨焰,成为周人发动天命争夺战,并建立伟大新世界的开端!

## 大丈夫能屈能伸

山高路远知马力,绝境练出必杀技。就在这内外交困的环境中,姬昌充分施展大丈夫能屈能伸之本色,顽强地稳住了局面。

屈,表现在三个方面。

其一,捡起商王御赐的鞭子,打起那羌戎的屁股来。

其二,扛上长柄短头的农具,搞起那田间的农活来。

其三,娶了上国大邦的女子,做起那仇人的女婿来。

《楚辞·天问》曰:"伯昌号衰,秉鞭作牧。"秉鞭作牧不是说姬昌做了商人的养马徒,农耕型文明可没这技术。作牧者,行"牧师"之事也。

姬昌承袭了季历的牧师职责，再次开启了周人的雇佣兵生涯。套马杆的汉子你威武雄壮，追着你们打不是我所想，希望你们的肚量和大地一样宽广。

向商国表忠心是外事，恢复农业生产力则是内务。《尚书·无逸》曰："文王卑服，即康功田功。"卑服，即穿粗鄙的衣服。康功，平整道路，所谓"农村怎么才能富，少生孩子多修路"是也。田功，习耕种之事。身为一国之主的姬昌脱下锦衣，身着农服，走向了田间地头，与民同苦，与民同乐。此情此景，难道只是政治作秀而已吗？

对，这当然是政治作秀。

政治本来就是一种表演，少年才论真假，大人只看疗效。姬昌的"康功田功"体现了中国数千年农本思想的渊源，自周代起，王（皇帝）都会给自己准备一块示范田，并亲自下地劳作，以示农业为大。一直到明清二朝，每逢农历仲春亥日，天子都要祭祀先农神，然后换上农服，到耕台前亲自示范耕种。当然领导只是意思意思，一会儿就回观耕台上歇了，由大臣们接力续耕。周天子亲自管理的农地有"千亩"之多，到了清朝，皇帝亲耕的土地就只剩了一亩三分，反正只是做做样子嘛。

作牧与亲耕，一个叫"虚与委蛇"，一个叫"韬光养晦"。与这两项事务相比，姬昌的第三项举措——娶老婆——似乎显得小之又小，但其对影响力却毫不逊色。此处的老婆说的不是帝乙之妹，而是姬昌另娶的那位太姒。

## 太姒嫁到

为了缔结友好关系，帝乙"下嫁"了妹妹给姬昌。对姬昌而言，这事儿既耻辱又光荣。当年亶父向上邦求亲时只得了一个贵族的女儿，这次能娶到真正的王妹，侧面上已证明了周人的强大与进步。按说委身事商的姬昌对上邦嫁过来的姑娘应该是不敢怠慢的，可这位王妹生不出孩子来，犯了大忌讳。加上她还是杀父仇人的女儿，供在家里也是非常别扭。几年之后，姬昌就选择了罢妻（亦可能是王妹病死），另续娶了一位，即前文书说到的"太姒"。

史书记载，太姒是有莘国的公主。有莘国，又名辛国，姒姓。该国有一种非常珍贵的特产——美女。

有莘国盛产美女的记载可以追溯至神话时代，该族曾出过一个叫女嬉的妹子，后来嫁给了鲧（音同滚），生下了治水的大禹。如此想来，太姒理应也是一位美女。但姬昌娶太姒，主要原因不是她生得美，而是她生得富贵。

无论《诗经》里吹得多美妙，她与姬昌的结合实质上仍是一次政治联姻。

有莘氏来头大得很，不仅诞生过大禹的母亲，在夏末还出过一位大人物——伊尹。伊尹是商国第一代董事长亲自选择的首席执行官，类似诸葛孔明之于刘备，管仲之于齐桓，刘伯温之于朱元璋。伊尹"相汤伐桀"，为商汤开国的首功之臣，地位超然，有莘氏也随之成为王族之外最显赫的家族，至晚商仍是豪门。

伊尹服务了商汤、外丙、仲壬、太甲、沃丁五代商王（一说四代），权倾朝野。其身份之高，有两个著名的例子可以佐证：商国五世君太甲昏聩，伊尹以臣子身份将其流放，开相权钳制王（皇）权之先河，此其一也；伊尹非子姓出身，却"葬以天子之礼，祀以太牢"，并进入了商人的祀典，得与先王并驾齐驱，此其二也。伊尹去世后，他的儿子伊陟又子承父业，继续着一人之下万人之上的生活。

由此可知，有莘乃是畿内的方国老炮，在商国诸族中的影响力非同小可，他们与周国的亲近透露出一个重要的信号——商联盟内部出现了裂痕，一些重要的近卫国与商王已呈背离态势。但这个趋势似乎并未被帝乙察觉。

至太姒出山，先周时代女子第一天团"周室三母"终于凑齐了！

周室三母即太姜、太妊、太姒，合称"三太"，均是周国开国先君的老婆，亦分别养育了三位君主，开周朝八百年王室之血脉。今人以"太太"称呼妻子，或来源于此。

在后人不断累加的赞颂中，她们俨然已成了中华文化中"贤妻良母"的代言人与形象始源，既有辅佐老公的才能，又有生下优秀继承人的"本事"。《诗经·大雅·思齐》生动地描述了周室三母的贤良淑德，并将其表率作用推及兄弟、宗族、邦国，集"修身、齐家、治国、平天下"于一体。更加难能可贵之处在于，"周室三母"可是一个婆媳组合！自古婆媳难相处，这三代婆媳却能携手撑起半壁江山。

太姒十分仰慕太婆婆和婆婆的贤德之名，整顿家族事业勤勤恳恳，秉祖宗遗风，德行笃慎。一代女皇武则天曾尊奉太姒为"文定皇后"，建德陵为其陵寝。太姒这种高大全的形象很显然是被官媒有意赋予的，女子三从四德之说至宋朝始泛滥，先秦时代的女子很少自我禁锢，较后世要奔放自由得多。

若无母仪天下的完美仪容，如何与主流文化所推崇的周文王之"大德"形象相吻合？

作为国母天团，三太为周人带来的东西不止于修身、齐家，更达于治国。三太与三代周族首领的结合都带有十分明确的政治意义，是

太姜·母权的余晖

周国自西向东发展的缩影。

太妊为周国带来了先进的文化输入,帮助周国步入了发展快车道;太姜和太姒更是直接进入了政治核心,辅佐丈夫治国。比如太姜亲自参与了都城选址等重要事务,且迁都后"太公谋事,必与太姜",深受亶父的倚重。太姒在治国方面也是一把好手,《论语·泰伯》曰"有妇人焉,九人而已",即帮助武王治国的十人众里有一个妇人,这个妇人就是太姒。

"三太"在国家政治活动中的重要地位令女权主义者们欢欣不已,可惜这就是有周一代的绝唱了。周国成为天下共主后立下铁规,妇女不许干政,女人在中国政治发展史中的身影自此没落下去。

太姜、太妊各有一项专属技能,太妊长于胎教,太姜熟于耕种。

那太姒的专属技能是什么呢?

答:生儿子。

史书中的太姒真的很能生。《诗·大雅·思齐》曰:"大姒嗣徽音,则百斯男。"《史记·管蔡世家》曰:"武王同母兄弟十人,母曰太姒。"《列女传·母仪传》写得更直白:"大姒生十男:长伯邑考、次武王发、次周公旦、次管叔鲜、次蔡叔度、次曹叔振铎、次霍叔武、次成叔处、次康叔封、次聃季载。"《史记·管蔡世家》也有同样的记载,只是老七和老八记录为"成叔武""霍叔处"。

太姒不仅生得多,儿子的成材率还超高,真是羡煞了古往今来的后宫佳丽。信史中可查的后宫生育冠军乃隋文帝的独孤皇后,生了十个子女;其次是宋徽宗的王贵妃,育有八个子女。太姒光有名有姓的儿子就十个,照常理推测,怎么还得有几个女儿,这么算来她就是古今后宫生育能力排行榜的天字第一号,半辈子光顾着生孩子了。实际上太姒不可能生这么多,这里的母指的应是"嫡母"而非生母,比如很多人都怀疑长子伯邑考并非太姒亲生。

生儿子这事儿也有姬昌一半的"功劳",除却这十个儿子,他可考的非嫡出儿子还有十二个。子息繁茂是先民部族崛起的重要资本,这个兄弟连将作为未来的国体骨架,撑起一个兴衰更替,且终将改天换地的周国。十兄弟中有多个人物都拥有波澜壮阔的人生,比如次子发和三子旦,此处暂且按下不表。

## 嫡子帝辛

帝乙十五年,眼见东夷又有蠢动之相,帝乙再次纠集大军征讨东方,将战火烧到了齐地(今山东临淄),打了差不多一年的时间,将渤海之南的东夷逐个击溃。

在这场东征中,一名外服的小臣"艅"也参与了战斗。听起来萌萌哒的"小臣"不是小官儿的意思,而是一种处理特定事务的官员的统称,在内外服有不同的权责划分。

内服的小臣一般承担着非常具体的职务,比如养马的"马小臣"、司盐务的"卤小臣"等。外服的小臣权力和职责更大,综合性也更强,经常由方伯直接担任,其最重要的任务是参与局部战争和纳贡,有点儿类似唐朝的节度使。外服小臣一般会在官名后面跟上氏名,小臣艅就是来自"艅"族的小臣,他很可能也是一名方伯。

战争结束后,小臣艅因勤王有功而获得了帝乙的封赏。有感于领导的赏识与温暖,他决定把这份荣耀永久地记录下来,表表忠心顺便光宗耀祖。

传家当然要靠铸造青铜器来实现。青铜恒久远,一尊永流传。艅族工匠根据领导指示,按照当地自然质朴的审美观铸造了一件圆头圆脑的犀牛形铜尊,并以铭文在犀牛身上镌刻下了此次战事的经过。清道光年间,这件青铜器在山东梁山出土,被命名为"小臣艅犀尊",后流落海外,现藏于旧金山亚洲艺术博物馆。

小臣艅犀尊

先民时代的一手资料就这样被一件件青铜器具保存了下来，在匠人手中逐渐凝结成浩荡的史诗。

这次胜利让东夷再遭重创，此后安分了很长一段时间，也为商国东部换来了十年的战略优势期。表面上这展示了大邑商的武力昌隆，但实际上如人饮水，冷暖自知。连番的大规模征战已经掏空了帝国的元气，大邑商就像一个外强中干的巨人，青筋暴起，呼吸困顿，于细微处可听得血管爆裂的窸窣之声。

东夷暂溃，天下稍安。多年征战的帝乙感到自己的老胳膊老腿已然锈迹斑斑，疲惫感日渐加重。此后很长一段时间内他都没有再进行大规模的武装行动。帝乙在朝歌重新营建了华丽的宫室，给自己打造了一个温柔乡，殷的事情他过问得越来越少，后来干脆把办公地点整个迁到了朝歌。朝歌成为帝国真正的心脏。

在莺歌燕舞的环绕中，帝王坚硬的身躯开始软化。神灵皆静卧，铜器锈堪磨，华发渐横生，青春意气大半流散在了东征西讨的马蹄声中。帝乙将主要精力都放在自己的享乐生活上，属于他的历史似乎就这么沉寂了。

这位君王之所以愿意撒手军政工作，缘于他已经为帝国选定了一位很有才干的继承人，一位可以代替他继续东南高新区大开发战略的人。这个肩负着商国最后微光的人即将走上舞台，其复杂性与争议性在历代君王中首屈一指。

帝乙的正妃为他生了三个孩子：大儿子名启，分封于微，故称微子启；二儿子微仲，又称微仲衍；三儿子名受。除三兄弟外，还有个在史料中留下了记录的子期（被派到山西盯着周人的那位），被封于郝，从此以郝为氏，姓郝的朋友就知道自己祖上该往哪儿追溯了。

三个儿子排排坐，点兵点将点到谁？

在商代的大部分时期，王权继承制度都是混乱的。出于父系社会的天然要求和年龄、辈分的考虑，逐渐形成了一种"不逆流的男性传递"，即王可以传位给儿子或弟弟。商系三十余王，兄终弟继者与父死子继者各居其半，其中还有哥哥传给弟弟，弟弟又传回哥哥的儿子之情形。

在周祭确立大小宗之前，由于实行弟、子双轨继承制，故商人祀其先王时"兄弟同礼"。即使先王的兄弟没有被立为储君，其礼亦同，没有嫡庶之别。不仅商王如此，诸侯贵族也是如此。

这种双轨制的优势在于可持续性强——总能选到年富力强的继承人，不会出现孤儿寡母之状况。其弊端则是路径不唯一——若儿子与弟弟的年龄接近，则遭遇选择困难。

自中丁以后，商王廷爆发了旷日持久的弟、子夺位，称"九世之乱"，极大损耗了商的元气；且忌惮于继承权的敏感性，后世有为君亦未曾对此加以修改。直到祖甲、帝乙等人穷数代改革之力，终于把"周祭"变成了主流，甚至是独流后，大小宗的确立才催生了"嫡子继承制"，即只有妻（正妃）之子才拥有继承权，为"大宗"，其初衷便是压缩王位传递路径。

按照这个道理，微子启应该是王位继承人的不二人选，帝乙一开始也属意长子，但这一提案却遭到了大臣们的坚决反对。太史据法而争，有嫡子不能立庶子，立子启不合礼制，应立子受才是。

哈？微子启和子受不是一个妈生的吗？怎么还有嫡庶之别？

是一个妈生的不假，但这里面还是有个微小的差别。生长子、次子的时候，他们的妈还是个妾，所以微子启和微仲衍只能算庶子；后来这个妾转正了，这才生下老三，所以子受算嫡子。

本是同血同源的两兄弟却划出了大小宗之别，命运这东西真是残酷。帝乙最终遵循嫡子制度，把子受列为接班人。

子受未来的帝号是"辛"，登基前称少子辛。中国古代君王史中最有名的昏君之一"商纣王"出场了，"纣"是周人给他封的恶谥，他真正的称呼应是"帝辛"。

微子启年长，在朝中行走已有多年，政治根基和党羽势力都是诸子中最强的。仅仅因为早生了几年就失却大统的他对于少子辛有一种天然的敌视，这颗愤懑的种子时刻准备着破土而出。

搞定了这最后一件大事，帝乙满意地点点头，回他的歌舞升平中去了。而少子辛的出现，也标志着历史的车轮正式进入了《封神演义》的时段。

《封神演义》成于明代，名气甚大，流传甚广，与《西游记》《镜花缘》《八仙传》并列为四大古代神怪小说，可谓家喻户晓。该书主要内容是以纣王时代为背景的神魔斗法，充斥着人神妖之间的战争与纠葛。

与《西游记》类似，《封神演义》也是在搜罗民间逸闻传奇的基础上而创作出来的作品，既有史实为框架，又杂糅了多个朝代的传奇、演义、小说故事等。此书历经各类影视作品的改编与传播后，已成为国人了解商周历史故事的最大窗口，也是很多人接触神怪故事的启蒙之作，其中的哪吒闹海、姜子牙出山、封神榜、妖狐妲己等桥段或人物都成了重要的文化IP。了解《封神演义》的人远比了解商周历史的人多，如同《三国演义》的影响力完全盖过了《三国志》一样。

正所谓流氓不论出处，英雄不问岁数。帝辛少年时代便展现出了不同凡响的特质，隐隐然有英雄气。《封神演义》第一回就提到了他的勇武，说某天帝乙带着一帮人游览御园，飞云阁的梁柱突然倒塌，寿王（少子辛）托梁换柱，力大无比，那喷薄的雄性荷尔蒙将在场的百官统统折服，遂被推举为太子。

少子辛的勇武并非小说中随意捏造，《帝王世纪》说他可"倒曳九牛，抚梁易柱"，郭沫若评价他"统一神州肇此人"，《史记》中则记载其"资辨捷疾，闻见甚敏；材力过人，手格猛兽；知足以拒谏，言足以饰非"。可见其文武双全乃史家共识，特别是武力值，已经达到了万人敌的水准。

但司马迁也指出了他的一个致命弱点：自负。"矜人臣以能，高天下以声，以为皆出己之下"，恃才傲物，刚愎自用，觉得谁都入不了自己的法眼。自负的人往往孤傲而刚直，孤傲则轻视他人，刚直则不懂变通，无法团结和领导大多数人。

换言之，他是一个将才而非帅才。

## 文武并进

帝乙的垂拱而治为姬昌赢得了宝贵的时间。

姬昌施展浑身解数，将周国从战败的泥潭里拉出，国家实力得以逐渐恢复。作为一个眼光与政治天赋兼具的领导，此时的他充分意识到对商作战的持久性与艰巨性，并对国家战略进行了新的调整：军事上的"迂回"与政治上的"德"。

姬昌在军事行动上变得非常慎重。山西是姬昌和他老爹以前犯过政治错误的地方，不能碰；近畿的方国太容易牵动商的神经，也不能碰，只能通过非军事手段慢慢渗透（比如联姻）。

既然东进有危险，便只能向西南迂回。当周的力量恢复到可以对外用兵之时，姬昌就开始向南挺进，曲线迂回。

周军首先沿汉水攻入四川盆地，将蜀国变作了属国。周人对蜀国的改造非常成功，后者自此一直跟随周国脚步，忠心耿耿。戡定古蜀后，周人在数年间缓缓东移，从汉江流域跃入了江淮流域，逐步攻陷多个方国，如今天安徽境内的巢国等。

周人的军事行动从不大张旗鼓，加上行动方向也是远离商国，因此并未引起商的关注，他们悄悄地在古中国版图上画了一条巨大的血色弧线。对于西部和北部那些本就处于周人势力覆盖范围内的方国，姬昌则推行怀柔政策，努力团结之，这种怀柔政策的终极指导方针就是"德政"。

德，姬昌攻略天下的不二法门，管理国家的最高奥义。

后人赞颂文王时用得最频繁的一个词就是"德"，比如"帝谓文王，予怀明德""文王之德之纯""济济多士，秉文之德"等。

姬昌的德主要体现在两个方面，上为"敬天"，下为"保民"。与商人不同，他不再将天视为不可交流的存在，而是宣扬"人在做天在看"，秉德者，天必佑之。德的本意是"不强取、不苛求、坦然无愧"，所以他尽力保存民力，注重民生，甚至用实际行动"讨好"百姓。

当然，"不强取"也是相对的，对于"敌人"方国，该强取的还是要强取。

在德政的指导下，姬昌内取民心，外结方国，将周国在西土的影响力不断提升。这种德政既需要政治作为，也需要政治宣传。既然我是"德政"，那么我的敌人自然就是"暴政"。后者很容易让人想到一贯以暴力治国的商国。这种对立形象的塑造很成功，很容易引起国际共鸣，于是周与商的对立就成了"德政"与"暴政"的对立，这为周国获得普遍拥护创造了舆论基础。

客观来说，姬昌这一阶段的"德政"只是一种模糊的思路，还没有形成足够形而上的纲领，其效果略显打折。而且这种政治宣传只能偷偷搞，效率难以提高。

在不远的未来，会有一个天纵奇才为姬昌高屋建瓴地完成归纳与拔高的工作，他的出现也将是姬昌攻略商国的转折点。

## 最后一个字头

之后的几年没什么可聊的，我们将时间线向前快转，转眼就到了公元前1076年的某天。帝乙最近两年的身体状况急转直下，卧床不起已有多日。

这天夜里，衰老的王从昏沉中醒来，只见烛火闪烁，庭燎摇曳。寝殿之中忽明忽暗，分外安静，掌烛的侍从们昏昏欲睡，其面孔在阴暗的火光中不甚分明。这个"烛"不是蜡烛，那是汉代才有的高科技，烛就是小的火把，放在室内的则叫庭燎。

一扫多日来的铅重，帝乙的头脑竟然恢复了清晰。冥冥之中，他预感自己大限将至，便用嘶哑的声音叫醒了离他最近的侍从。这真是一语惊醒梦中人，吓得小厮屁滚尿流失了魂。帝乙向他传达了最后的指令——迅速召帝国的核心人物前来觐见，本王要开个会。

不消一刻钟的工夫，大邑商的王子、妃嫔与高级官员就在帝乙的身前跪成了一片。他们或抽泣，或面色凝重，更多的则是神情复杂，看不真切。

帝乙的目光从他们身上一一扫过，最后落在了最前面的两个人身上：一个是高大威猛的帝国法定继承人，子受；一个是仙风道骨的王弟，众臣之首，比干。

望着比干，帝乙的思绪似乎回到了他们兄弟俩纵横捭阖的年代。

比干是先王文丁之子，姓子名干，封国于"比"，故称比干。比干政事通达且才略过人，自小就很得父亲赏识，帝乙继位后对他也非常信任，封其为"师"，执掌军权。比干尽心辅佐帝乙二十载，在帝国日渐衰弱的岁月里，他的支持是帝乙勉力维系商国稳定的重要助力。

比干的地位在中国传统文化中也是相当之高，传说他有七窍玲珑心，一生忠君爱国，乃古代王朝忠臣、明臣、谏臣的典范，官方写命题作文最爱用的例子之一，备受政府推崇。公元494年，北魏迁都洛阳的次年，孝文帝拓跋宏就曾以"太牢"之礼祭祀比干，并为其立庙竖碑，传于今世。

史书上的比干是一尘不染的，光辉的，高大全的，但也是不真实的。隐藏于真正历史中的他是个非常复杂的人，复杂到君臣兄弟几十载的帝乙也看不透他。

帝乙于临终之际托孤于比干，是希望这位王族股肱能像辅佐自己一样辅佐少子辛，让这个年轻的王立得住、坐得稳、看得远，让东南大开发战略坚持下去，让子姓王族的辉煌再向前铺展几百年。

帝乙缓缓闭上了眼睛。

次年，子受继位，史称帝辛，定都朝歌。这个东亚大陆上最强大的国家迎来了它的最后一个字头，青铜铸造的鸿篇巨制于此章的终结处分野，断裂成中华文明浩瀚星空中第一个真实且清晰的流星。

在帝辛继位的这一年，文明的火焰已在寰宇间洒落星星点点，然而都不盛壮。

这一年，尼罗河流域正在爆发一系列的奴隶起义，终至烽烟遍地，不久后拉美西斯十一世的死亡宣告了最鼎盛的新王国时代的终结，古埃及文明开始走向衰亡；这一年，美索不达米亚平原上的汉谟拉比法典已经风化了700年，古巴比伦王国正走入最后的"第四王朝"，行将就木；这一年，希腊半岛的迈锡尼文明已经被多利亚人熄灭，古希腊文明正徘徊于长达四百年的黑暗时期，两百年后雅典与斯巴达的城邦才兴起于爱琴海畔；这一年，意大利半岛仍旧是荒芜之地，300年后，一对兄弟才在此处建起了母狼之城罗马；这一年，亚欧大陆东方的商国人手持青铜器，缓慢移动于两条大河灌溉的平原上，这个控制着沃野千里、民丁百万的巨大国家也将走入它的终章。

历史正步入一个全新的纪元，旧势力与新势力将在这个纪元中天雷动地火，碰撞出黑夜里炸裂的花火。那火苗燃尽了黑夜的浓重，在灰烬之中，天干地支苏生出新的轮回。

在新的轮回开启之前，我们还有很多故事要讲。在这些故事的结尾处，历史的主角将变作他人。

# 第十章

# 日居月诸　照临下土

**春雷**

　　春，惊蛰始振，鹰化为鸠，鸿雁来，玄鸟至，万物苏醒，旷野雷震。

　　旷野上的雷震不是真的龙鸣，而是战士们发出的呼号。在周原北部的一片田野上，一场大规模的军事演习正在进行。晚商时代，很多国家都已组建了复合型的军事力量，并形成了针对不同兵种的专门化操演，如训练弓射手称"庠射"，训练骑兵称"学马"等。多兵种混合进行的大规模演习则称"振旅"，通常与田猎搭配开展，一边练兵一边涉猎肉食。

　　此刻，周氏嫡长子姬发昂首立于军阵中部的战车之上，指挥着三军的作战操演，举手投足间成熟范儿尽显，俨然已是一名老司机。远处的高地上，坐观全局的姬昌露出了满意的微笑。

　　马蹄振振，箭镞嗖嗖，林间野鹿惊惶奔跑。"逐鹿"一词形象而优雅地刻画了军队演习的画面，后来更演化为争霸天下的隐喻。

　　这场振旅的参加者包括周国的士兵和一些西部方国的联合部队。

仰赖于姬昌的筹谋布局和怀柔政策，周国的实力在数年间迅速壮大，其威名笼罩了整个西土。许多西部和南部的小国都已效忠于姬昌麾下，恭谨事之。名义上大家都是商国的小弟，但周国算得上小弟中的老大。

当老大就是爽，前呼后拥，谁见了都要鞠躬叩首，这种超然的地位很容易让人得意忘形，可姬昌没有，岁月已把他历练得老谋深算、胸怀千壑。小弟越多，他就越是谨慎谦卑，越是尽心尽力地侍奉大邑商。

史载其"冤侮雅逊，朝夕必时，上贡必适，祭祀必敬"，伺候商王十分周到。作为商国的臣属，姬昌要祭祀殷之先王，参与帝辛组织的田猎，该打卡打卡，该上贡上贡，表演周到，滴水不漏。

对待领导尽心巴结，对待下级虚怀若谷，这样的中层干部最是吃得开。对于个别不听话的蛮子，姬昌还可以打着"守卫中国，分天子之忧"的旗号重拳出击，胡萝卜大棒耍得飞起。

光是领导人出众还不够，公元前11世纪什么最重要？人才。周国想要更进一步，必须要有一个强大的团队来支持姬昌。想要人才来找，广告必不能少。姬昌"晏朝不食，以延四方之士"，延就是引进，每天想着招揽人才想到茶饭不思的状态，将人力资源工作当作国家的头等大事，可见姬昌求贤的诚心。

《旧唐书》有言："燕昭好马，则骏马来庭；叶公好龙，则真龙入室。"只要求贤若渴的广告打了出去，再加上姬昌本就响彻列国的贤德美名，自然有人才前来投奔。很快地，姬昌就拉起了一套背景非常多元化的班底。

首先是最有名的近臣四大天王，江湖人称"文王四友"，分别是南宫适、散宜生、闳夭、太颠，皆是姬昌的核心幕僚，有"度于闳夭而谋于南宫"之说。四人的来历出身不明，但深得姬昌信任，兼具西岐集团谋臣与武将双重功能。

外国精英对西岐集团也是青睐有加，比如芈姓大酋鬻（音同玉）熊，此人学识渊博并通晓巫法，原任商国大祭司。由于对帝辛的统治不满，熊哥放弃了商国的官职前来投奔，被姬昌封为掌管祭祀的大巫"火师"。鬻熊又称鬻子，相传著有道学经典《鬻子》一书，是道家体系内的大神之一，其后辈开创了楚国基业，并以"熊"为氏。

一家好的企业（特别是家族企业）不光要会挖角，还要会内部培养。除了广收良才，姬昌也在周国内部挖掘了一批能人，来源覆盖臣属、兄弟和子嗣，比如他兄弟辈的"二虢"——虢仲、虢叔，子侄辈儿的姬旦，等等，此处不再赘述。一大批青年才俊的归附为周的未来积累了一个强大的人才库。相比于武器和钱粮，这才是姬昌为周国攒下的最宝贵的家底。

## 当官

此时的姬昌可谓众星拱月，不仅麾下群星璀璨，自己的身份也是无比尊贵。他已被商王册封为西伯侯，并跻身于商廷三公之列。

《史记》载，"帝辛以西伯昌、九侯、鄂侯为三公"，这差不多是最早的关于"三公"的记录。在帝辛以前的商代官制中，并无"三公"之说；中国古代经典的"三公九卿"制度也是形成于周，发展于秦汉，所以此处的"三公"可能是后人附会，具体指向并不清楚。

所谓的三公九卿，乃是古王朝中央政府的一种权力分工模式：一个小规模团体作为官员领袖（公）辅佐帝王，下面再根据政务分工设立更为细致的职务（卿士），本质上是国家机器趋于成熟后功能分化的表现。三和九不是那么严格，不同时期也有变动，实际可能是两公六卿或者三公八卿之类；三公的具体职位也总是随领导的喜好而转移。

周代的三公一般是指太师、太傅、太保，太傅主文，太保主武，太师最大，兼顾文武。秦汉时代的三公则有很多模式，最经典的组合是丞相、太尉、御史大夫，分管行政、军事与监察，以丞相为首。

当谈论商国官制之时，一般是指其"内服"的官员系统。由于缺乏全面、连贯的史料，今人对商官制的了解依然存在很多的空白与含混，只能说个大概。

位于顶点的当然是商王，其作为人王和祖先神的总代理人君临帝国。王之下是辅佐大臣，这些王佐中既有政务官，也有"神务官"。

政务官的主体为众"卿事"，见于《尚书》，是由负责祭祀、献俘、宴会的内政官演变而成的内廷近臣。照顾大王生活的人多数是他最信任和亲近的人，慢慢就被提拔成了有权的官员。吃永远是最重要的，祭祀的本质也是给祖先神送吃的嘛。

众卿事之首称"宰"或"冢宰"，武丁时期曾有"百官总己以听于冢宰"的记载。《尚书》云"冢宰掌邦治"，大约相当于今之总理，是政事的负责人。冢宰甚至有铸造青铜器来记录自己功绩的特权，其地位相当之高。

除宰、卿事外，高级官职还有"尹""保""臣"等。这个"尹"比较特别，既有可能指伊尹这种"王尹"，也有可能指"多尹""族尹"这种中层和基层干部，需要具体情况具体判断。

高级官员可以简单理解为王的幕僚团队，他们都是"王的男人"，其中还有一类特别的存在——"师"。师既是军事官，也经常因地位尊崇而担任王佐或者王子的老师。在今天的汉语中，师长依然保留着军队领导和老师的双重含义。

再往下一层，是背负具体职务的中层官员"尹"，负责处理国家的军事、政治、宗教文化、经济等方面的各类具体工作，合称"诸尹"或"多尹"。尹有很多的专门称呼，比如协助王佐处理政事的"御史"，请注意，御史不是史官，他们正确的叫法是"御事"，而史官称"作册"。在经济工作领域，还有各种"小臣"等。

中层干部中地位最高的是宗教官，分两拨：一拨管祭祀，称"巫"，地位高的大巫也有可能归入上层集团；另一拨管占卜和甲骨文记录，称贞人，这些都介绍过很多了。

再往下是最基层的官吏——族长。商人唤他们作"族尹"，周人称他们为"里君"。今天我国最基层的行政单位是城里的街道办和村里的村委会，商国最基层的行政单位则是"族"，族长就是国家政治指令所能传达到的最后一环。在城市之外，往往一个村落就是一个聚居族，族众称"邑人"，在宗族长的管理下有序地维持自给自足的生活。

各类大小官员的诞生与汉字的创造相伴相生。比如有一些高大威猛、形象上佳的士兵被挑选出来，专门负责保护领导安全和给老大撑场面。为了描述他们的存在，一个描述拿着兵戈守护十字路口的象形文字"卫"就被创造了出来。

考虑到夏人没有真正传世的文字记录,商便是有据可查的第一个具备真正官员系统的王国,也是"官制"二字发生质变的时代。观察商人的官制,可以窥见"官"的诞生过程。

## 说"商官"

在很久很久以前,人们根据血缘结合为部落,一起打猎,一起采集,然后围在篝火旁分享食物、故事和性。随着渔猎采集获得的资源变多,部落里开始养一些"闲人",他们不再为填饱肚子奔波,而是做起了手工业和服务工作,比如雕刻、分配食物、照顾伤员等。这些从基础工作中独立出来的人就是第一批公职人员,他们直观而彻底地做到了"为人民服务",算不上权力阶层。

之后,部落的生产力超过了即时性的消费需求,一些人开始积累资源并成为富人。富人家族因为生产资料占有量大,逐渐在部落中居于优势地位。也有一些闲人虽然不富,但习得了特殊的技术,比如巫术和原始医术(这两种术基本不分家),于是他们也获得了特殊地位。

富人和特殊能力者构成了史上第一批特权阶层。

后来部落的规模变得更大,战争的规模和频率也在升级,需要处理和决策的事务变得甚多。部落事务已经无法再依靠大家共同讨论来决定,篝火晚会的其乐融融也逐渐淡出。高阶级的群体开始寻求话语权,他们各派代表组成部落中的执政团体,类似议事会、元老院等。全民政治走向了集团政治。

然而集团政治依然无法适应战争的需求,对于强人的渴望让领袖崛起了。决策集团会选举强壮、聪明、有威信、有魅力的人来领导大家,并围绕这个领袖设立执政机构,辅助领袖及伺候领袖(主要是后者），领袖自然喜欢让自己的亲族或亲信来负责这些公职。

再后来，禅让变成了世袭，领袖的位置被强人家族纳为己有，公职也开始在领袖的亲随家族中世袭传承。这是标准的子承父业的时代，富贵的人代代富贵，贫贱的也只能代代贫贱。由于专业性工作已经被特定家族所把持，向上的阶级通道变得更加狭窄了，完全仰赖基因突变：要么族内诞生一个战争天才，被领袖看上；要么家里诞生一个美丽姑娘，被领袖看上。

政治权力的种子破土发芽了，公职逐渐变成了权贵阶层的专享，"官员"也正式诞生。

统观商的官制体系，有三个互相串联的特征：任人唯亲，政教合一，跨界兼职。

商代早期是由部落联盟向成熟国家体制过渡的历史时期，以宗族为基本单位的社会结构就是这一时期的特征。商的国家政治非常强调宗法，因为家族就是国家的本体。一个核心宗族利用宗教和武力统御多个宗族，并为他们分派具体职能，由此结成国家的政治架构。

核心家族的族长就是商王，其他权贵家族的族长则担任国家官员。族长既是国家政治体系的一员，又是宗族的管理者，这样就实现了家与国的结合。国王首先倾向于任命自己的亲族，其次是自己信任的其他贵族。

只有贵族子弟才能当官。下至外服小臣，上至王佐与贞人、大巫，无一不是贵族。而只有和核心宗族（王族）关系密切的宗族长才能当大官，当高官。这就叫"任人唯亲"，原始的阶级统治就是这样来的。

商国官职体系的第二个特点是政教合一。

王族想要保持自己核心宗族的地位不动摇，便需要用一些工具来确立自己的"正统",商王选择的工具是宗教和祖先神体系。对宗教的大力宣扬则带来了祭祀与占卜的风行,使得神职人员的影响力一代比一代大,巫卜领袖与政治领袖渐渐合为一体,卜、史、祝、宗不分。贞人对政治的控制贯穿了商朝的大部分时段。

伊尹作为最著名的王佐,其力量可以大到放逐商王,支配朝野,凭的是什么?就凭他不仅是政治领袖,还是贞人的头头,是控制国家卜祀的宗教首脑,一个隐藏的大巫!

不仅宗教首脑可以担任政治上的领袖,整个贞人集团也在各个政治层级中担任官职,围绕商王构成庞大的"政教合一"的统治集团。

这种广泛性的政教混合在古文明中是很独特的存在。古埃及的神职人员一般不会担任世俗官员;古印度的一等种姓婆罗门控制祭祀占卜,但世俗权力完全由第二种姓刹帝利掌管。

造就商国独特政教混合风貌的其中一个原因,是其他古文明的人王从很早期就同时担任了宗教领袖与世俗领袖(比如埃及法老),故人王可以将政、教的队伍强行剥离。而商的君王一直到末期(帝乙时期)才直接掌管宗教事务。

商国官职体系的第三个特点是"跨界兼职"。

现在的娱乐圈流行跨界,动不动就是影视歌三栖,时不时还有体育界明星和商界明星来回穿梭。商国的官场也是个跨界风行之地,贞人的大包大揽自不必说,很多中低层官员也是身兼数职,这都是国家机构发展不完善的表征。比如负责养殖狗的农业官员"犬",在战时也负责追击与侦察;负责政令处理的卿,有时也要管司法。这么搞来搞去,官职功能也开始模糊起来。好比姬昌当的这个"三公",鬼才知道它是个什么职务,大方国的国主也不可能天天去朝歌打卡上班啊，可见高级官员也有功能模糊化的倾向。

既然说到了三公，便也顺道介绍下三公中的其他两位，鄂侯与九侯。鄂侯，鄂方国国主，姓名不详。鄂人源于山西，晚商时内迁至王畿附近，聚居于河南北部，属于较晚近才兴起的氏族。九侯，《战国策》中作"鬼侯"，姓名不知，来历不知，封侯前的履历可谓啥也不知。

公卿无名，乃是商王维持内外服平衡的一种方略。

假如你是一个老大，手下有很多小弟，其中一拨是你的亲戚，你很想让他们掌握实权；另外十拨是外面另招的大兄弟，你既想让他们老老实实跟着你混，又不想他们任何一个坐大，那该怎么办？

商王的办法是：尊外服以示众，然位高而不久。

从帝辛以前世代的卜辞记录中可以追溯姓氏的公卿有几十个，除祖庚时代有一位祖己是子姓外，其他的全部是外姓。换句话说，商王一直在吸纳"外人"进入王廷担任高管。

这种人事安排给了外服方伯们一种假象，仿佛他们也能进入大邑商的管理层，与子姓共治天下一般。但真正的权力是不能让外姓染指的，故历代商王皆扶植新贵，不定期地提拔新兴方国，打压旧方国，对高管队伍保持高频率的更新换代，极少有一个外服姓氏能多代受宠。

周国就是一个很好的例子，这一代方伯享受了赐婚的荣耀，下一代方伯就被商王捕杀。这种走位飘忽的操作可以在给予外姓人一定政治参与度的同时，防止他们坐大而危及子姓的统治。

《封神演义》以鄂侯和九侯为原型塑造了东伯侯与南伯侯，各领两百路诸侯；西伯侯自然是姬昌。那北伯侯又是何许人也？

北伯侯，一个帝辛时代真正可与姬昌相对立的巨头，崇侯"虎"。

崇国之地望坐落于商周之间,秦岭以东,洛水之畔,统辖伊洛平原的百里方圆。虎深得帝辛宠信,是大邑商的翼卫柱将,城坚且深,国力雄厚。其势力范围覆盖了崤函通道,故只要周人往东边跑,就逃不过崇人的眼睛。

周视崇为挡路橛子,崇视周为臭盲流子,两边因此时有摩擦,成了死对头。

西边的姬昌忙着搜罗人才,新继位的商王也在组建自己的团队,他跟姬昌一样为人事工作操碎了心,某种意义上比姬昌操得还碎。之前说过,帝辛这人聪慧、英武但自负,具备精英主义者的通病:激进、理想主义、好大喜功,对平庸者缺乏耐心,容易得罪人。这一类型的王者代表当数汉武帝刘彻,他治下的大汉平疆拓土却穷竭民力,改革不断却时局动荡,政令森严而恐怖横生,人才辈出却豪强四起,虽是千古一帝,却也褒贬不一。

帝辛与刘彻非常相似,不同的是刘彻他爹给他攒下了超级雄厚的家底,帝辛却没有这份好运气。当他踌躇满志地环顾四周时,只能看到令他沮丧的现实:帝乙的重消耗式发展已使得军力疲敝;历经六百年荣华富贵,商国的贵族早就腐败不堪。那坐在奴隶的脊梁与外邦贡品上的主子们,一个个脑满肠肥羸弱庸鄙尸位素餐,正是他最看不起也忍不了的类型。

问苍茫大地,贤臣何在?

帝辛首先想到了自己的近亲,幸好家族里还有几个托孤大臣撑着门面。他一连提升了多位子姓成员进入公卿行列,包括叔父一号比干、叔父二号箕子与大哥微子启。一朝公卿三子姓,这在商的历史上绝无仅有。

帝辛期盼着亲兄弟、亲叔父会与自己同心同德，一扫国内浊气，重振郎朗乾坤。

万没想到，他这番安排竟是大大的失算！

## 要致富，先打仗

纵观上下五千年，历代王朝都逃不过这样一个规律：某个枭雄凭借雄才大略脱颖而出夺得天下，新王朝谋臣如云猛将如雨，一派欣欣向荣；而后人口快速增长，经济不断发展，财政收入快速提升，进入盛世模式；和平延续数代后，人口压力初显，官员开始腐败，财政入不敷出，军备日渐废弛；人口与土地的矛盾终于超过临界点，贫富分化不可逆转，大规模的土地兼并摧毁民生，百姓流离失所，国家经济倾颓；下层官员彻底腐败，上层政府互相倾轧，内有农民起义，外有强敌入侵；列强四起，烽火连天，饿殍遍野，瘟疫和战争使得人口大量减少，土地供应又变得充足；某个枭雄凭借雄才大略脱颖而出夺得天下……

治乱循环概莫如此。

一两位有才帝王的出现会将国家所处的阶段暂时逆转或延长，自然灾害的出现会将国家所处的阶段快进或缩短，但终究不会起到根本的改变。

正所谓"天道有常，不为尧存，不为桀亡"，王朝的治乱不是统治者所能左右的。末代皇帝也不尽是昏庸无能之辈，其中也存在欲挽狂澜于既倒之人。但是祖宗欠债太多，早已无力回天。

治乱从根本上取决于人口与核心资源之间的矛盾程度。

在封建时代和帝国时代，这个核心资源是土地。土地资源充足，

狂王·帝辛

国家就走入上升通道；人地矛盾加剧，国家就走入衰败。人类数千年来沿着这样一条大致相同的历史进程不断螺旋演进，直至科技的进步将人类从土地上解放出来。而新的矛盾模式与旧模式之间也是换汤不换药，只是核心资源由土地变成了别的东西而已。

帝辛的双眼洞见了帝国的病入膏肓，他要为国家剜疽续命，再创辉煌。这疽坏的病灶乃是腐败的贵族，这辉煌则要靠数代之前就勘定的基本国策——开拓东南！

改革之路漫漫而其修远兮，王将上下而折腾。开拓东南需要钱，需要军队，也就需要财政和军人的支持。

帝辛信心满满地召集了帝国的高级干部与子姓贵族，向他们公布自己对于国家改革的第一步设想：本王决意加大东南大开发的投入力度，加强中央对国家财力物力人力的把控与调度，提高赋税和役征，增加方国纳贡，全力支援前线战争与开发，大家说吼不吼啊？

前排立刻站起来几个人，大王，不吼！

失败的第一步。帝辛颈下的逆鳞哗哗作响，一股愤怒充斥了他的头脑。何人如此嚣张？打脸都不知道等一下的吗？！

他定睛一看，居然是子姓三巨头。

## 阋墙亲兄弟，吵架叔侄兵

帝辛彻底傻眼了，他感觉自己遭到了"背叛"。

其他贵族的反对——无论来自内服还是外服——他都可以理解，既得利益者最烦听的就是改革，最怕听的就是革命，安于现状和目光短浅是这些人的两大特征。赤壁大战之前，曹操大军顺流而下直击东吴，吴大臣皆言不可战，只有鲁肃进言孙权曰：吾等皆可降，只有主公不可，这帮孙子投降了还能保个一官半职吃香喝辣，主公你投降了就什么都没有了。

所以老板是不能指望员工永远跟你站在一起的，你公司倒了人家跳槽便是。

令帝辛愤怒的是他的亲兄弟和亲叔父，没想到你们这些浓眉大眼的家伙也叛变了，还是反动派的急先锋！

帝辛的愤怒源于他看得不够通透。子姓三巨头并非针对帝辛本人，他们反的是帝辛背后的宗法新制度与商王集权的新趋势。要知道，帝辛继承的王位本身就是制度变革的产物。

自"周祭"将嫡庶之别区分开来，兄弟相传就被嫡子继承制踢出了历史舞台。帝乙与帝辛爷儿俩为了将这一制度继续夯实，又在主流的周祭之外开了一个小灶，称"祊祭"，主要祭祀武丁、祖甲、康丁、武乙、太丁五位近世代的直系王（帝乙死后也加入了这个套餐），外加一两位王妻或王母，旁系的祖先比如康丁的哥哥廪辛就不祀了。之所以从武丁开始断代，也是因为嫡子继承制的雏形始于武丁。

祊祭的出现和周祭的强化凸显了帝乙、帝辛父子拥护嫡传制的决心，他们想永远地解决因争夺继承权而导致的王室斗争。

从王的角度出发，这一措施非常英明且合理，但它极大地伤害了王族子弟们的核心利益。

比干，才能突出且德高望重的王弟，本有望按照兄终弟及制继承大位。帝乙活着的时候他不敢造次，等到侄子继位，这股怨愤就难以收敛了。每当他在台阶之下仰望这个年轻的后辈时，眼神总是十分的复杂。

箕子名胥余，他和比干的情况差不多；微子启也是不遑多让。他身为长子，因为缺了一个"嫡"字而丢了继承顺位，好比考试考了 59 分，比考 0 分还难受。而祊祭的出现使得这种矛盾更加激化，假如有一天某位后世商王彻底用祊祭替代了周祭，那他们几个老哥连祭祀名单都上不去了，只能在天上喝西北风。

夺人祭祀，犹如杀人，大恨也。

子姓小宗们因个人利益而团结在了一起，在国家大事上跟大宗唱起了对台戏。面对这些小宗亲戚，帝辛还动不得打不得，因为他们都是树大根深的子姓长老——从称呼上就能看出来。青铜时代，人们称呼某些重要人物时，多会在其族氏上加个字，比如"某父""某子""子某"等等，以

王叔之魂·比干

示尊重。"某子"代表着这个人已经自立族氏,是拥有家族势力的氏族之长,箕子、微子的"子"都是这个意思。

帝辛此时的处境,乃标准的"孤家寡人"。

帝王都是孤独的。相较于一般人,他们的孤独充斥着一种强烈的宿命感,因而来得更加悲凉与沉重。统治者总以为支配了王冠,殊不知只是被王冠支配。一旦王冠加顶,人就会不自持地变得多疑、刚硬、残忍、非人。

天子不是人,是长有逆鳞的神。他们是身负权力巨石的西西弗,一步一步地走向至高无上,稍有不慎,就会被巨石压死。

权力带来生杀予夺的快感,也带来折磨与惊惶,二者合体便是帝王的病态人生。为了保护权力,有时他们甚至要亲手处死自己的至亲骨肉。凡人的兄弟情、儿女情、夫妻情对他们而言是奢侈品。

这种人生是不能退出也不能选择的,他们只能身处其中,劳碌一生、孤独一生,至死方休。康熙晚年曾叹:"朕每览老臣致仕之奏,未尝不流涕,尔等有退休之时,朕何地可休息耶?"

纵能乾纲独断,饶是山河永寂。

可怜的是帝辛连乾纲独断都做不到。商王花了四代人的时间,终于斗赢了贞人集团,结果你方唱罢我登场,现在又轮到贵族集团出来唱反调了。

苦啊,苦海无涯,何处是岸?

## 吃软不吃硬

理想主义者是一种很可怕的人,尤其是他们手握权力之时。帝辛这人的性格就很有些理想主义的成色,当理想被现实粉碎之时,他会很痛很受伤。这种伤痛与他满载的雄性荷尔蒙一混合，就会燃，就会炸，就会天崩地裂，风云变色。

他选择用最强硬的手腕反击。

帝辛开始重新组建自己的团队，既然你们不支持我，那通通给我靠边站。贵族里无人可用，老子就不拘一格登人才。

很快，一批此前并不显名的新贵出现在了王佐团队里，包括费仲、飞廉、恶来、胶鬲等。这些陌生面孔的加入为商的政坛注入了一股新鲜血液，形成了一个围绕帝辛而运转的小王廷。

清雍正时，因不满于皇族的掣肘和低效的大臣议事系统，军机处在隆宗门的一个小办公室里应运而生。这个由雍正近臣组成的无编制、无定员、无预算的"三无"机构成了君主集权的高效工具，从此军政大事决于军机，议政王大臣会议逐渐废弛，内阁成了处理例行事务的流水线。帝辛的思路与之相类似，他将自己信任的、对他感恩戴德的跟随者拔擢为新派贵族，将军国大事的决策与执行都垄断在这个团体内部，公卿集团的话语权降格成了"毫无意义的盆腔共鸣"。

我们来看看帝辛团队的几个核心人物。

费仲，首席幕僚，出身不详，《史记》称其"善谀，好利，殷人弗亲"。《史记》对帝辛的评价承袭自周人，所以黑他的手下理所当然，事实上费仲也是帝辛的臣子中最招黑的一个。善谀，是说他进言多，对帝辛的影响力大。好利，是源于他为商王管理财政。殷人弗亲，就是殷人最讨厌他，说明他是近于君侧的重臣，新派的代表人物，故最遭老派贵族之嫉恨。

飞廉、恶来，父子两人皆是费姓嬴氏（请强烈关注这个氏）。飞廉之父名中潏，原与西戎杂居，其族人是最近两三代间才内迁于中原附近。两人均参与政务,史载"飞廉恶来知政"。此外,飞廉与儿子恶来皆是西陲的能征惯战之辈,亦为帝辛主管军事,《水经注·汾水》曰:"飞廉以善走事纣,恶来多力见知。"除却勇武绝伦,恶来还以忠心不贰而闻名。演义之中,曹操即赞誉誓死效忠他的勇将典韦为"古之恶来"。

胶鬲,出身背景不详,但是民间传说众多,被视为盐商之祖,据传发迹之前是盐贩子。名篇《孟子》中有"舜发于畎亩之中,傅说举于版筑之间,胶鬲举于鱼盐之中"之语。假如传说为真,胶鬲就是帝辛实施人事新政下的典型,一个由市井步入高堂的"商人"。其职责大概是为商王掌管盐等战略物资的筹备,或负责商业流通,为帝国"开源"。

商人把盐称为"卤",是与"酒"具有同等地位的核心战略资源及祭祀品,设"卤小臣"专职管理。《天工开物》记载,古人之盐有海盐、池盐、井盐、土盐、崖盐和砂石盐六种,东夷另有一种树叶盐。诸盐之中,海盐占八成,是大国居民主要的食盐来源。商王控制东部方国的核心目的之一,就是保障食盐供给。盐产地由商王直接管辖,并驻兵守卫。卜辞中就发现过商王询问是否该去盐产地巡视的记录,盐的地位可见一斑。

帝辛打破了商国"任人唯亲"的传统,他用人只有三个标准——才干,才干,还是才干。什么出身背景黑历史,统统不管。任用没什么名气的外来贵族就罢了,他甚至招徕其他方国逃亡而来的罪人,这种用人思路之务实、之功利,在先民时代乃至整个中国古代史上都算独树一帜,非常有开创性和勇气。

然而步子迈大了,一系列后遗症随之而来。仅说收容逃犯一项,罪人对拯救且赋予了他们新生的帝辛感恩戴德,自然是很忠诚、很卖力的，但由此而得罪了很多方国的奴隶主，显得有些得不偿失。犯罪之人只要跑到你那里就能享受庇护，都这么搞，我们以后还怎么管理奴隶啊？

不拘小节与刚愎自用，其间只有一线之隔。

帝辛通过任用新人重组了政治格局，提高了人王集权度，也撕裂了商的政治版图。任用"小人"而排斥旧臣的行为激怒了广大老牌贵族，已经失势的宗教神官集团也依附在旧贵族身旁苟延残喘。

江山代有才人出，一代新人换旧人。旧人不乐意被换怎么办？斗争！一条纵贯内服上下层、横穿内服外服的"倒王统一战线"开始在暗地里联结起来。

## 人命也值钱

这时候帝辛又干了一件更激进的事，给了反对派一个重量级把柄。这件事可以叫作"谁动了我的奴隶"。

人，人，人，帝辛需要人，不仅是给他出谋划策与执行计划的人，还有种地的人、打仗的人、拓荒的人，各种各样的人。

随着东、南方战线的拉长，人口的耗损也与日俱增。顽强的夷人像野草一般春风吹又生，与商国的东南建设兵团混战一处。

在山东境内的夷人力量被暂时性摧垮后，商的对外战争前线从华北平原转向了温暖潮湿、水网密布的南方丘陵。由于地形的限制，帝辛无法像征服山东半岛那样顺利地组织大规模会战，物资运输的难度也大大增加，只能与夷人一寸一寸地缓慢争夺土地，伤亡与成本都远超以往。

更要命的是，由于帝辛所求乃长久占领而非眼下胜负，故战争的直接人口损耗只是"蛇头",战后所需的驻军与移民人口才是"猪肚"。这海量的"人头税"也只能转嫁到商国本土。

帝辛每次一看报告就头痛欲裂。大开发的靡费已经成了一个天文数字,还是个每天都在滚动上涨的天文数字。

人不是庄稼,一岁便一熟。没有人怎么办?帝辛只得在奴隶身上做文章。

根据帝乙、帝辛两代的甲骨卜辞统计,爷儿俩为祭祀杀的奴隶加起来也就几百个,还不够武丁时期一次祭祀所用。是统计有遗漏吗?可能性不大,因为帝乙帝辛两代的卜辞留存比较完整,而且每个世代的卜辞都存在缺漏,数字虽不准确,相对数量级还是大体靠谱的。那是祭祀做得少了?周祭和祊祭的推出确实有一定影响,但帝辛时代的祭祀可谓兢兢业业,比之几代先祖有过之而无不及,用牲规模也不至于天差地别。

所以最合理的解释是,帝辛、帝乙有意削减了人牲的使用。被捕获的奴隶不再被贵族们随便瓜分,也不能胡乱杀掉,而是在商王的主动管理下投入生产与战争,以获得更多的经济产出或充实军队损耗。除此以外,帝辛甘冒天下之大不韪而收容别国出逃的奴隶、犯人,应该也与他对人口的巨大需求有关。

这是万千奴隶的福音。虽然做苦力和上战场也多半是个死,但比起被当成祭品用掉还是好得多。至少他们有了希望,没准活儿干得好或者立下了战功,就有希望活下去且活得更好。

希望,是催动人类前行的最强兴奋剂。

1959年,著名学者郭沫若来到安阳殷墟考察遗址,留下了两首打油诗,其中便有这样一句:"勿谓殷辛太暴虐,奴隶解放实前驱。"

帝辛看到了"人"的价值,这是他智慧的一面。

不过他偷梁换柱的行径还是太任性了。抢夺他人奴隶不还,算是不义;抓了奴隶不给祖先献祭,算是不敬、不孝。反对势力抓住这些反面素材大肆抹黑,在列国间塑造出了一个不义、不敬、不孝的混蛋帝辛。

朝歌城一时之间暗流涌动,关于王的不祥传言在大街小巷中持续发酵,连空气中都散发着出令人紧张的气味。神徒们说帝辛是灾星降世,必将给大邑商带来灾难。内臣与有实力的方伯则互相勾结,蠢蠢欲动。王廷更是乱成了一锅粥,每天有都公卿大臣轮番劝谏,唾沫横飞地对帝辛晓以大义,说的都是迷途知返、浪子回头、尊重祖宗家法、远小人亲贤臣、向天请罪等陈词滥调,总之一句话,王若再不醒悟,大邑商毁矣!

在那群魔乱舞的画面中,帝辛冷冷地卧于正中阶台,他的思绪不堪重负,已然神游到了九霄云外。他看到了天空,看到了暴风雨,看到了茫茫大海。

在那苍茫的大海上,狂风卷集着乌云。在乌云和大海之间,一只帝辛,啊不,一只海燕,像黑色的闪电,在高傲地飞翔。

一堆堆乌云,像青色的火焰,在无底的大海上燃烧。大海抓住闪电的箭光,把它们熄灭在自己的深渊里。这些闪电的影子,活像一只只玄鸟,在大海里蜿蜒游动,一晃就消失了。

暴风雨!暴风雨就要来啦!

这是勇敢的帝辛,啊不,海燕,在怒吼的大海上,在闪电中间,高傲地飞翔;一个叫高尔基的老头在扯着嗓子叫喊:

让暴风雨来得更猛烈些吧!

# 第十一章

# 命之不易　无遏尔躬

**无常喋血**

白露刚过，正待秋分，天地悄逢一场悠然的寒。这时节的朝歌刚刚转冷，体感上尚无冬天的凛冽，但一不小心就会着了风寒的道。

我国自古流传的二十四节气，便是以泛中原地区（河南省及周边地域）的物候为基础编成的。如果你觉得二十四节气歌不准，要明白那不是歌的问题，是你住的地方不对。

古乐五音，宫商角徵羽，上见于《周礼》。先民以五音配四季，商音凄厉悲凉，与秋天万物寥落的肃杀之气相合，故以商配秋。秋风可称商信、商吹，秋阳可称商日，另有商云、商意、商气等说法。至唐朝，歌女因习音律而被称为"秋娘""商女"，其意相通。杜牧名句"商女不知亡国恨，隔江犹唱后庭花"的商女就是歌女之意。

秋之于商，便是肃杀之上的肃杀，萧索之上的萧索。

朝歌这一年的秋天较往年还更冷些，大街上人影渐稀，迎面相遇也是噤若寒蝉。帝辛本就不怎么富余的耐心和温柔在反对派一道道的声浪中终于告罄,他选择无视国内外已经十分动荡的局面,坚定地用血腥镇压回击。

帝王的冷酷就像秋风。一场令城内居民避之不及、人人自危的"大清洗"已经持续了几个月,自由民以上阶级皆是战战兢兢。

帝辛是典型的吃软不吃硬。一个个不知真假的"叛乱"分子被恶来带领的近卫部队从宫殿、民居或酒肆中抓出,齐刷刷送去花式处死。倒霉的队列中既有国内外的贵族,也有士兵或平民,从上层到底层都遭到了穿透式的打击。奴隶是没资格加入"倒王"阴谋的,但灾难从来不会放过他们——一人得道鸡犬升天,一人被捕奴隶殉死。

这一波内部清洗持续了数年。东南的战事压力不断升级,令帝辛的耐性变得很糟糕,他不想再磨磨蹭蹭地安抚与平衡各方势力,只以雷霆手段果决地震杀不安定因素。

针对上层贵族的清洗尤为激烈。早已失势却不肯沉沦的神权集团首当其冲,一茬接一茬地被抓出来干掉,而后帝辛控制下的傀儡祭司顶上了前任们的位子。神官烧成的灰烬中飘出一缕缕不甘不愿的青烟,一阵秋风过,消散无影踪。

贞人作为一个曾经显赫的政治阶层退出了历史舞台,部分"从良"的贞人从宗教官转变为文化官,负责记录贵族行止、制作策命、整理典籍等工作。宗教事务被大幅度阉割,剩余工作由史官群体承接。贞人掌控的经济事务则全部由专职官员接手,宗教与政治、经济在人事层面终于实现了分离。

史官们的工作范围比贞人广、分化比贞人细,除了掌管礼仪与历法,他们还得兼顾历史记录之工作,其中的核心自然是记录王的言行。相比于贞人曾经的尊贵,史官群体的地位要低很多,绝大多数都属于基层官吏,这减少了靠近政治核心的小人物膨胀作乱的可能。

帝辛在盛怒之下保存了最后的隐忍——他没有对自己的叔伯兄弟们动手。这可能是出于对亲族血缘的天真幻想,也可能是忌惮于宗室的影响力而不愿决裂,或者两者兼而有之。所以帝辛只能先拿方伯造反阵线开刀。

玩弄方伯是帝辛的拿手好戏。早在帝辛四年,他就曾"大搜于黎"。黎,商王畿西部的一处地方。大搜,大田猎,大阅兵。帝辛广召诸方,于黎地召开大规模军事演习,名为练兵,实为震慑。他用强兵巨兽勾起各族首领的畏惧,用鹰一般的目光令他们颤抖,用绝对的实力告诉他们:不服我者,扑街。

当然,他肯定也没忘了伸出五个手指,让敢怒不敢言的方伯们纳贡、交钱、送人。大阅兵是帝辛对诸方的一次试探,像那些无故缺席的、迟到的、请假原因不充分的、阅兵表现不积极的,都要在小本本上记下来。

暴力治国是商人的传统,也是帝辛从小接受的教育。王者,凶兽也。

对内部敌人毫不留情的帝辛对方伯们更是残暴。这轮针对嫌疑方国的大清洗规格极高,就连地位尊崇的三公也没能躲过。

公侯将相宁有种乎?帝辛面前一律平等。

鄂侯被处死,九侯更是遭受了"醢杀"。醢者,肉酱也,其刑之暴,状似后世之凌迟。

鄂侯死后,其族人逃入了湖北。鄂族建立的新聚居地后称鄂州,今湖北省的简称"鄂"即源于此。

在这样凶险的环境中,曾经跟商国干过仗且一直怀有复仇心的西伯昌却奇迹般地活了下来,成为三公中硕果仅存之人。这充分说明了姬昌恭谨侍商的表现已经赢得帝辛的信任。

西伯昌在位长达半个世纪,能演能忍还能熬,熬死了文丁,熬死了帝乙,熬到了又一个敢与贵族硬碰硬的帝辛。周国作为方国中实力突出的存在,俨然已成为商廷内部两方势力都想拉拢的对象。

## 炮烙与妲己

为了控制混乱局面,帝辛在国内施用重典,设"炮烙"之刑。商代并没有独立的司法机构,刑罚有明显的因事设刑特色,从重到轻分为死刑、肉刑和囚刑。死刑有灭族(剮殄)、砍头(大辟)、碎尸(脯、醢)等;肉刑有砍腿、砍手、割鼻、阉割等;囚刑就是蹲监狱,大部分时间要做苦力。这些刑罚最突出的特点就是残酷,而炮烙更是残酷中的残酷。

炮烙,以油脂涂于铜柱之上,下置炭火焚烤,令刑徒行走于铜柱之上。只要脚沾柱面,立刻皮焦肤烂,肉香四溢。要么就掉下炭火烧死,要么就烤死在铜柱上,变成黏着于铜皮的焦人。行刑过程色香味音俱全,还可邀众人观赏,其残酷与变态可谓空前绝后断子绝孙。

镇压、征夷、酷刑、倾轧,以上种种元素将帝辛加冕后的第一个十年粉刷为猩红岁月。但在这铁锈色的主旋律中,也有一段粉红的回忆。

帝辛对方国展开弹压后不久,今河北境内的有苏氏公然宣称不再纳贡,加入了反对派阵营。有苏氏是个很古老的部族,己姓,属黄帝十四姓之一。帝辛遂御驾亲征,败有苏。有苏氏首领向帝辛献上诸多珍宝以求宽恕,其中就有他美丽的女儿。

有苏氏之女生得倾国倾城,令帝辛一见倾心,再见轻生,立马以

罪与罚·妲己

豪车载回国中,从此宠荣不二。此女名妲,即状如初生太阳一般青春美丽的女人。按照女子称姓不称氏的原则,唤作"妲己"。

何以解忧?唯有妲己。

帝辛应该是极喜欢妲己的,这个年轻妹子点燃了他中年男人的激情与爱欲,颠鸾倒凤不在话下,花钱出力更是常态。帝辛于沙丘之地大摆舞乐,通宵达旦地狂欢聚会,以酒为池,悬肉为林。又召来国内的年轻男女,在派对上裸奔调情,行羞羞之事,且彻夜畅饮,场面活色生香。

妲己给足了帝辛欢娱,也成了他遗臭万年的命门。按今天的话说,帝辛这叫乱搞男女关系。后世抨击纣王的恶行,最重要的一条就是宠幸妲己,荒淫无度,掏空了身体和国库。得益于《封神演义》的演绎,妲己成了我国最著名的狐狸精代言人。

在分析这份黑色评价前,我们先来谈一下先民的男女关系。不是帝辛和妲己那种狭义的男女关系,而是父与母、尊与卑、先与后的大男女关系。

## 论男女

人类社会之发展,无一例外是由母系社会走向父系社会。原始社会的人两性关系比较混乱,仍有野兽习气,孩子没法判定父亲,只能确认母亲,由此诞生了以生殖力比较强的"母亲"为核心的群落关系。与人类亲缘关系最近的黑猩猩也是这样的社会结构。

有人的地方就有江湖,有群落的地方就有社会,社会中又会诞生神话与崇拜。生殖崇拜是母系社会最早也最重要的偶像崇拜,崇拜对象均为生育力强大的女神。用于崇拜的"偶像"会明显突出第二性征。故先有母亲而后有社会,先有女神而后有传奇。

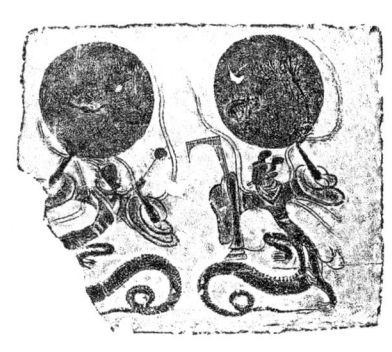

汉、唐伏羲女娲像

在中国的神话体系中,第一位母亲神便是诞生于混沌中的女娲。她降临于蛮荒的大地,用泥巴塑造出了我们的第一批祖先。一开始她用手捏,后来觉得捏人效率太低,便用藤条蘸着泥巴漫天甩去,泥点落地则化为人。手工的这批好看又沾了神性，后来就成了帝王贵族；泥点子这批就成了平民和奴隶。

女娲造人的传说解释了两个问题：其一，为什么人生而有贵贱，生而有阶级；其二，为什么手工制造的包包等奢侈品比流水线生产的贵。

神话演变了一段时间后，女娲身边突然出现了一个身份不明的男子——伏羲，两人还成了一对蛇身人首的兄妹加夫妻。今天的小朋友们学习的神话故事范本都认可了这种组合。

这事儿，很可疑。

先秦之典籍中可见女娲而不见伏羲，双方为兄妹的说法更是于汉代才成形。《楚辞·天问》就提到了"女娲有体"，但通篇没有伏羲的身影。

伏羲出现于女娲之后，却被人为拔高成了母神的丈夫，且因为两人是兄妹而非姊弟，这位父神还领先了半个身位。

这份"偷天换日"的篡改在古老的文字源流中也留下了蛛丝马迹。女娲天然是神，呙者，漩流之心，象征其母系社会核心之神的地位。那伏羲又是何人？

羲，金文中是持武器顶着羊头之人，也就是一个献牲的祭司。

所以神话背后的真相就清楚了：女娲是母系氏族的领导人，在部落的生殖崇拜中升格为母亲神；伏羲是母系社会的终结者，是最先利用宗教巫法掌控社会的男性领导人，后被升格为男神，又被篡改为父亲神。这种神祇关系的变化，暗合了性别权力的变化，以及母系社会向父系社会更迭的文明进程。

象形文字是多么的神妙，不仅可以用来记录历史，其本身便已经是历史的记录，拼音文字就没有这种功能。

母系向父系，或者说女权向男权社会的转变产生于哪个时刻？秘密依然藏在两个汉字里——"姓"和"氏"。

姓者，女生也，哪个女人生的，就跟哪个女人姓。最古老的姓氏（特大家族）多见女字旁，比如黄帝的姬姓，炎帝的姜姓，舜的姚姓。而随着巫神文化影响力的扩大与私有财产的出现，男性逐渐在家族中占据了领导地位，需要圈定以自己为核心的团体，把自己和其他男性区分开来。

此时，母亲的"姓"已经无法作为拥有了财富与力量的儿子们的标识，于是"氏"便应运而生。

氏者，父之烙印也。

姓彰显着你的起源，氏则体现着你的身份。这种尊贵是基于男性且描述男性的，故先秦男子称氏不称姓，女子称姓不称氏。由姓到氏，乃是父系氏族要求权力重新洗牌而做的再划分，是男人向女人发起的革命！

在这场彻底的革命中，女性的尊荣与财富被剥夺得一干二净。这场革命的余震绵延长远，历数千年之久，至商周仍在持续发酵。

商周二国相比，周的女人地位更低。商人在祭祀中要专门祭祀祖先的配偶，周人则是捎带着划过；商有女官，周则全部废除。顺带一提，在周国成为天下共主后，姬姓的女子逐渐出现在了各国的王室里，于是"姬"字便成了女子的泛称。

周代之后，女人逐步沦为男人之附庸，甚至被当作高阶男人赏赐低阶男人的礼物，或攻击其他男人的武器。妲己便是这样一件武器，学名叫"红颜祸水"。与她齐名的还有夏之妹喜，周之褒姒，晋（春秋）之骊姬，合称四大妖姬。后来还有名声稍好一点的西施、貂蝉等，本质上跟几位前辈也是一个路数。若是没有害死个把君王，都不好意思管自己叫绝世尤物。

美丽的娇躯担不起亡国亡族的沉重，红颜祸水的背后，藏着男人政治斗争的杀人不见血。比如褒姒，令其成名的"烽火戏诸侯"完全就是杜撰，西周压根儿还没发明烽火传信的军事系统。然而这故事被史学家"别有用心"地记录在案，一路登堂入室成了正史，甚至还登上过小学课本。

并非所有委屈都能昭雪，亦不是所有阴谋都会大白于天下。历史可以被淹没。

帝辛与妲己荒淫吗？淫是肯定的，君王得美女，不淫生理不正常，而且先民对于男女之事本就非常开放。浪漫的商族尤其如此，他们的大型祭祀经常以大型野合作为收尾。在春天的树林里，随处可见商国青年们纠缠的肉体，这是一种部落时代的性自由遗风。

在春秋时代的宋、郑、鲁等国家仍然可以看到大型的男女"狂欢"活动，学名"仲春之会"。仲春时节，怀春的青年们会在固定的野外场所集会，各寻所爱，淫奔不禁，大家也没觉得有什么大不了。孔子的父母就在这种活动上相识，这也是为何孔子这么大的人物却没有笃定的生父。秦朝以前的社会不仅支持自由恋爱，对于龙阳之好、断袖之癖也有相当的接受度，同性恋在上流社会尤其普遍。

综上所述，帝辛的"淫"根本不算个事儿。

至于掏空国库之说，你见过亿万富翁泡妞泡到破产的吗？酒池肉林之糜费相比于国家军费开支简直九牛半毛。再说那肉林能好吃到哪儿去，商时的作料只有盐、梅酒、饴糖、花椒，连孜然都没有，充其量不过白煮肉的水准。

要说帝辛嗜酒，那是真的，因为"尚酒"乃商之国风，贵族普遍嗜酒，酒肆是城市中最重要的商业场所。商之青铜器五十类，酒器占了一半，爵、角、瓠、觯、尊、觥、壶、卣十八般酒器样样都精通。商人爱酒也跟他们热爱巫卜有关，酒是通神超验的好帮手，喝醉了比较方便看见神明。

喝酒，那是国家时尚，不是帝辛一人之恶习。

一爵酒下肚，帝辛有了几分微醺，怀里的妲己与案上的江南增兵计划书都变得模糊起来。酒是个好东西，可以让你忘却烦恼，忘记各怀鬼胎的贵族与永远镇压不完的方国，飘飘然入梦而不觉，只知当下的快乐。

人啊，就得活在当下。

对帝辛而言，这是斗争的岁月，是进取的岁月，是挫折中前进的岁月。

对姬昌来说，这是隐忍的岁月，是养晦的岁月，是黎明前黑暗的岁月。

命运的齿轮加速运转，他们的命运即将由平行变为交叉。掌握命数的神啊，他一定是个爱看热闹的主儿。

## 听说你要造反

一份方国行动监察报告递交到了帝辛的手中。

看着这份报告，帝辛本就满布皱纹的额头愈发紧绷了，那报告的字里行间都藏着同一个词：造反！造反者，周人也。姬昌这些年低调低调再低调，但终于也是木秀于林，引起了某些人的警觉。

报告上罗列了周人几年来的可疑行迹：

其一，舆论造势。

相伴于帝辛的残暴之名四海横行，姬昌的有德之风在西土大行其道，这与姬昌手下舆论宣传队伍的努力工作是分不开的。舆论建设是帝辛的短板，毕竟他能动手就不吵吵。这种渗透与对比随风潜入夜，润物细无声。

周国修德的名声给他们引来了很多粉丝，比如名气嗷嗷大的孤竹国兄弟组合伯夷、叔齐。两人都是孤竹国君之子，其父死前想让小儿子叔齐继位，但弟弟爱哥哥不爱江山，非要让位给伯夷，伯夷不从，跑了；弟弟决意追随哥哥，也跑了。哥儿俩这番帅气的出走被有关部门评价为贤者之举，收获点赞无数。只可怜了孤竹老国主，他若泉下有知，一定会气得顶翻棺材板。两人因仰慕姬昌"善养老"之名而投奔周国，出于政治宣传的考虑，姬昌敞开双臂接纳了他们。

其二，广收小弟。

周国不仅修德，还兴武。姬昌举西伯之名，连续多次伐狄，将赤狄、白狄等一干狄人统统赶出了自己的统治半径，令多年来不堪狄民骚扰的各路小方国感恩戴德，纷纷表示要给周国打工卖命。如此德武双修，修出了一个西方的政坛偶像。俗话说县官不如现管，帝辛忙着搞他的东方大业，对这些西方小国难免疏于关注，周国便趁机填补了这份权力真空。史称"诸侯皆向之"，甚至屡有"诸侯朝周"。

其三，暗度陈仓。

周的权力核心与战略资源在悄悄东移。帝辛六年左右，西伯昌扩建程邑，将渭水之畔的这座大城修得更大更硬，并改名为"毕邑"。"毕"的甲骨文是一柄捕鸟的工具，似乎在暗示此城将成为周人进窥

|甲骨文|金文|篆书|隶书|

"玄鸟"的武器。

仅就内容而言,这份举报信列举的问题都介于模棱两可之间,修城、修德、修理戎狄,都是西伯的分内之事,算不得谋反实锤。但没办法,没有实锤也要写,因为周人实力的日渐膨胀实在令写报告的崇侯虎如芒在背,夜不能寐。

崇与周皆位于商国西部,终日笼罩于周国威望与军事实力日益扩张的阴影中。今天听说隔壁老王去周朝拜了,明天听说隔壁老李被周揍了,心中焉能不慌?周国军队一旦东出崤函,几天便可兵临崇国城下,心中焉能不惧?

无论是出于自保的私心还是翼护商国的公心,崇侯虎都必须积极鼓吹周国威胁论,力主帝辛将危险扼杀在襁褓里。

置身于舆论旋涡上方的帝辛很矛盾。

第一个人说应该搞周国的时候,他是拒绝的。姬昌不是季历,他和周国一直以来都很恭谨,在帝辛需要支持的关键时刻也及时站队,从未有过谋反迹象;此外,讨伐东南暴民已经给国家财政造成了巨大负担,西部维稳是大势所需,帝辛实在不想再给自己找麻烦了。

然而第二个人来了,第三个人来了,很多人都来了。崇侯虎并不是第一个鼓吹周国威胁论的小弟,不久前费仲也给了他同样的建议。三人成虎,众口铄金,周国日益坐大带来的威胁似乎成了事实。季历的前车之鉴犹在眼前,养虎为患,帝辛不曾忘却。

矛盾，很矛盾，非常矛盾。恍然间，帝辛发现自己处在了与他爷爷如此相近的处境中，历史为何总是在转圈圈？

## 囚西伯

想要威孚四方，必须心黑手辣。纵观商的历史，"扶持一个、坐大一个、打压一个"的循环操作是传统套路，没有哪个老大可以免俗。出名要趁早，教训小弟亦然。

帝辛九年，一个晴天霹雳落在了毕邑：王欲巡狩于渭，召西伯昌随驾。

这份行动通知杀气侧漏，在周人获得通知之时，一支商国军队已经出其不意地突进到了渭河腹地，其势箭在弦上，不得不发。周国核心领导层迅速围拢到宗庙之中商讨对策。

去，还是不去，这是个问题。

方伯们走过最长的路，就是商的套路。同样的把戏已经玩过了太多遍，大家心里都跟明镜儿似的。去了，八成是个死；不去，可以放手一搏，然后死得比较有尊严。

讨论毫无意义。在一片混乱中，大家只能眼巴巴等着老大拿主意。

我们不知道姬昌在那一刻是如何考虑的，或许坦然面对，或许无法入睡。我们只知道结果——"纣囚西伯"。

西伯被前来巡狩的军队带回了商国，囚于"羑里"。此地位于安阳市汤阴县北四五公里处，在殷都郊外。无论是审时度势，还是回看历史，西伯百分之九十九要像他老爹一样葬身狱中。

对于自己的命，姬昌"投案自首"时便应该认下了，他只是放不下家与国的未来。儿子姬发已长大成人，勇武尚可，但性格略显优柔。

好在自己给他留下了一套辅政班底，维持局面应该不成问题。

像他这种重量级方伯不会立刻被杀，通常要养到重要的祭祀日，被做成大轴菜端出去。为了打发死前的无聊时光，姬昌取木枝为笔，在监狱的土地上玩起了高等数学。

## 《周易》

"易"就是那个年代的高等数学，玄妙又难懂，一般人整不明白，只有姬昌这种高级知识分子能玩得转。

《周易》是华夏文明起源级

囚西伯

别的巨著，无论玄奇神秘之程度还是对后世的影响，它都是当之无愧的奇书第一。周易并不是姬昌从平地上筑起的大厦，而是无数先民智慧的层层垒叠。

今人皆称"文王演周易"，要理解他是如何演的，就得先明白易是怎么来的。

混沌初开后，空间与时间随之铺展。人生于这宇宙天地之中，与万物同繁衍共生息。阴阳覆转，四季轮回，一切都是神的旨意与安排。直到有一天，某位先知突然开悟，他抛却了世间蝇营狗苟，开始思索起这万事万物的因果与规律。先识而后知，后知而再识，人类开始拥有了粗粝的知识。

此后，先民渐次结束了流浪生涯，定居于大地的不同角落。知识开始在祖孙之间传承与增厚。

传说曾有龙马从黄河跃出，另有神龟自洛水而现。先民们记录下了马身和龟背上的图案，得到了神赐的"河图"与"洛书"。龙马与神龟自然是不存在的，河图与洛书实际上是先民中的智者通过观察四时天象与日月轮回而记录下的宇宙规律。这浪漫的神话传奇展示着"知识"给先民带来的震撼，他们将其视为神迹。

日出之地与日落之地被定为"东""西"，东西之垂直向则为"南""北"。北方天空中有颗闪亮易辨认的星星，先民将它命名为北极，其所在方位便夯定了北，这便有了"地分四方"。通过植物与气温的变化，再配合风霜雨雪的点缀，便也有了"天分四季"。

开天辟地之后，气有了阴阳之分，阴阳又可用来描述明暗、冷暖。从冬到春再到夏，是白天变长、天气变暖的过程，也就是"阳"。由夏到秋再到冬，则相对是"阴"。根据其阴阳强弱，又分为"太阳"（春分到夏至）、"少阴"（夏至到秋分）、"太阴"（秋分到冬至）、"少阳"（冬至到春分）四部分。

有看官要问了，这春夏四时是一种身体感受，肯定不准确，如何做成"图"与"书"呢？

有了观测的对象，自然会有测量的方法。

先民们看到树木的影子，联想到根据日影测得标准时间的方法，于是制作了直立在平地上的木棍来观察时间。将一天中特定时间的影子长度进行长期记录后，先民有了惊人的发现：有一个冷天的影子最长，此后慢慢变短，到一个热天达到最短，而且差不多每三百六十多天就会循环一次！好神奇啊！

在当时，这个发现就是妥妥的诺贝尔奖级别。最长的这一天被叫作"冬至"，最短的这一天就是"夏至"。

这种测日影的器具后来发展为"圭表"。标准的圭表为八尺，竖着的杆子叫"股"，地面上与其垂直的部分叫"勾"，股顶到勾顶的斜连线则为"弦"。不过这些称呼都是西汉时才定下的，非周人所创。

以圭表的测量结果为基础，辅以日月的运行之态，衍生出了最初的"历法"。历法的出现是农耕文明的重要转折点，耕种从此成为一项有章可循的，可以记录、预测、大规模推广、模式化复制的技术。凭借这种技术，黄河流域演化出了古代文明中最发达的农耕产业，养活了古代史中最大规模的人口。

圭表的作用还不止于此。战国《考工记》与西汉的《周髀算经》详细记述了利用圭表影长测定方位、节气乃至地理距离的方法。有天地为辅，简单的工具也可以有万般妙用。

卦者，圭卜也。圭就是姬昌推算周易的工具。

河图洛书是这些天文地理规律的归纳总结，是姬昌的"理论基础"；圭表和以"勾股"为代表的基础几何与筹算是姬昌的"算法"。以此为工具，将空间与时间中的已知变化通过一定的规律统一到一个抽象的体系中，再用这套体系去推演时空的未来变化，这就叫"易"。

是不是听着非常玄，非常厉害？

易，阴阳相加为易（易的古文是上日下月），万物变化为易，以简述繁为易。用简单的逻辑体系去描述阴阳变化所引发的复杂规律的书，就是《易经》。

既然要推演万物,就要先简化大千,如象棋一般,化千军万马为七种棋子,缩大川旷野于九纵十横,然后兵行马跳,走出万般变化。相传太古智者伏羲首先构建出了这套模型,我们称其为"先天八卦"。姬昌继承了这套体系,调整后演变为周易八卦(后天八卦),也就是后来被道家发扬光大,我们今天所熟知的八卦。拿大学生写论文来类比,易就是论文里的数理模型,八卦就是模型里的变量。

八卦为乾、坤、震、巽、坎、离、艮、兑八个卦象,分别指天、地、雷、风、水、火、山、泽八种自然元素,是一种朴素而抽象的自然模型,类似于五行论。八卦又可以从自然元素引申至人类社会的关系,可谓变化无穷。

比如,在方位上,八卦对应着八个方向;在伦理上,八卦对应父母、长男长女、中男中女、少男少女;在畜物上,八卦对应马牛龙鸡猪雉狗羊;在身体上,对应头腹足股耳目手口;在形态变化上,对应健顺动入陷丽止说。所谓"天行健,君子以自强不息",天行健的字

文王八卦

面意思就是"天"与"健"都与"乾卦"对应。

这还没完，姬昌将他学习得来的八个元素继续推演，两两组合得八八六十四卦，再结合对应卦的元素属性，为六十四卦均撰写了卦辞。卦辞就是对该卦象的形态做出的描述，并配以吉凶之断语。有了卦辞，六十四卦就可以用来占卜了。

姬昌的后人将占卜后的卜辞连缀、统计、精编成文，将每卦又推广为六爻（"爻"字是结绳记事的象形），每爻有爻辞。六十四卦合计有三百八十四种子状态，再加上乾、坤各有一单独的"用爻"，共计三百八十六爻。

换句话说，《周易》这本书相当于汇编而成的占卜参考总纲，使用者可以根据占卜得出的卦象，依爻辞去寻找自己需要的解释。

这六十四卦之变化基本做到了"包罗万象"，可以玄之又玄，形

| 卦名 | 乾 | 坤 | 震 | 巽 | 坎 | 离 | 艮 | 兑 |
|---|---|---|---|---|---|---|---|---|
| 方位 | 西北 | 西南 | 东 | 东南 | 北 | 南 | 东北 | 西 |
| 自然 | 天 | 地 | 雷 | 风 | 水 | 火 | 山 | 泽 |
| 社会 | 父 | 母 | 长男 | 长女 | 中男 | 中女 | 少男 | 少女 |
| 状态 | 健 | 顺 | 动 | 入 | 陷 | 丽 | 止 | 说 |
| 身体 | 首 | 腹 | 足 | 股 | 耳齿 | 目舌 | 手 | 口 |
| 动物 | 马 | 牛 | 龙 | 凤 | 猪 | 鸡 | 狗 | 羊 |
| 数字 | 一 | 八 | 四 | 五 | 六 | 三 | 七 | 二 |

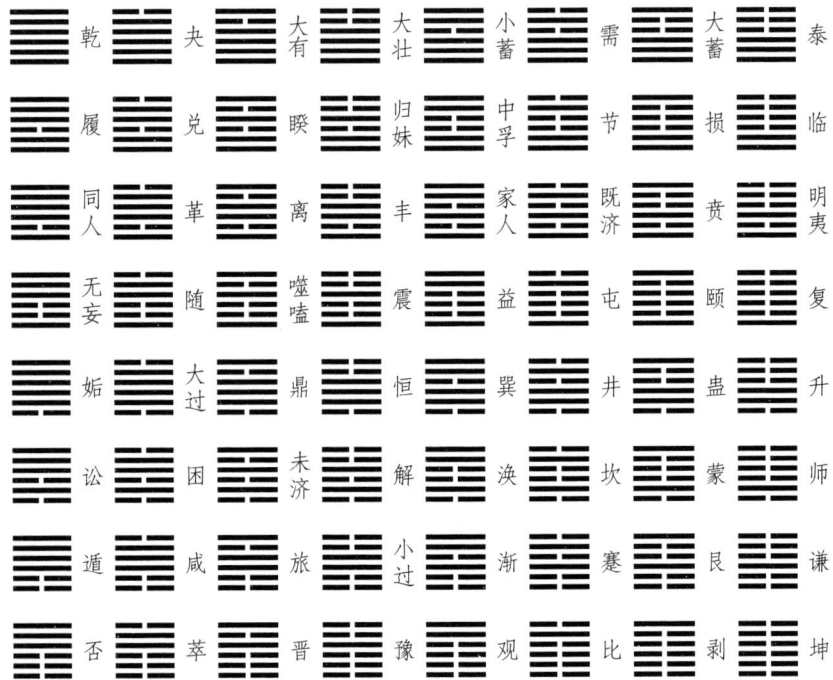

而上地解释一切问题。不过因为太难懂又太模糊，于常人无异于天书，所以很多后世大儒都提出自己的解释手册，即基于各自理解下的周易使用说明书。今天流传最广的这一版发源自孔子写的《易传》，又称《十翼》。

举个例子来说明下，如第三十四卦名为"大壮"，卦象上"震"下"乾"，震为雷乾为天，故此卦全称"雷天大壮"，是纯阳之相，主阳刚盛长。卦下有六爻，描述了在这个卦象中推演出的不同预测。

当你想出兵打仗时，假如卜到了这一卦，第一反应可能觉得不错，是个很爷们儿的卦象，但看了爻辞就得泄气。因为第二爻说："壮于趾，征凶，有孚。"说明书解释曰："伤于脚趾。筮遇此爻，出征则凶，但尚有收获。"即当下应该蓄积力量，待站稳脚跟之后，才可行动。不过豪赌一把也能有所收获，所以组织个敢死队也是可以考虑的。

周易六十四卦历数千年之发展，已经从巫卜工具变成了一种泛文化与哲学理论，衍生之广远超姬昌当年的想象。由于在测字算命、风水堪舆上用得最多，所以被某些人片面地当作封建迷信，谈起《易经》就想到戴着墨镜和小黑帽的算命先生，这是把祖宗宝贝看扁了。易经首先是历史记录，其次是工具书和哲学体系，更是诸子百家源头之一，对中华文明的发展有深远之极的影响。

姬昌沉浸在这种创造性的游戏里，仿佛忘却了时间与外物。

窗外晴转风，风引云，云聚雨，雨入土，土生苗，苗成树，树发花，花开世界。姬昌一直都没能等到送他去见商人列祖列宗的召唤，渐渐地，他也不再挂念生死。他的世界里填满了命数之道、天运之理，毕生所学的知识与所走过的套路在他聪慧的大脑中飞速旋转，与地上的六十四卦互为表里，道器相通。他在冥想之中仿佛窥见了天人之奥义、时光之进程。

他给自己算了一卦，好家伙，我好像要大难不死，逢凶化吉？

## 重见天日

数年弹指一挥间。姬昌还真就没死，不仅没死，也没人给他用刑，除了自由受限外，活得还算凑合。埋首于科研工作的生活大约是充实的，每天都有新发现和新感悟大约是很快乐的。

姬昌在牢里好好学习天天向上，牢外的儿子和小弟们也是一刻不得闲。他们秉持着"不抛弃不放弃"的原则，风里来雨里去，花钱如流水，差点跑断腿。

趁此机会，正好聊聊商周时代的钱。

最早的商业贸易都从以物易物开始，你家的羊换我的猪，我再用羊去换别家的粮。后来大家觉得实在是不方便，最好能找一个一般等价物，所有物品用这个等价物来衡量，就可以省去各种中间环节了。

那么问题来了，用什么东西当这种等价物（货币）呢？

一种物品想要成为钱，必须具备几种特性。首先它是不易获得的，比如用石头就不行，否则大家都出去捡石头，分分钟引发恶性通货膨胀。第二它也不能太不易获得，比如黄金大家都喜欢，但是数量太少了，没法人人拥有，所以不能当主货币，只能当辅助货币。第三它不能太大，否则没法带着去市场，太累。第四它得能计量，有天生的单位，不能一块掰成两半就成了两块。第五它得有一定的耐久度，不易损坏，不能一个整钱一受压就成了"压碎钱"。

综合这些个要素，一种产于南海的小型贝壳脱颖而出，被选为通用货币。贝币贝币，你可真是我的好宝贝。这种贝币通过南海民族向商国进贡而来，小而圆润，符合刚才说的五个标准。根据其大小不同，又可以分为不同的档次，相当于不同的面值。

西周早期，大家又发明了一种铜制贝币，即用青铜做成贝币的形状。除了贝币，布匹和粮食这些必需品、硬通货也可以当钱来使用。现在跟钱有关的字都带贝字旁，比如贡、财、贩、赌等等。贝币的单位是"朋"，五个为一系，两系为一朋，朋字的形状就是两串钱。

除了到处塞钱之外，周国的大臣们还四处搜罗各色宝贝讨帝辛的欢心。闳夭、散宜生等人"求美女、奇物、善马以献纣"。其中这美女就来自周的亲密盟友、太姒的母国——以盛产美女而闻名的有莘国。

"时来天地皆同力，运去英雄不自由。"姬昌多年的政治栽培在这关键时刻发挥了作用，附庸于周国羽翼下的小国在他蒙难时没有作鸟兽散，而是坚定地站在周人一边。在商廷为姬昌进言自然不在话下，很多方伯甚至"从其囚"，要求跟姬昌一起坐牢，非常讲义气。

当老大能当到这份儿上，足见姬昌收拢人心之力。

帝辛可以不理会香姬宝马，却不能不理会为姬昌鸣冤造势的国际舆论。这些支持姬昌的方国多数来自西边，若真的杀死他而引起西土的广泛叛乱，无异于搬起石头砸了自己的脚。

"上博简"中记录了这样一个故事：姬昌被囚后，西方没有大国弹压，反抗商国的方国越来越多。帝辛一看，没有姬昌在那边管事儿还真是不行，就动了复用他的心思。姬昌也趁机毛遂自荐（他在牢里居然也有人通风报信），申请戴罪立功，为大邑商平叛。帝辛深感其忠诚懂事，终于决定将他释放，并恢复其西伯特权。这个说法与姬昌出狱后重获征伐之权且大杀四方的发展相吻合。

总之，一直以来的忠心勤恳、西土诸国的配合，再加上周臣源源不断的糖衣炮弹，这些因素糅合为一，终为姬昌博得了一个超级奇迹——他被释放了。

三分天注定，七分靠打拼，爱拼才会赢啊！

# 第十二章

# 维天之命　於穆不已

## 愿者上钩

大约在被囚禁七年后,姬昌走出了羑里的牢房。一抹阳光打在他的脸上,前来迎接的臣子们看到的不是苦大仇深与一蹶不振,相反,是一种淡定和从容。

在所有的时代,迷茫都是多数人的常态,笃定确信的乃是少数,所以才让那种人和那种力量看起来那么美。

胜利只能带给人经验,绝望才能带给人突破性的成长。

姬昌带领他的臣子们回到了毕邑。在归国的队伍中,有一个特别的人,一个诡谲的人,一个并非来自周原的人。我说的不是三个人,是一个人。

此人唤作吕尚,姜姓吕氏。其祖上为大禹时代的"四岳"之一,因辅助治水有功,被封至东海吕地(山东境内),故以吕为氏。得益于《封神演义》,他的另一个名字在民间家喻户晓——姜子牙。

吕尚家道贫穷,但绝不是庶民,而是个落魄贵族。因为他接受过优质的教育，天文地理兵法政事无一不通，绝非寒门子弟。实际上西周以及后来的春秋、战国之世，就没有筚门闺窦之人能立足于列国之间的。每一个能建立世家且被历史铭刻的大人物，几乎都有可以追溯的显赫族源。哪怕当代混得穷，往上数几辈也必是钟鸣鼎食之家。

谋动阴阳·吕尚

姬昌获得吕尚的经过有多种版本，仅《史记》中就有两种，一种奇幻，一种平淡。

第一种大家都很熟悉了——姜子牙钓鱼愿者上钩。吕尚来到渭水之滨，刻意选了一个姬昌狩猎必经之地垂钓。二人相遇后，吕尚以直钩钓鱼为引，畅谈经天纬地、治国安邦之论，姬昌大喜，车载而归。

这个"钓君王"的版本很有档次，同时体现了吕尚的神机妙算与姬昌的求贤若渴，其本质依然是"为圣君立传奇"的套路。真实的君臣知遇往往都是平凡而直接的，就像电视剧里的爱情总关风花雪月，现实里的爱情多谈柴米油盐。

中国古典文化中，与"愿者上钩"齐名的君臣传奇非"三顾茅庐"莫属。刘备真的是因为诸葛那"卧龙"的名声而三访茅庐吗？并不是，刘备作为独角兽级创业公司的首席执行官，那是相当忙的，哪有时间去登门拜访一个实习生？

除非这个实习生有不一般的背景。

诸葛亮本是琅琊世家出身，又娶了个好老婆——黄月英之父黄承彦是荆州黄家的族长，荆襄超级大豪门。当时刘表新死，群龙无首，荆州内部豪族分裂为投曹派与保刘派。刘备需要联合当地士族谋取荆州，保刘派需要找一个军事靠山对抗曹操，两下一拍即合，诸葛亮就作为荆州士族的代表加入了刘备势力。一开始卧龙先生只是个幕僚、中郎将，但他搞内政确实很有一套，这才一步步成长为蜀汉的一哥。

三顾茅庐？刘备哪有那个闲工夫去跟后生扯淡。姬昌也一样，他不会对一个钓鱼的穷哥们儿另眼相看。

当同一个历史事件有不同版本的时候，简单粗暴、遵从利益和欲望的那个往往更真实。

吕尚入周第二个版本就合理一些：他年轻时经商，赔了；后又在朝歌做官，干得也不顺心，最后辞职回家。周人的说法是"纣无道，去之"，把锅又甩给了帝辛。吕尚不是子姓的贵族，又不是方伯，靠才学当个小官尚可，想登堂入室没戏，血统是权力游戏必要的入场券。

吕尚不甘心，他知道自己身负大才，应该干一番大事。就在朝歌这个风云际会的大城市，吕尚遇到了改变自己命运的机会。他与一心谋求救主却摸不到门路的散宜生和闳夭一干人搭上了线。

吕尚抓住了这次机会。在营救姬昌的过程中，凭借过人才智和对商国的了解，吕尚疯狂输出，各种献计献策，得到了周国干部们的一致好评。待姬昌出狱，吕尚便跟着他一同归国，并很快成为姬昌的心腹重臣。

## 肉羹奇谈

这场牢狱之灾让姬昌收获良多：得到了一个为其全盘筹划的谋臣，创作了一份流传后世的《易经》，还搜集到了许多珍贵的信息。在朝歌日夜奔走的日子里，姬昌的团队与商国的中上层贵族形成了广泛而隐蔽的联系。他们熟悉了商的政治与经济模式，用财物和女人打通了可以利用的关系网，更与反对帝辛的贵族阶层发生了接触。这些都是可以长期发酵的资源。

更重要的是，周人看穿了商国的上层并非铁板一块的事实，处处裂痕、处处破绽，操作空间大大地有。

还有帝辛，他腹背受敌的境遇及政治上的弱点都被周人牢牢记在了心里。

"纣囚西伯"的故事基本结束了，此处还有一个彩蛋。

史书论及姬昌之子，言必称武王、周公，可他俩都不是长子，上面还有个大哥呢，大哥哪里去了？江湖上已没有大哥的身影，却有大哥的传说。在姬昌由囚转释的过程中，就有一段广为流传的关于大哥的血腥插曲。

传说姬昌被囚之时，长子伯邑考在殷做人质，纣王暴虐，将伯邑考烹杀为肉羹，送予姬昌。姬昌早已算出了实情，却也只能忍痛将肉羹吃下。纣王残忍地调侃曰："谁谓西伯圣者？食其子羹尚不知也。"遂放松了警惕，不再视姬昌为威胁。

此事件之暗黑，之残暴，之血腥，之猎奇，先秦历史中恐无出其右者。那这个故事有几分真实呢？

答：零分。

该记录首见于《帝王世纪》，后被诸多史学大号添油加醋地转载。到宋元之际很多人都将其当作了史实，甚至在严肃的考据文章里选用这个故事。民间野史就更喜欢这种汉尼拔式的变态情节了，元《武王伐纣平话》塑造了一个完整的伯邑考以身救父的故事，《封神演义》则把它变得更为家喻户晓。传至今日，信以为真者不在少数。

武王在祭祀先王时把伯邑考也排列其中，居姬昌之后，这说明他死前曾被立为王储，而不是被"舍弃"的弱子。一位太子加嫡长子，在周人正式发动讨商战争之后竟完全没有戏份；不仅如此，武王兄弟九人各有封地，唯伯邑考"其后不知所封"，唯一合理的解释就是他在建国大业实现之前已死，且没有留下子嗣。

伯邑考的英年早逝成了先周历史上的一块留白，给了后人极大的想象空间，为其"塑像"的文学家层出不穷。伯邑考具体是怎么死的？王位是怎么到了他二弟手上的？如此精彩的题材自然是文字工作者们不可放过的。再加上周人此时承袭了商的嫡子继承制，故姬发成为王储又有了点"立子以贤不以长"的嫌疑，于礼不合。

先秦的士大夫们是最注重面子的，不然也不会有"二桃杀三士"这样的典故。文王可是圣人，他的身边怎么能有这样的污点呢？伯邑考身为圣王长子，既无功业傍身，又没大德传世，就这么不明不白地消失了哪行呢？为伯邑考父子构筑合理又合礼的背景是后人重塑这段历史的根本动力。

自春秋开始，帝辛残害忠良的故事变得层出不穷，差不多是同一时期，伯邑考从盛年早夭的王子变成了以身殉父的贤子，与帝辛暴虐施政的故事完美衔接在了一起。这就是那碗暗黑肉羹背后的真相。从妄诞的传说到深入人心的范本，真假的界限竟然可以如此模糊。

民国史学界以顾颉刚先生为代表的一批学者提出了"历史层累说"，即历史是在转述的过程中，逐渐地一层一层被累加上去的。一个历史事件在每个转述者的口中都会叠加个人的想象，所以时代越晚近，历史的细节就越丰富。我们可以研究春秋的夏史、秦的夏史、汉的夏史，唯独看不到夏的夏史。从现在可以获得的史料来看，周人只知大禹，孔孟方知尧舜，战国始有神农。历史不仅会随时间的流逝向后发生，也会阶段性地逆流而上被创造，这种复杂的脉络使真实的历史与编造的历史鱼目混珠，真假难分。

所谓不造不知道，世界真奇妙。

## 阴谋、阳谋、德谋

自姬昌回归毕邑之后，周国便笼罩在了一团迷雾之中。迷雾的深处是姬昌、吕尚与几位核心成员的日夜密谋。

不久，毕邑竖起了玉饰的巨大石门，隆起了高高的灵台。灵台即夯土高台，又作观台。居其上，可以观云物、察福瑞、候灾变，又可聚众宴饮，赏乐观舞。姬昌从国内遴选美貌少女，终日在灵台上与一众近臣击钟鼓鸣小曲儿，沉溺酒色而不可自拔。这些事情都完完整整地传入了朝歌，麻痹着帝辛的神经。

这只是第一步。姬昌的下一个手笔更大——向商献出洛水以西的土地，请求废除炮烙之刑。

这一步棋下得很有深度。

第一，洛西之地的经济价值不高，但是面积不小。《韩非子》称其为"赤壤之国方千里"，即洛西是不适合垦殖的红土地，但是方圆千里听起来很给力。给领导送礼，礼物本身尚在其次，包装一定得高档。

第二，洛西之地原属于周人侵吞的方国所有，姬昌此举意在传达"我不欲东进，只是为大邦商教训不听话的小弟"的信号，这正是帝辛想听到的。

第三，洛西之地虽然位于商周之间，但是离商本土较远，离周人前锋很近。一心向东的商人不会真的在意这块西边的土地，而周则随时可以派兵把它夺回来。

第四，这块地不是白送——请废炮烙之刑。一个被商国关押了多年的方伯请求领导把刑法放宽松一点，这可以看作一种示弱，也可以看作收买人心。恐惧炮烙重刑的商廷贵族给他点赞，方伯们更是视这个从商人的屠刀下全身而退的西伯为偶像。以洛西换炮烙，大善之举，修德之举！无论最终是否成功，姬昌都揽下了一身的好名声。

从结果来看，帝辛很开心，很满意，遂赐予姬昌弓矢斧钺，许征伐诸侯之权，恢复"西伯"身份。

到此，文王"修德"大计已浮出水面。

何为其德？

德者，瞳术也。德的甲骨文本是眼睛形状，没有"心"，如同上天冰冷的审视。后来加入了"心"，强调"获之坦荡、问心无愧"，才与德的今义近了几分。由此来看，"德"既讲究术又讲究心，是终极的"正义"！

甲骨文　　金文　　篆书　　隶书

此时姬昌的"德政"已然不再是缥缈的意向；在吕尚的帮助下，文王的"德政"已经从一种模糊的倾向与风格转化为详细、具体的计划方略，斧正了周国的政治、经济乃至军事行动的前进方向。这"德"不仅是道德修养、政治教化，也是囊括了"明德慎罚""勤政保民"等政治执行规范的一套体系。

姬昌的"德政"具体包含哪些规条,并无史料留存,但衍生出了很多"继承者"。如《国语·鲁语下》规定了为臣之六德,谓诹、谋、度、询、咨、周也;另有《司马法》中的兵之六德,《周礼·地官》中的民之六德等,都可上溯至姬昌。

换句话说,姬昌的"修德"已经是个完整的体系,不仅包括了王应如何,还有官应如何、民应如何、兵应如何,更像是某种行动纲领。如何以德进行宣传、如何以德鼓动民众积极性、如何以德争夺天下方国支持等,这些具体的方案都写在了"德政计划书"中。

与德政互为表里的,是周国的"天命论"。他们把相对具象化的"帝"抽象为虚拟化的"天",得天命的核心不再是帝仆血统,而是获得天的认可。天命由民心为反应,所以得民心者得天命也。

德政与天命组成了周天子的革命理论。

修德的表面目的,是"以德配天",获取民心、正义;修德的真正目的,当然是预备争霸天下。《齐太公世家》云:"阴谋修德,以倾商政。"既是"阴"谋,自然不能流传。

最狠莫过诛心术。周人这全盘计划背后的操盘手当然是吕尚,他的出现是姬昌"修德"的分水岭,得吕尚之前,姬昌是低调的、发散的、随心所欲的修德;得吕尚之后,是高调的、系统的、有针对性的修德。

此时的商面临内外势力的双重压迫,每一分钟都在消耗与衰弱,周则厚积薄发,每一天都更加强大。但这种趋势存在一个临界点——如果帝辛在东南取得了决定性胜利,并完成了对东方土地的控制与经济人口的吸收,商国有可能重焕新生,断不会再放任周国坐大;相反,在大开发完成之前,商都不会对周大动干戈。

这是周的危,也是周的机。能否在瞬息万变的局势中抓住那尺寸之光,在双方实力最接近的一刻集中一切力量击溃商军,决定着姬昌逐鹿中原的成败。

吕尚与姬昌的"修德"是一项长久大计,周的领导团体与诸公子们必然也是要好好开会,认真学习,勤记笔记,积极发言的。

姬昌诸子中,唯姬旦学得最细,领悟也最深,他尚且年轻的脑袋已经通彻了权力的游戏,这个"德"字将在他手上发扬光大。

## 凤鸣岐山

"王"的甲骨文是一把倒置的玉斧,形如山顶之上一抹横云。高山之上,苍穹之下,通天彻地,是为人王。

然而王之位高,不过天高;王之权广,不及神广。商人的列祖列宗皆为神的仆人,且是仅有的仆人,所谓"神不歆非类"。

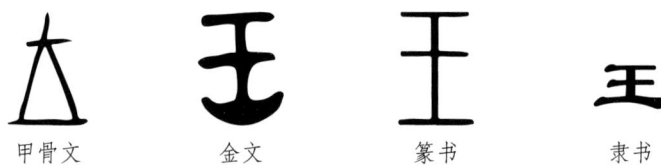

甲骨文　　　金文　　　篆书　　　隶书

商的王在天帝与祖先神的庇护下走过了漫长的岁月,终于,有人要来打破他们作为天帝服务商的垄断经营了。

公元前1056年前后,有人声称见到了凤凰翱翔于岐山之巅,凤鸣声声,直达天厅,史称"凤鸣岐山"。这个传言从周原快速地散播开去,在各个城市与乡村中被人们添油加醋地谈论。传言的始作俑者,当然是周人。

这一年的天象也有异常。夏季的太阳徐徐西降之时,西方地平线

第十二章　维天之命　於穆不已　223

凤鸣岐山

上狭窄天域之内，金木水火土五大行星齐齐聚现。当整片天空坠入长夜的苍蓝，唯有西方一角被夕阳的余晖染成朱色，五颗行星在淡淡的红光中闪烁，仿佛五只赤鸟降临西方。

　　传说为虚，眼见为实。在那个一切以上天的旨意为尊的时代，这样奇特的天象带来的震动不亚于外星人入侵。《竹书纪年》曰："孟春六旬，五纬聚房，后有凤凰衔书，游文王之都。"五星连珠是中国古典传说中改朝换代的天象，五星落在西面，预示新的真命天子将出于西方。

　　三国曹植作《赤雀赞》曰："西伯积德，天命攸顾，赤雀衔书，爰集昌户。"鸟是帝的使者，玄鸟生商，赤鸟兴周，咱们都是一个系统。

　　姬昌站在灵台之上，极目远眺，心潮澎湃。这座灵台终于发挥了它真正的作用——为今时今日的舆论战做准备。灵台乃通天之所，而能够通天者才能称王。有灵台在手，西伯与天的交流才能顺理成章。

有了天时（天象），有了地利（灵台），姬昌的计划还缺最后一环——人和。

当年姬昌报仇失败退出山西后，商国置数个方国以察周，其中有"虞""芮"两国。就在凤鸣岐山这一年，两国"恰好"发生了土地争端，谁也说不过谁，就手拉手前往周国，想让德高望重的姬昌给评评理。

两位国君进入周国境内，发现农人互不争地，行人互相让路，皆是彬彬有礼；到了国都，见男女不行同路，人人尊老爱幼；到了朝堂，见卿士互谦互让，十分和谐。二人被大周国的文明水平深深折服，羞愧得无地自容，便将争议土地划为"间原"，谁都不占，一起开心地回家去了。

姬昌靠民风教化搞定两国争端的新闻很快传扬开去，作为其"修德"的一环，引来天下拜服。西部大小方国纷纷入周朝拜，心悦诚服地称颂姬昌之仁德大义。

"断虞芮之讼"的戏码可谓精彩。两大配角虞、芮的国君应是吕尚为姬昌精心挑选的，既展现了商的离心离德（两国都是子姓分支），又让周的"德行教化"显得好真实好不做作。而作为这出戏真正的主角，姬昌从头到尾压根儿都没出场，很有点《碧血剑》中金蛇郎君的感觉。

姬昌的"国际修德"还不止于此。既然你帝辛收容、任用外族的逃亡奴隶，那我就反其道而行，颁"有亡荒阅"之法令。荒阅是大搜查之意，姬昌宣布，周国将搜捕与清查逃亡奴隶，一经查实，立即交还给原来的主人。奴隶主们对这一举措是大大地拥护，列国间称颂姬昌有德的声浪无疑又响亮了几分。

众配角的工作搞定，天、地、人皆在掌握。在众方国的崇拜与簇拥中，姬昌揭开了这场大戏的高潮段落——"受命称王"！

## 受命称王

称王，这是姬昌一系列舆论运作的终极目标，也是实现他翦商大业的基石。履行完"受命"这道程序，他才能名正言顺地开始"翦商行动"。

到了大戏开幕的那一天，姬昌召儿子姬发于明堂，一同前往祭祖。这祖不是周人自己的祖，而是商人的祖。

第一个问题，为何要祭商人的祖？

现在假设你是姬昌，想要树立自己承接天命的正统性与正义性，该如何去做？是直接怒斥帝辛暴虐无德，把他们子姓的祖先神通通打成赝品吗？

当然不是。周视商为师，又奉商为主，宗教、政治、文化都与商一脉相承。一直以来他们都承认商先君"宾于帝"的理论，认可商之先王的神仆身份，现在说翻篇就翻篇，以前勤恳事商的种种行为岂不都成了欺骗与糊弄，德政何在？而且商的天命归属论在臣服于商的诸多方国内都有极深厚的影响力，想彻底将商国的祖先神体系拔除并重建，难度太大。

所以姬昌要受命，受的不仅是"天命"，还得是"商命"。

第二个问题，周人能祭商人的祖吗？他们有这个技术能力吗？

不光有，而且还很熟练。自亶父之时起，周人就开始大规模地祭祀商人之祖，周原出土的甲骨卜辞为此提供了力证。周人以祖甲为界将商王分割，之前的都是先圣明君，理想；之后的都是不听帝命的坏孩子,不理想。周人敬畏天命,恭恭谨谨从不逾矩,与早期、中期的商君行为吻合,所以他们主要祭祀前者,特别是商汤、太甲等功勋显赫之王。

祖甲以后的商王是否完全不祭?倒也不是,因为考古发现周原上建有帝乙和文丁的神庙。很大的可能是这两代商王在位时商周之间发生了联姻,所以周人对他俩高看一眼。

周人很虔诚,他们简直是把商之先王当成自己的祖先在祭祀,也难怪能获得帝乙、帝辛的信任。若是登上岐山俯瞰周原,当可见商王神龛林立,大小王庙俱全。

周人的祭祀占卜也学自商人,干活有贞人,卜问用龟甲,全套家伙与流程周人门儿清,祭祀商之先祖,轻车熟路也。

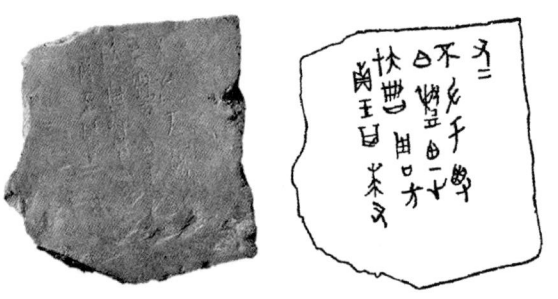

贞王其鞞又大甲,册周方伯囗,囟正,
不才于受又又
贞王其祈侑大甲,册周方伯囗,斯正,
不左于受有佑

周原出土甲骨残片

姬昌携姬发大兴祭典,按照天干地支的日期顺序献牲祭祀历代(商)先王,并召贞人卜问。周原出土的甲骨中有一块西伯祭祀太甲,请求册命他继承天命而任天子的卜辞。

太甲回复曰"不才于受又又",翻译过来就是"不左于受有佑",

这事儿我准啦。估计其他先王也都准了,不然姬昌会一直卜到他们准为止。

获得先王授命之后,姬昌又完成了建太常之旗的仪式。部落社会以图腾为族徽,为了在战场上激励战士们,各族都把图腾画在高高飘扬的旗帜上,这就是军旗的雏形。在贵族制度相对成熟后,军旗随主人的爵位高低而归属不同品级,"太常"即王专属的最高等级之战旗。《周礼》曰:"王建大常,诸侯建旂,孤卿建旃,大夫士建物,师都建旗。"

战旗自然要在战神武丁的祭典上建,名为建王旗,实为阅王军。绘有日月之形的太常旗象征至高至明,你是日,你是月,你是电,你是光,你是唯一的神话。大旗猎猎揭竿起,新王出自岐山底。立了这杆大旗,姬昌就是有了官方认证的"天子"。

众小国的方伯们汇聚于这杆大旗之下,虔诚拜首,向这位新鲜出炉的周王致以最崇高的敬意。

至迟从此时起,周原宗庙中甲骨卜辞的单字"王"不再指商王,而指周人自己的王。对于商王,则写作"商王""衣王"。

后世曾有人质疑姬昌称王之举的真实性。天无二日,国无二主,姬昌公然称王难道不怕立刻招来帝辛的打击吗?

这种疑问是受后代礼法教条影响太深的缘故。虽然姬昌称王了,周仍是商统领的方伯。商人重实轻虚,对他们来说你称王还是称公没什么区别。只要你遵奉我的命令,乖乖履行纳贡和勤王的责任,你爱称什么就称什么吧。尤其对帝辛这种"反传统"的商王,这就更不叫事儿了。

也有人怀疑周原的甲骨卜辞来自商国,非周人所刻。随着考古研究的逐渐深入,这种说法也渐渐偃旗息鼓。

奉天承运之后，姬昌已经获得了"王"的实质。他虽不敢大张旗鼓地像商王一般田猎与巡狩，但众邦国却开始向他提供服务，并一车车地将贡赋运往周的城市。

非主流霸主，讲究以德服人。

## 财政收入

在商周时代，中央国家的常规收入主要分为两部分，"贡"与"赋"。

下级诸侯提供的物资称为"贡"，属于藩属对上级贵族应承担的义务，有政治强制色彩。夏人成为部落联盟首领后发明了"贡"，实际上就是在向其他部落征税，或者收保护费。

贡的内容很多样，主要是各部落的土特产，土里产什么就贡什么，因此也称"土贡"。比如渤海地区贡鱼盐、兖州方国贡丝与漆、泰山淮河一带贡五色土和野雉等。

随着小弟数量的增加，周在贡上获取的收入稳步提升。周人将各邦国的贡分为九类，即"九贡"：高级牲畜、皮帛、绣帛、宗庙用器、木材、珠玉龟贝、服装、羽毛、其他土产。基本上周国贵族的衣食住行祭还有臭美的需求都可以由贡来满足。

比贡更重要的是"赋"，也称田赋，属于真正意义上的税收，以粮食收获为缴纳标的。在商人的体系里，外服给的是贡，内服收的是赋。

商人的赋税制度称为"助"，助者，帮也，帮公家种田就是"助"。商人在内服推行井田制，把一块地像井字一样割成九块，每块地七十亩（相当于今天的十几亩），周围八块分给八家，中间一块是公田。

私田收获归各家,公田收获归公家,每户大概贡献九分之一的劳动力。年份好的时候国与民同富,反之同歉收。赋的收入规模远大于贡,所以公田的收成就等于商国财政收入的大头。

周一开始大概也是抄袭商人的"助",但时间一长,就发现了这个税法的漏洞。人都是自私的,谁都不愿意像耕私田一样卖力地去耕公田。哪怕政府进行监督,比如"同养公田,公事毕,然后敢治私事",效果也不好,最后的结果只能是公私产量都达不到最优。农业不同于工业,工作效率是很难量化的。

无田甫田,维莠骄骄。为了革除这弊病,周人制定了一种叫"彻"的新税法。彻者,通也,打通公田私田,全部分给种者。周人的井田每块一百亩(合今天二十余亩),共九百亩分给八家,最后八家一起缴纳1/9的收成给国家。周的人均耕地更多,彻法可以显著地提升农人效率,这种极简风的改革形制很像明末张居正的"一条鞭法",其内核又近似于20世纪80年代的包产到户,对国家财政有很好的正向刺激。

"财政"的成长几乎与"国家"的成长是相生相伴的,唯有足够成熟的政治制度,才能支撑起足够精细化的财政制度。夏人发明的"贡"只是半强制性的联盟协议,具备较成熟国家形态的商则发明了真正的土地财政,而后周才能在此基础上进一步改良公、私权益,形成更有经济效率的税赋制度。以"彻"为模板的土地财政则成为后世多个朝代的样板,后人主要在征收单位、征收比例、纳税者类型、征收次数、土地公私化等方面度情量况,不断细化。

每到交田赋的时候,周国政府会派小司徒与其他各级"地官"来清查土地、人口、出产、牲畜等,上报大司徒,由其制订收缴计划。收缴上来的粮食会运往政府建立的国库存储,内府、仓人、廪人等负责储备与调运工作，另有司会、司书负责记账核算。

田赋的承担者主要是农奴，一种介于奴隶和自由民之间的身份，名义上有公民权，实际被压迫在土地上无法抬头。商国催动战争的重负全部转嫁在他们身上，实际的负担远高于名义上的"九分其一"，这进一步压缩了他们的生存空间和耕种公田的积极性。

不用种田的商国自由民也同样悲惨。身为"国人"的他们要承担兵役，直接开赴前线砍死夷人，或者被夷人砍死。即便侥幸活到了战争胜利，参战的国人与他们携带的奴隶们也没法回家，因为他们还要肩负开拓大东南的任务，成为战争移民。

商人大仗不断，消耗无算，民众身上的负担成了生命中不可承受之重。周人则开源无数，国家财富厚积薄发。商国之民怨像一个肥皂泡，纸醉金迷的贵族们用蠕虫般肥厚的嘴唇吹出一股股腐败的气体，将泡泡越吹越大，越吹越薄。构筑在这个梦幻泡泡上的贵族生活顷刻间摇摇欲坠。

一个叫帝辛的王夹在中间，拼命地想扶住这绿锈斑斑的青铜神殿，他沉重的双脚仿佛两支尖刺，深陷入泡泡的薄膜。

一个叫姬昌的老头子蹒跚地跟在帝辛身后。

他摸出了一根针。

## 老骥伏枥，志在千里

此针一出，谁与争锋！

姬昌衰老的身体爆发出了惊人的能量。年事已高的他仿佛感觉到了死神的催促，时不我待，火力全开！他在称王的第二年便由静转动，开始急遽地对外扩张。让其有自信转变策略的楔子仍是虞芮之讼。

虞芮之讼乃是吕尚为姬昌制订的修德计划中有决定意义的一环，其军事意义不亚于政治意义。虞、芮两国是文丁布下的守门员，共同控制着潼关至崤函一线的关中出口。在文丁、帝乙的时代，虞芮必然是商王极为信任的部众，按说应经得起考验，然而帝辛与同族的对立关系使得两国倒向了西方。

从本质上说，虞芮归周是商人联盟内部瓦解的体现，是帝辛对老派贵族采取的铁血高压政策遭受的反弹。以虞芮国君为代表的方伯们失去了居于商王羽翼下的"安全感"，要知道男人也是很需要安全感的。

两位国君若写一篇招讨檄文，大约是这样的口吻：君不见九侯、鄂侯惨死在前，西伯被囚在后，另有比干柱石蒙尘，微子长兄遭弃。问今日之朝堂，哪里还有忠臣置喙之所？净是些草莽出身的邪魅作祟！

西部方国的"倒戈"也与帝辛一碗水端不平有关。由于国家的前进方向放在了东南，商对东南方的有力盟国必然青眼有加，相对地就会忽略西方的小弟们。这些曾经与商王关系亲密的方伯从商国获得的重视与资源日趋式微，自然要重新为自己打算。事实上帝辛后期基本把西方的征伐管理全部让给了"西伯"来代劳，这给了周人好大的空间。

重东轻西的政治失衡可以从很多方面得到证实，比如青铜器。

在今豫鄂交界之地，曾有一方国曰"息"。在商中期，息国由江汉文明圈的一员转变为文化上高度亲商的方国。随着商国本土的铜矿日益枯竭，江淮地带的铜矿脉开始为商王所倚重。

由中原进入江淮的首选通道是大别山、铜柏山之间的隘口，古称"义阳三关"，商向南开拓必经此地。息国占据着这条南北要道，南方的铜矿、玉石等战略物资也要经由息国进入商之本土。为了保障青铜矿脉的安全,从武丁时代起,商国多次向南征伐,将控制范围推至江汉。

武丁时代,南部第一方国是商扶持的大方"雀",后来商国势力范围收缩,江汉一带被南蛮势力蚕食殆尽,"雀"也遭遇灭顶之灾,逐渐在甲骨刻辞中销声匿迹。息国就是雀国的代替者。在另一条南下的通路"南襄盆地"丢失之后,"义阳三关"成了商国不容有失的命脉。

凭借这样的地理优势与东南大开发的时代背景,息方伯在帝乙帝辛时代成了新的南疆红人,极受重视。这一时期的息国遗址中出土了青铜钺与玉钺等礼器,代表征伐之权,规制显著高于以前世代,可见其地位的水涨船高。

虞芮本是商封锁周国东进的绝境长城,现在不攻自破,崤函天险反而成了周国的防御工事。面对已经很难再集中力量"巡狩"西境的商军,吕尚做出了周人可以依天险自保的判断。在虞芮倒向周后,崤函以西的所有方国别无选择,必须站队周国,否则就要被关门打狗。

面对气势汹汹的周,仍有少数方国不愿臣服,等待他们的就是姬昌那饥渴难耐的冰魄银针。

称王次年,周王拜吕尚为师,向西北,伐犬戎。再明年,有密须人凭借地势高险"侵阮徂共",并经由阮国进犯周人疆界。姬昌大怒,整军将密须灭国,内迁其人口于都城附近。两年内便基本平定了大后方。

文王四年,周军的战车滚滚而东,终于突出关中,进抵东北方的耆国。"耆"与"黎"为通假字,故也可称黎国。此地曾为蚩尤"九黎族"的居所。传说蚩尤于涿鹿之战被黄帝斩杀后,其余族一部分南逃而化为南蛮百越,一部分作为战败者被黄帝联盟捕获。被俘的九黎部众被称为"黎民",与之相对的炎黄部族因为号称有一百个姓而被称为"百姓"。黎民与百姓原是败者与胜者，被统治者与统治者的关系。

西周时代，有姓者的地位显著大于无姓者，故"百姓"多指贵族，而无法追溯姓氏起源的平民和奴隶就称"黎民"。直到春秋战国的乱世打破了宗族世袭制，高等姓氏的纯化不断被颠覆和打倒，剧烈的阶级变迁使得百姓与黎民快速混同化，二者间的差异便被逐渐抹消，直至共同成为平民的统称。

黎国位于党项地区，统御甚广，人口众多，实力不弱。双方交战后周军虽取胜，却并未将黎国饯灭。由于黎国离商本土太近，为避免打草惊蛇，姬昌没有恋战，而是转头向南进军，于次年灭邘国。周将南宫适俘虏邘君，内迁其民于"翟"。

拿下邘国的战略意义在于夺取渡口。黎地离商虽近，继续东进却有太行山阻隔，战车无法通行。周人想获取东进的通道，只能曲线谋国，由南向北越黄河而进击。

过黄河需要渡口，最佳的渡口就在离邘国不远的盟津。

此时周人的前进路线上还有一块最难啃的骨头。在伊洛之畔，乃是被西伯的势力所包围的崇国。这个周人的老对头此时如大海中的一座巨石，其高大的城墙孤独地耸立于平原之上，夜间疾风乍起，仿佛可听得四面周歌。

关于伐崇事宜，汉刘向《说苑·指武》篇中的记录最为著名，基本经过大概是下面这个样子。

姬昌见崇侯昏庸不堪，生了讨伐之心。在行动之前，他先发表了一篇檄文："我听说崇侯虎侮辱父兄，不尊长者，判案不公，分财不均，百姓们都吃不饱穿不暖，我来讨伐他就是为了拯救劳苦大众。"崇国的百姓听说后，个个拍手称快。开战之前，姬昌又下达了"不杀平民、不毁房屋、不填井、不砍树、不抢牲畜、不放纵违令者"的"可持续发展之六不令",令崇国人民十分感动。当周国军队来到之时,崇人自己开城门投降了。

这个差不多就是汉代的主流舆论风向。由于汉朝独尊儒术,而文王又被奉为儒家圣人,故主流舆论对文王推崇至极,什么奇葩故事都敢往上贴。姬昌要是打打嘴炮就能结束战争,那世上就不需要警察了。

这一场伊洛河原上的大战其实十分惨烈,其经过散见于《大雅·皇矣》与《易经》的"封"卦、"师"卦及《左传》之中。

因为对崇国的实力有所忌惮,姬昌在战前进行了充分的动员,大队周军在王门、城郊与野外分批次集结,向崇国开拔。王门即玉门,王在宗庙完成祭祀后,多于玉门前誓师阅兵,以振军容。

"询尔仇方,同尔兄弟,以尔钩援,与尔临冲。"周人召集联盟友军,准备了大量的钩梯与冲车等武器,专门用来对付崇国那素以雄伟而闻名的城墙。面对高墙坚城,周的先头部队没有贸然发动进攻,而是先埋伏于草莽之中,隐蔽气息以待伏击。侦察部队登上高地观望敌军部署,寻找攻城战的适合发起点,并等待部队的集结。

崇军未能觉察周军的动向,被从树林中突然冲杀而出的周军打了个措手不及。借助充足的攻城器械,周军一度攻上了城头,眼看就要破城。危机当前,崇军终于从混乱中回过神来,顽强地打出了一波反杀,将周人从城头逼退。

周人奇袭不成,只能开始围城,战况转入拉锯。双方兵来将挡,飞矢流星,杀得昏天暗地。崇国硬汉们组织了敢死队出城反击,不幸失败,反被周军俘虏,陷入被动。周军这边虽然势大,多次发动冲锋却也是久攻不下。围城战一共持续了三旬(一旬为十天),周军疲敝,暂时撤退。

崇人没能休息很久，周军很快便卷土重来。这次他们改变了策略，守城士兵发现周人不再往城头冲锋，而是改作了挖土。土堆渐成小山，土垒化为壁障，弓矢无法穿击，守城军也不敢再出城破坏，只能干瞪眼。城外渐渐隆起了一座座大土包，包逾城高，且"乘城而上"。

姬昌将先前抓捕的俘虏通通斩首，并割下他们的左耳（古代战争中统计杀伤人口的常用方法）祭祀上天，得吉兆。周军遂发动总攻。

决战之中，周的先锋部队借土垒之便再次攻上了城墙，与赶来救援的崇军主力接战在一处。这群最先登上城头的战士们遭遇了敌人的顽强抵抗，死伤惨重，"号咷"之声不绝于耳。就在他们牵制了崇军注意力的当口，周军主力从另一个方向攻上了城墙，两军夹击之下，崇人大溃散。

战争结束后，崇国被姬昌荡平。曾经伟岸的城墙倒塌了，残垣断壁成了新帝国崛起路上的界碑。这场胜利的荣光属于周王，祭坛上的袅袅青烟把他胜利的消息传给了天上的子姓神仆（这画面有点讽刺）。从崤函望向朝歌，除了黄河之外再无敌阻，一马平川任奔流。

崇人尽力了，他们最终也没有等来大邑商的援手。周人在西边打得这么热闹，商却一片沉默，难道帝辛睡着了？

## 圣王的终点

商人当然是有所察觉的。

《尚书》载，早在周人败黎伐邘之时，商廷就有人火烧屁股——坐不住了。大臣祖伊急火火面见帝辛，一脸惊恐地请他提高警惕，不然亡国之祸不远。帝辛的回复则非常超然："我生不有命在天？"翻译一下就是:"我的命运不是早就被上天注定了吗?担忧有何用?"一副爱咋咋的、不服咬我啊的表情。

帝辛的回答可能来自两种考虑。第一,他始终自负,坚信自己能够把控局面。姬昌虽已称王,几次征伐仍然高举着帝辛赐予的"专征伐"之权,名正言顺,且征伐方国的行为也没有触及商的根本利益。第二,西方方国的死活他真的不放在心上,或者说真的顾不上了。他此时正在准备御驾亲征,与淮水扛把子徐夷进行战略决战,商的经济与军力都绷紧到了极限,周国什么的不要拿来烦我。

崇侯虎你是个好小弟,但姬昌也是个有用的小弟,而且大哥实在是没有余力了。

帝辛也不是什么都没做,他派飞廉出使北方联络北疆方国,加强商的外围力量,以防不测。这可能也是周人将军力转向南线的原因之一。

崇国败亡后,姬昌将国家核心从毕邑再度向东推移,来到了沣水流域,地名从河名,曰"丰"。从这个"沣"字就可以看出此地水土上佳,是极好的经济开发新区。丰邑作为周人新城,将肩负起向崤函以东输送力量的历史使命。

就在这座新都里,周的国王倒下了。岁月与战争耗尽了这个老人的生命力,他像一座枯朽的巨树轰然倒塌。

戊子日,姬昌从病榻上艰难地坐起,自己洗了脸,思忖片刻后召来了御事(秘书)。姬发此时没在身边陪同,所以他让秘书记录下了给姬发的留言。

"儿啊,我的病怕是没救了,担心没时间当面嘱咐你。过去的先贤给后生留训诫和名人名言,一定要当面念。现在我病得厉害,发语音给你不方便,你就读文字版的吧。注意,别浪。

"当年舜只是个无名之辈,在鬲茅这个地方种田糊口。没着没落的生活中,他无师自通地领悟了'中'之道。他的中,是时时自省,让自己的想法不违背百姓的诉求。无论内外、远近施政,总能从有限的经验出发,从正反两面去思量斟酌,把事儿办好。得了'中'之道以后,他工作更加认真努力,得到了尧的赏识,成了领袖。这个,是做老大应该有的样子。你得学着点。

"后来上甲微也从河伯那里得了'中'之道,双方联盟后打败了仇人有易氏。有易氏畏罪潜逃,上甲微也没有赶尽杀绝,双方最终讲和。上甲微的'中',是居中团结,多方联盟。这种本事代代相传,到了成汤一辈终于承接天命,有了商国。这个,是做老大应该有的样子。你得学着点。

"这些事吧,我自己做得也还不怎么样,日子就到头了。你得好好领悟,慎重从事,不要等当了老大才想起来学习。好好干,千万别浪。

"要是做不好,你会倒霉的。"

以上的遗言总结为一篇《保训》,传到了姬发的手上。其中两个简短的案例,一讲搞内政,一讲搞战争,两下浓缩为一个"中"字,讲的都是为王之理,可谓一字千钧。对内,他希望儿子能够稳中持重,不偏激不冒进;对外,他希望儿子能够居中统领,策动群力。把自己作为国家的"中心",平衡和集合尽可能大的资源与能量。

生死有命,运数无常。姬昌已经足够幸运,在那个平均寿命不及今人一半的年代,他是难得一见的长寿。由于生年不详,姬昌的寿命一直是个谜。民间传说他活了近百岁,实际上可能有七八十岁,倒也没有确实的证据。

在他出生之时，周还只是一个刚刚在岐山脚下立足、惊魂未定的部落。他见证了周氏一族的兴起与灾难，并一手将它再次托起。在他统治周国五十年后的今天，周人所统辖的联盟已据天下之半。

他这一生，足够精彩。

> 他见过岐原无垠的黍田，在和风扬起的季节沙沙低语。
> 他见过羑里清冷的月白，越过高墙洒银辉于他的眉头。
> 他见过北原沉静的野马，鬃前跪着执鞭宣誓效忠的牧人。
> 他见过朝歌盛大的祭祀，火光吞噬着凡人尘埃般的灵欲。
> 他见过渭河对岸的野花，随飞鸟的翎羽装点女子的裙裾。
> 他见过西天赤色的行星，血染的苍穹点燃他称王的野望。
> 他见过毕邑湿漉的雨季，庭燎的细裂应和宗庙垂雨的陶瓦。
> 他见过天帝的蒙召，见过岁月的河滩，见过神祇的崩落，见过牛骨的灼痕。他用八卦图参透了过去和现在的奥秘，他还相信自己曾洞见未来。

织田信长曾咏和歌《敦盛》。其中几句，写在此处倒很应景：

> 人生五十年，
> 天地久相较，
> 如梦亦如幻，
> 一度得生者，
> 他日必长眠。

# 第十三章

# 简兮简兮　方将万舞

## 新王的城、梦与焦虑症

姬昌死在了受命第七年的春天。

在这个万象更新的时节,周人迎来了自己的新主。姬发将父亲归葬于毕邑,而后在吕尚与弟弟姬旦的辅佐下登上王位,继续高举太常之旗。

姬发拜吕尚为师,总领军务,并尊其为"尚父"。吕尚这个外来者俨然已是西周集团的二号人物,能得两代商王如此信赖,足见本领之大。他如今从外人变成了货真价实的"自己人",在姬昌的安排下,吕尚的女儿邑姜给姬发生了两个儿子:一个叫"诵",另一个叫"虞",这两个外孙便是吕尚的丹书铁券。

继位的新王交给他老丈人兼头号谋臣的第一个任务,是确立继续伐商的正义性。

前面说了,文王受命是代商奉帝,承袭别人而非自己祖先的天命,不具备天然的世袭权,这个天命自他死了以后就无主了。当务之急是要把姬发续在天命继承权的后面。

为了实现这个目标，姬发君臣祭出了两招。

其一，不改元。姬昌死于受命第七年，姬发仍沿用父亲的大统，继位后第二年不记"元年"，而记"八年"，自称太子、"小子发"而不称王，表示自己与父王一脉相承，以父之名，代天伐商。

其二，他们编造了一个做梦的故事。做梦者，姬发之母太姒也。

在姬昌受命元年的正月，太姒曾经做过一个梦，梦见棘树长满了商国王庭。她儿子发跑进了庭院，种下了一棵原产周原的梓树。树苗入土而变，化为松柏棫柞四木。

重屋生荆棘

太姒醒来后心中不安，就把这事告诉了老公，让百科全书式的老公占卜一下此梦何意。姬昌听完也觉得十分不祥，不敢轻卜，着人把儿子喊来商议。姬发表示专业的事情得找专业人员，遂召来三名巫师，分别为老爸老妈和自己被除不祥。

巫们把被除结果写在了币帛上，焚告于宗庙，而后走了一套望祭和烝祭的流程，向祖先神们卜问此梦吉凶，神回答，恭喜你们，吉梦！父子大喜，神灵真给力，下一旬的祭品一定加量不加价。

此事载于《程寤》,寤者,睡觉做梦也。

这个梦的设计包含了两层含义。首先是继续强化了"受命"一说,给帝命授于周增加了更多细节:商庭满棘,是说商国政坛满是小人朋党;梓化四木,是说周的义士将占满商廷,寓意以周代商。

实现这个周国梦的是谁?栽树者姬发也。这是这个梦的第二层诉求,它把姬发也塞进了姬昌的受命之说中,而且还是手植梓苗的主角,再拉上颇具威望的太姒做口述者,就更显得有理有据令人信服。

古人当然也会做梦,但他们不解梦存在的缘由,便视其为鬼神的诏示。因为多数人都做过梦,所以梦兆的迷信非常普遍。"众占非一,而梦为大",占卜梦的启示是卜术中最重要的一类,贵族和老百姓都很热衷,自然就被帝王当成了舆论武器。

相传武丁曾梦见天赐圣人,名叫"说",第二天起来后他把手下官员都检阅了一遍,确认过眼神,没遇上对的人。他差人满世界寻找,还真的找到了一个叫傅说的人,正是梦中那个他,遂举为相,商国大治。此事见于《史记》,这是老大拿梦当借口,给自己想提拔的小弟背书。

汉朝有一王夫人,某天她跟老公说,自己梦到了太阳坠入怀中。老公大喜,这是天大的吉兆啊。这个"太阳"还没生下来,王夫人的公公就崩了,他老公刘启继位,"太阳"宝宝就是后来的汉武帝刘彻。此事见于《汉书》,这是老大的媳妇儿借梦来忽悠自己老公,顺便抬高自己。

姬发走的也是这个用梦来忽悠各路小弟的套路,用以强化自己天命所归的形象,史称"扬梦以说众"。

周国初丧,不宜大动干戈,军事活动转入整备状态。按照姬昌当初的规划,姬发在沣河以西的丰城基础上继续扩建,于河东造"镐"城。丰在左,镐在右,沣河穿行其间,桥梁沟通二京,风水上呈现骑龙之势。

丰镐实际是一个城市的两个区,后合称"宗周"。丰京为宗庙与园囿,镐京为宫室与国社。城中人口充实,五家为一"比",五"比"为一"闾",一闾就是一个社区,另有专门做生意的"市"。

镐京向东十公里左右,过潏水即为大唐古都长安城,亦为隋之大兴城。唐长安以北两公里为汉长安城。汉长安北邻秦咸阳城,西邻秦阿房宫。就在这大概五百平方公里的土地上,浓缩了中华文明两千年浩荡历史中最精华的部分。

周家人寻龙脉的本事,真的厉害。

姬发在镐京城头遥望东方,只见山同龙游,云如凤舞。丰镐大地的风吹过他的面庞,却无法抚平他紧皱的眉头。这个新老大的内心焦

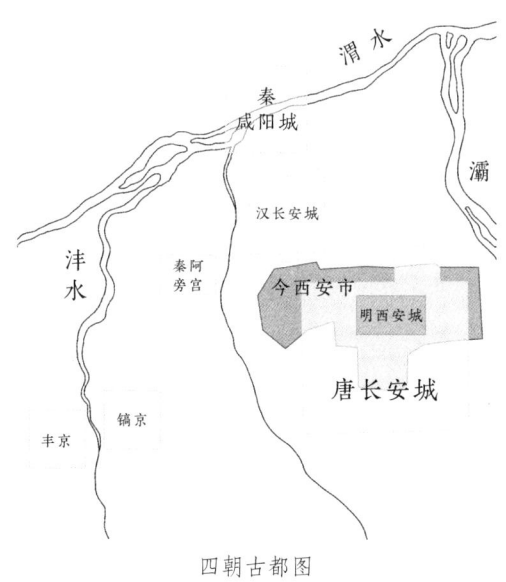

四朝古都图

虑，很焦虑，非常焦虑，他当太子当得太久了，一朝为王（名义上不是实际上是），顿感千斤重担如山岳倾覆般压来。

姬昌继位时是个青年，他最好的岁月都用在了刀刃上。姬发熬到上位时已经是个中年乃至壮年，最好的时光都用在了刀把上。都怪姬昌在位的年头太久了，要是老爷子咬咬牙再坚持几年，没准姬发就要死到他前头，此乃王储不可言说的痛。

他的父亲是神明一般的领袖，一生征战无数，鬼神无惧，连不可一世的商王都杀不了他。不仅如此，父亲还德行远播，威名撼地，大小方国都被其个人魅力所折服。地盘是他打下的，计划是他定下的，队伍是他拉起来的，王位是他传下来的，连天命都是他跟上帝讨来的。

姬发这一生，大部分的时间都活在老爹的阴影里，这导致他不太自信。

某年四月的朔日，姬发叫来了弟弟姬旦，十分恐慌地对他说："完了完了，咱们要谋取商国的计划泄露了，昨天我做噩梦，梦见商人在抓我。现在是想打时机不行，想投诚又不可能，你快给我出个好主意，不然就愁死我了。"

这等丧气之语，实难为外人道。姬旦一脸无奈，好言好语地给他鼓励了半天。

姬发没有父亲那种对命运的笃定和对胜利的信心，他只能在父亲选定的谋臣的辅佐甚至是带领下稳步前行，继续完成父亲定下的计划。

以周国的弱势，真的能讨伐大邑商吗？这大大小小的方国，在父王死了之后能听我的话吗？真的是压力巨大啊。

这种焦虑令他时常难以入睡，好容易睡着了又会从噩梦中惊醒。所以姬发总是一脸神经衰弱的样子。

焦虑归焦虑，姬发并没有忘记自己的身份和职责，他谨慎地按照老爸的指示与谋臣的建议去行事，一点都不浪。这是他的局限，也是他的优点。而吕尚与姬旦也实在很给力，推动着周的战车在既定路线上稳稳前行。

抛却老大的健康问题，周的形势算得上一片大好，他们的军队战意高昂，他们的仓廪丰厚殷实，他们的神明高坐云端，一切都是欣欣向荣的模样。

## 黑暗中的眼睛

自西伯昌薨的第二年起，一连串的异象在中原各地显现，流言长着翅膀飞入商国王畿。有人在牧野（朝歌西部的牧原）见到了怪兽"夷羊"。有人在天上看到了多个太阳。有泥雨从云端降下，之后国都大道上长出了荆棘。白日里有女妖现身于市，夜晚有鬼怪在暗处叹息。最奇特的是国中有女子变成了男人。一传十十传百，各种乱七八糟的乱象如蝗虫一般掠过商人的屋顶。

天为雨血，鬼为夜哭。

恶意在黑夜中流窜，商的子民人心惶惶。种种谣言最后都归于帝辛之身，这个骄横野蛮的王连年征战，还篡改神灵祭祀，任用宵小；举国上下父子难全，夫妻分离，腐败横行，国将不国，上帝才如此震怒！

对对对，都是他的错！

帝辛不是全然无辜的，至少在祭祀这方面他就惹下了很多口实。继位之初，帝辛还是个勤于祭祀的好青年，后来越发觉得这样繁复浪费的规程不够合理，毕竟"我生不有命在天"，形式主义劳民伤财啊。后来他开始专注于精简的祊祭，几乎放弃了周祭，天上一部分先公先妲饿得直跳脚。而微子启、比干等人的担忧也终于成真——他们死后的享配资格眼看就要告吹。

周人乘虚而入，在商的内部寻找可以为其所用的人。间谍们在愈演愈烈的乱局中潜伏下来，于暗处记录一切，然后将消息传递到西方的丰镐。周国势力对商国上层的渗透程度非常之深，网罗到了一些非常大牌的"朋友"，比如贵族代表微子启和官员代表胶鬲。

微子启叛变很好理解，胶鬲你个浓眉大眼的怎么也叛变了？

关于胶鬲的变节，《韩非子》中记载了一个故事，可以作为不那么靠谱的旁证。姬昌为了迷惑帝辛，在国内纵情声色，大肆搜罗珍宝，得了一块上好的玉版。

玉版是方形的玉片，古时的玉一般按形状来命名，如圆形、扁盘状、中间有小孔的叫"璧"，孔特别大的璧叫"瑗"，形似璧但有一个缺口的叫"玦"，圆环状、类似镯子的叫"环"。

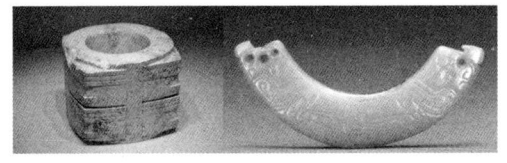

西周玉器（琮、璜、璧）

诸玉之中，玉版的价值最是特殊，因其扁平的形状便于雕刻文字和图案，可以作为特殊的信物、礼器使用。后人也用"玉版"来泛指珍贵的典籍文书。

帝辛听说后有点眼馋，派了最会做生意的胶鬲去索要。没承想姬昌一口回绝，胶鬲只得一脸丧气地回去复命。帝辛很不开心，又让费仲来索要，这次姬昌却一反常态，果断奉上。

本来费仲就是帝辛最信任的左膀右臂，这下更得欢心，相反胶鬲的能力就受到了质疑。与此同时，姬昌还在商人那边埋下了"胶鬲见恶于周人"的印象。

为王服务，无能即是原罪。

另有一种说法是，胶鬲乃生意人出身，"商人重利轻别离"，利益高于一切，所以他被周人视为帝辛团队中最容易攻破的一环，结果也是"不负周望"。

为了拉拢微子启与胶鬲，姬发派出了自己最信任的两个亲信——姬旦负责搞定胶鬲，姬奭负责对付微子启。周王的兄弟精诚团结去策反商王的弟兄，真是王比王气死王。

姬旦与胶鬲在"四内"碰头，许胶鬲事成之后"加富三等，就官一列"，在周人的王朝里当最高级的大官，胶鬲表示满意。盟书一式三份，每一份都涂上牺牲之血，相当于加盖公章。双方各取其一，最后一份埋在地底，正所谓天知地知你知我知。姬奭那边的进展也很顺利，他与微子启会盟于共头山下，许其事成后担任诸侯之长，继承殷族香火，再许给他桑林、孟诸之地。盟书也是一式三份，最后一份埋在共头山下。

从此之后，周对商的作战彻底落入了敌在明我在暗的有利状态，商的政府动向，兵力部署，军事计划，乃至国内反对势力的情况都摆在了吕尚的桌面上。对于内心极不安定的姬发而言，这个优势是十分重要的，毕竟未知就是恐惧的本源。

## 周人的酒文化

周人的行动不仅仅停留在信息战层面。

伴随着王畿的谣言四起,周军向姬昌当年没能完全搞定的"黎"发起了第二次袭击。借助此次大胜,周人完全控制了太行山南麓地区,还没从上一次失败中恢复元气的黎国就此覆灭。

姬发对于这场胜利十分看重。这是他父亲没能完全搞定的敌人,而今在他手里得到了解决,多么具有象征意义!

灭黎而还的姬发率群臣到太庙举行典礼,告慰父亲的在天之灵。祭拜结束后,他们又在太庙里举行了一场庆功宴会。周人的酒文化中,等级最高者为"饮至"——领导干部们为庆祝重大事件所举行的国宴。要庆祝灭黎之胜,饮至大典必不可少,周国所有的大人物自然要齐齐出席,列坐其次,觥筹满盏,君臣共饮,好不热闹。

我国是一个酒文化源远流长的国家,纵观欧美亚非拉,热爱豪饮之民族不可胜数,但像汉人一般将喝酒这档子事儿做得如此有仪式感,规矩繁复甚至令人生厌的,好像独此一家。

直到今天,酒局还是国人维系生意和情感的重要手段。这样的传统发源自周人。商人也爱饮酒,比周人爱得多,但他们喝得豪放、潇洒甚至粗鄙,比周人的臭规矩简约得多。

中国人喝酒很注重拿范儿,开酒会一定要定个子丑寅卯诸般规矩,规矩越多越显高级。吃饭前你推我让,按辈分和职位依次坐定;喝酒过程中谁打头阵、谁陪次席、谁喝几圈等,各地都有各地的讲究。但这些与周人繁复的酒文化相比,根本是小巫见大巫。

拿饮至来说,卿大夫与士分别进场的仪程,君主和臣下之间如何互相致意,按什么顺序行礼喝酒,凡此种种皆有规定,没有个脑子好用的"司仪"根本顶不下来。比如喝酒之前要祭酒(敬神),有意思的是向神祭酒要坐着,跟人喝酒反而又要站着,与"尊者坐卑者立"

的中国文化反向而行。再比如宴会过程中,一旦有人行礼你就得站起来回礼,所以与会者要不停地起立坐下,还没喝醉就要累死了,腰不好的直接歇菜。

设立这么多规矩的目的在于通过限制行动体现身份,而体现身份最直观的环节就是排座次。

周人宴会上的主要角色有主、宾、介、众宾等几类,按尊贵程度分配位置。在方位上,周人以坐北朝南为尊,坐西朝东为尊,所以西北这个位置是最高贵的。后世的皇帝们在宴席上一般都是坐北朝南,自成一行。周的国君则是反过来,他坐在东面最低的地方,把最尊贵的位置留给客人,非常有礼貌。

北面偏西的尊位属于核心客人,即今人所称的"主宾""大客"。他右手边居于西位的是"介","介"是"客"的陪助,相当于"副陪",负责助宾客行礼、伺候客人吃好喝爽。国君虽然坐在东侧,但谱儿还是要摆够的,不能真的把主持的累活儿交给他。所以要给王安排一个代表,称"主",又称"宰夫"或"宰",担任宴会的管事佬。主或宰是一场宴会的运转核心,负责把握宴会节奏,代表国君向主宾及其他公卿士大夫行礼献酒,毫无疑问是宴会上最累的一个。

宰这个字容易让人想起屠夫,这种联想非常正确,宰本来就是照顾领导三餐的"食官",一个经常陪同领导左右的御膳房总管。民以食为天,王的食更是大过天。照顾领导吃饭是头等大任,宰也因而成了近侍中的上位者。很多早期政务官职都是由处理王的吃喝拉撒的近侍人员演变而来,因为这些人最得领袖信任。宰后来演化为内廷第一重臣,主管出纳王命,太宰、宰相之"宰"即来源于此。

饮至开始之前,负责张罗场面的各类小臣要做好万全准备,摆放酒器、桌案、祭品以及桌签之类。待一切准备妥当，国君要首先入席。董事长姬发以主人身份坐在东阶之上，他入座后亲自指定姬高为本场饮至的"客"。

高，姬发庶出的弟弟，此次征黎活动中担任主将，列军功第一，被钦点居客位（上位）。作为王弟的姬高此时不能马上就座，得推辞一下，不行不行我是小弟哪能坐上位呢。然后王再请，高再辞，王三请，高这才很不好意思地"上座"。这个画面大家是不是很熟悉。

坐姬高旁边担任介的是姬奭，负责拉拢微子启的就是他。现代的家宴上也经常选择主人家族的年轻男性担任陪客。姬奭在西周早期历史中是个举足轻重的人物，虽不是太姒之子，但也是姬姓子弟，被姬发以弟视之。

整个宴会的核心人物"主"则由姬发最能干的弟弟姬旦担任。这是王对他的信任，也是他能力的体现。

前面这几位都是姓姬的，接下来是三位外姓人。

第一位是辛甲，从殷投奔过来的大臣，经姬奭引荐而被姬昌任命为太史，执掌礼事。他在饮至中的责任是"正君臣之服位"，故其角色称"位"。

第二个是"作册逸"，作册者，史官也，故也称"史佚"。甲骨文中的"册"字形为连编的木简，指代记录祖先世系、庙号的谱牒，最迟在商初已经采用，所以晚商建立周祭制度时才能对先王先公们进行系统而完整的追溯。册是很重要的文件，祈福、祭祀及战争都会用到。将重要事件记录于册后报告某位祖先的行为写作"称册于某某"，可见册还肩负着铭刻史事之功用，遂演变为"史册"。

史官通常情况下应该跟"众宾"一起坐在宾西面的阶下。但由于逸在这次战争里也立了很大功劳,所以被安排在第二尊位,宾居北面西侧,他坐北面东侧。这个位置夹在主(王)和宾中间,所以他不能一开场就入席,要等主宾俩人落座并互相敬酒后才能入座。要不然俩大佬互相敬酒时他横在中间,会显得非常尴尬。

第三位是德高望重的太师吕尚,位在庭中,负责监察饮酒,指正喝酒规矩不到位的人,也就是俗称的酒监。春秋时出现出现了投壶等"行酒令"游戏,主持投壶者称为相,类似酒监。唐朝文人则把监察行酒的人称为席纠,多数情况下由高级妓女担任。今天的酒席上多由"主陪"来负责这个活计,若有人喝得慢、喝得少、喝得不干净,主陪都要指责两句,好让大家都喝得公平、喝得实在。

一件事的外在附加物越多,其主旨就越偏离。就好像当月饼的包装精美到一定程度,送月饼的初衷就不再是祝福;酒场上的规矩多到了一定程度,喝酒的初衷也便不再是为了酒。周人的酒宴上充满了规矩和体统,这种酒喝得累。为啥路边摊上的兄弟永远比宴会上的大佬们开心?因为大家喝酒的目的本就不同。

观宴席之座次,可知国政体制;研酒场之谈吐,能通天下纵横。这些周国的大人物克制地推杯换盏,不光要喝,还要观舞赏乐,外加吟几句诗歌,文艺得紧。他们喝的是国宴酒,谈的是天下事,吹的是八荒牛。感情深,一口闷;感情浅,舔一舔。古今多少事,都付酒爵中。

干!

## 盟津大集结

商周之间沉默的平衡在姬昌受命的第八年终于被打破了。这一年的尾巴上，依附于周的蜀国迎来了一位老大哥的使者，他给蜀君带来了一个十分惊人的指令，让后者瞬间血压飙升到两百：一月戊午日前，带军队前往盟津集结，大哥要阅兵。

背景中咔嚓一个炸雷，镜头前哐啷一片弹幕，蜀君内心飘过一行独白：老大要动手了？蜀自从臣服于周后，一直都比较听话，此时更是不敢怠慢，当下点兵点将向盟津进发。

盟津是一处黄河边上的渡口，离邘国旧址不远，位于今天河南省孟津县北部。周人夺取崇国的主要目标之一，就是控制前往盟津的道路，一旦由此越过黄河，很快便会与商短兵相接。

蜀军紧赶慢赶，终于在规定时间到达了集结点。到了地方一看，好家伙，真是金鼓喧天，牛马齐鸣，旌旗招展，人山人海。他们有的穿麻戴甲，军容整肃；有的衣衫褴褛，裆上裹布，总之全是不知名的军队。好点的装备了一部分青铜兵器，差的就拿着木矛棘棍。彼此一交流，果然都是蒙周老大的召唤前来集结的大小方国。

《史记》说"诸侯不期而会盟津者八百"，八百肯定没有，几十个也许是有的。另外"不期而会"四个字很有意思，大家不约而同地都在这两天赶来，说明人心所向，天意所归。这就比较假了，周军自丰镐出发，行军至盟津至少需要二十天；其他方国也是远近不一，像蜀国怎么也得一个月才能到达。要想"不期而和"，除非是有人发朋友圈被其他人看到，然后大家伙赶高铁过来。

万众瞩目之中，周王终于现身，不过不是姬发，而是姬昌。姬发用车载着他老爸的木头牌位闪亮登场。他自称太子，以示奉周王之命讨伐暴君，不敢自专。

姬发这样做也出于不得已。哪个老大不想以自己的名义发号施令呢？但前面说过，姬昌承袭的天命并不能自然地转给儿子，所以姬发需要暂借父亲的名号来压一压阵。

平原上黑压压人头攒动，大家都在等待姬发的命令。

盟津集结真的是要发动灭商大战吗？姬发与吕尚真的要直捣黄龙吗？结合当时的环境与后面的发展来看，答案是否定的。

盟津集结是一个信号，也是一场测验，一场对于"人心"的测验。

姬发自继位以来就有深深的焦虑，对自身的怀疑和对商的怀疑时刻萦绕心头。周国如今小弟很多，其中很大一部分是因父亲的威名归附而来，跟商的小弟没有本质的不同。姬昌死后，这些方国心里有没有变卦？他们归附的到底是"周"还是"昌"？周想取商而代之，他们里面有没有人想取周而代之？更重要的是，如果我真的出兵攻打强大的商，他们愿意跟着我一起上吗？

面对商国这个巨无霸，众方国的支持对周而言非常重要，所以他必须慎之又慎。

姬发和吕尚选在此时亮剑，必然是做出了形势已经发生逆转的判断。周对商的情报战已经搞了多年，颇有成效，但情报这种事永远没有百分百的准确。万一商人不如情报所言之虚弱，周军可能坠入万劫不复之地。

一切看起来都是一场豪赌，赌注乃是周的国运。在达到盟津这个赌场之前，谁的心里都没底。

姬发出发前专门去了一趟毕邑，向祖宗们卜问吉凶，就像赌徒带着全部身家去赌场搏命之前一定得烧香拜佛一般。所以姬发没有跟军队一样从丰镐启程，他是从毕邑出发的。

带着神赐予的昭示，周国的真王一路向东，去揭开心中的谜底。

在盟津附近的集结地，随着大量的方国军队涌现在视野之中，周国君臣心里总算是一半石头落了地。大事可期矣！

## 诡异的散场

姬发在联合军团面前发表了言辞中正的誓师："大家都肃静，好好听我说。我本是个无知的人，只因为先祖有德行，祖坟上冒了青烟，才让我继承了这偌大的功业。现在我要奉王（也就是我老爸）的旨意，讨伐暴商。赏罚制度我已经拟好了，跟着我，有肉吃！大哥不会亏待你们的！"

众小弟群情激奋，纷纷表示讨商之时就在今日。西部联盟与大邑商的决战似乎已经万事俱备，只欠莱克星顿的一声枪响。

师尚父发号施令，各方国士兵在周的统一指挥下列阵，于黄河岸边进行战前演习，船只物资开始调动，准备发起渡河行动。

大军攒动的滩头是热辣辣的红色，周国的中军大营里却是冷冽冽的蓝色。在盟津阅兵的这段时间里，周国君臣的精神一直高度紧张，身在西方，心在东方。他们催动周的谍报系统全力运转，不断发回商的动向，任何的风吹草动都牵动着大家的心。

然而出乎大家意料，就在这场阅兵仪式行进到最高潮之时，一切竟戛然而止——姬发表示天命不遂，目前时机还不成熟，大家先散了吧，等我的通知。

哈？不打了？众方国的军队一脸茫然，不明所以。

武王集而不攻究竟为何，一直是历史上的一大谜团。官方的解释是"天意难违"，并演化出了一个成语——"白鱼赤乌"。

史载，当姬发的船行至黄河中流时，突然有一条白鱼跃入船中。

姬发捡起后拿它祭了天。等渡河到了对岸，又有个火球从天而降，落在姬发的营帐之上，盘旋转动后化为一只赤乌，嚣鸣不已。姬发视其为凶兆，故撤军而还。

白鱼入舟，天降赤乌，为何就成了凶兆呢？

殷人尚白，白鱼自然是商人的隐喻。鱼自己跳上船，既可以理解为商人会奋起还击，也可以理解为商人自投罗网，好坏全凭一张嘴。相比白鱼，赤乌的含义更为重要。殷商晚期的大陆民族已经普遍具备了观星之能，赤乌现于河东，正与此时的星象相吻合。

木星被称为岁星，主征伐。公元前1048年左右，岁星由天西转移至天东，从渡口大本营向东望去，岁星正如军神一般悬于朝歌之上。伐岁者必受其凶，姬发由此得出了伐商之条件尚不成熟的结论。

盟津大集结以虎头蛇尾的方式结束了，但绝对算不上失败，姬发已经得到了想要的一切。

第一，有这么多的方国愿意追随他渡河与商作战，测试结果至少可以打九十九分，留一分以防自己骄傲。至于那些接到了指令而没有前来会合的方国，正好可以收拾一番。

第二，对商的测试也很令人满意。周国在盟津进行如此大规模的动员，一定对商王廷造成了重大的精神冲击。商国的反应将印证间谍情报的真实度，结果证明，眼线们还是靠谱的。

第三，通过这次渡河演习，周国及诸方国在集结路线、物资调动、渡河时间选择、地形摸排等方面都积累了宝贵的经验，这一切都不会白费。

接下来他们要做的，就是像一个老练的猎手一般匍匐下来，一边储存体力，一边等待疲惫的猎物暴露致命破绽。盟津集结的队伍并未完全解体，其中一部分直接在盟津驻扎，进行正式进军前的准备工作。

习惯于隐而不发的周人之所以敢搞出这场盟津大集结，源自他们获取的一个重要情报：商人打了一场大大的胜仗。

看不明白？这就给你解释。

## 皮洛士式胜利

帝辛的平常心已经崩溃了，也可能他的字典里就没有过平常心三个字。

如果说姬发是个被逼上岗的临时赌徒，那帝辛就是个职业赌棍。他在牌桌上最看不起那种缩手缩脚、小牌跑不掉四个二绝对不往外扔的风格，老夫从来都是一把梭，玩的就是一个自信。他的一生都在赌，赌自己的改革会成功，赌贵族的反弹不会造成致命伤，赌自己高消耗的国家战略能够撑过临界点，让商重现生机。

为了开拓东南的大计，帝辛赌上了国运。他打赢了仗，却赌输了命。

依靠数十年间对东夷持续不断的打击，商人在帝辛后期终于取得了一次史无前例的重大胜利。牺牲了无数商国战士之后，淮河流域的徐夷终被降伏。

淮水诸夷之中，徐夷是实力最强、文明程度最高的一支。他们的大本营位于今日的徐州附近，徐州的"徐"字即源于此。作为夷人的最强代表，徐人农牧渔业皆发达，冶金、制陶也很出色。徐地的青铜器可以与商媲美，铜纯度甚至微微领先于中原。与商周的美学风格相比，徐地的铜器更加厚重、硕大，盛行虎、羊、牛等图腾形制，带有浓厚的民族风格。

他们是货真价实的文明种族，文明水平不会低于周国。

商的先祖以玄鸟为图腾，徐夷先祖则以鸠鸟（一种黑羽短尾的鸟类）为图腾。同属鸟夷一系的图腾暗示两族之间必有极深的渊源，细究起来，徐夷之先祖皋陶、伯益与商的祖先契几乎是在同时期工作于尧舜手下。

商国建立后，徐、商之间一直关系亲密，互有往来。直到武乙时代，由于人口的增长和对土地的需求，双方的势力范围发生了交叉，这才反目成仇，大打出手。

这一打，就是断断续续近百年的时光。

高等级文明间的战斗基本无法一蹴而就，战争变成了拉锯战、消耗战，一路向着商王最不喜欢的方向演化下去。靠着战象冲天的獠牙与商军强大的战斗力，帝辛几乎百战百克，但每次赢得都不轻松，只是一点又一点艰难地将战线向前推进。帝辛不想打掠夺战，更不想打焦土战，他想打兼并战。他要的不是一战一地的得失，而是兼并收购和长治久安。

国家物质资源与人口被巨大的战争管道从本土持续地抽调至东南。勇武的王最终是赢了，虽然历史对过程语焉不详，但我们可以知晓他获得了徐夷乃至整体淮夷的臣服。商的势力范围一下打通至东海，山东南部、安徽、江苏、浙江尽入其手。海滨的盐资源与湖北、江西等地的巨大铜矿资源储备亦全在掌握。

还有最重要的人口。史称帝辛俘获"兆亿夷人"，兆亿并不是夸张修辞，在中国传统计数单位中，兆是百万，亿是十万，故所获人口规模应在十万至百万之间。这样巨大的人口对商的消化能力提出了空前的考验，但一旦消化成功，那就是庞大的生力军。

土地、资源、人口,一切看起来都是那么的美好。可惜帝辛独独缺少了一样东西,一样最无价也最廉价的东西,一样可以决定一切并吞没一切的东西。

时间。

欧洲有一句非常古老的谚语,叫"皮洛士式胜利"。皮洛士是古希腊伊庇鲁斯国王,他在公元前 280 年带领大象军团突入意大利半岛,并两次战胜强大的罗马军团。赢虽然是赢了,有生力量也基本损耗殆尽,最终被罗马翻盘。皮洛士式胜利从此成为"伤敌一千,自损八百"或者"赢了战斗,输了战略"的代名词。

同样率领大象军团的帝辛也取得了这样一场皮洛士式的胜利。战胜者商国被掏成了一个骷髅架子,国内经济衰弱不振;且东南大开发在战后才真正开始,归化管理的负担依然严峻。当胜利的消息和进一步移民的通知同时传到朝歌之时,不知道商国百姓是该哭还是该笑。

帝辛从本土和近畿方国抽调了大量人口前往东南,管理这"兆亿夷人",大部分的精锐军力也被迫留驻夷人区,分散接掌土地。

商军战士

就在如此关键的当口，周人动手了。

西方的近畿方国一个接一个传来噩耗，帝辛始终无动于衷。直到崇国的覆灭报告也传到了朝歌，帝辛才不得不放下他的幻想，开始着急起来。在巨大的国际压力下，内部的反对派纷纷原地爆炸，大肆抨击帝辛一系列战略对国家的荼毒。比干和箕子这些硬气的老臣不停向王开炮，微子之流更是直接跟周人暗通款曲。

赌徒帝辛的面前只有两个选择。

选择一：将国家资源抽调回来，优先消灭周的隐患。此举可以保国家稳定，代价是东南局面大有可能辛辛苦苦几十年，一夜回到解放前。而且一日防周，日日防周，眼前这个兼并东南的大好机会可能再也不会有了。

选择二：顶风前行，坚决加码东南。代价是一旦周人发动攻击，商国本土只能依靠非军事手段和留守力量组织抵抗，此乃商国问鼎中原后从未有过的风险。

当然，风险越大，收益越大，若能扛过这个危险期，完成对夷人地区的整合，国家就可以再次进入上升通道，稳固乾坤。到时候周人就不再是个问题。

帝辛的性格决定了他只会选择第二条路。第一条路只是回到逐渐衰弱的老路上去，治标而不治本。只有第二条路，才能让他像武丁一样立不世之功，成万世景仰的中兴之主。

一场以国运为筹码的旷世豪赌。帝辛底牌尽出！

## 崩溃的前奏

帝辛二十八年春，周国首领姬发携先王牌位，命太师吕尚领三军，向东进发。西部众方国尊其号令，大会于盟津，旌旗距朝歌不足二百里。

消息传入朝歌，王都哗然动荡。前来劝谏的大臣一拨接一拨，陈词滥调接连轰炸，让帝辛心烦意乱。强悍的商王此时除了努力拼凑手上仅剩的资源之外，已经无计可施。事实上，那边厢的周人也很踌躇。如果这时候商国凑出了一只足数的军队前往讨伐，周人也许会得出情报有误、商尚有余裕的结论，之后的发展就会完全不同。

可惜历史没有如果。

幸运的是，数百年间从未间断的神佑之光再一次照在了商人头顶。岁星在几个月前消失于西方的地平线下，此时又现身于东方的苍穹。据斥候回报，周人领衔的联合军团在渡河后按兵不动，不久后竟然自行退去。

如果我是帝辛，此时一定有一种"天命仍在我手"的错觉。

但商国的贵族们可完全没这种感觉。人家都要打到家门口了，你还在这儿自我感觉良好呢？疯了吧？叫你别瞎搞别瞎搞，怎么样，差点出了大事！事到如今你还想怎样！

盟津观兵成了压垮商国残局的最后一根稻草。在上百年未曾出现的亡国危机面前，旧贵族对帝辛的忍耐到达了尽头。西方的危机虽然暂时平息，商国政坛的矛盾却彻底爆发了！

## 比干之死

元老院的几位大佬与国王发生了公开而激烈的冲突。微子启当仁不让地开了第一枪，向帝辛再次"劝谏"，给恼羞成怒的帝辛又添了一把火。其他大佬火速跟上，要求帝辛处死奸佞，回归旧法，其势已近逼宫之境地。

就在这关键的时刻,微子启化身"微跑跑",叛逃了!

微子启的叛逃不是心血来潮。在此之前,他曾与箕子、比干商议"弃暗投明"之事。帝辛这小子已经疯了,再不走怕是要见血,我已经准备扯呼,留下还是跟我一起走,你俩给个话儿。此邀请遭到了比干的严词拒绝,箕子表态不详,但也选择了留下。

虽然都是倒王派,比干与微子的立场还是有所不同。比干保留着一个老派贵族的荣耀与底线。反对帝辛,是因为这个侄子做得不对。归根到底,他仍是想要保住宗族利益,让国家重回"正轨",宁为商国求一玉碎。而微子启最在意的是他自己。

先王长子叛逃无异于一颗巨型深水炸弹,将大邑商炸了个江海翻腾。帝辛的理智瞬间崩塌,真是忍一时心里憋屈,退一步变本加厉。乱臣贼子,啊不,贼叔,当诛!他终于做出了无法挽回的愚蠢决定——向反对他的长老举起了屠刀。

身为文丁次子、帝乙二弟、帝辛王叔、商国少师的比干被剖杀于淇水河畔,其妻小亦被株连。箕子看到比干扑街的惨状后心生畏惧,立马削发佯狂,装疯卖傻。帝辛将其投入大狱。

一直到这起血案发生之前,商国的命运都仍有转圜的余地。到比干死,箕子拘,局面就彻底不可挽回了。

商国本质上尚未发展为成熟的中央集权制国家(这也许是帝辛的梦想),王最重要的身份不是部落联盟的公推领袖,也不是国家的宗教首脑,而是子姓大族的族长,这是其力量之源,统御之本。

国家二字,虽然"国"在"家"前,"家"却比"国"重要。

比干和箕子等人不管在政治层面如何跟帝辛对抗,他们都承认帝辛的族长地位，承认彼此间的血缘纽带。帝辛也由此保持着对暴力机构的统辖，哪怕两大长老分别担任着"太师"与"少师"这样的军队长官。因为商国主力部队的大部分将领都是子姓男儿，他们效忠的不止作为政治符号的"王"或者"国"，还有他们的家族，他们的族长。所谓同一个姓氏，同一个梦想。

当比干的鲜血浸染了朝歌的残阳，子姓贵族们不得不扪心自问：这个王，还是我们子姓人吗？

作为臣子的比干死了，不重要；作为家族长老的比干死了，很重要。不然以帝辛的性格，早已把这些反动分子杀之而后快。后世历朝历代皇帝杀掉的大臣如过江之鲫，有几人因此而丢了皇位？自然为数不多，因为在成熟的国家体制中，"国"已经真正的排在了"家"前面。

对于此时的商，国虽未崩，家已先裂。

军队中有大批战士的名字是写在比干、箕子的族谱里的，他们与帝辛代表的宗家相对疏远，也并不同心同德。此时其心中所想，不难猜测。那留驻东南方的军队莫说调不回来，就算能，帝辛是否有本事实现控制，恐怕也是未知之数。

这场风波到此还没结束，贵族的反噬说到就到。新任的太师与少师出于不满与恐惧，也叛逃了。他们不仅灵魂与肉体奔向了西方，还顺手带走了大邑商的祭器。反正天帝操作系统都被周盗版了，干脆把硬件终端也送过去吧，上山总要纳个投名状不是？

微子走了，胶鬲还在。吕尚在第一时间获知了商国大乱的情报，向姬发做出了终极通告：

大王，东风来了！终于来了！

# 第十四章

# 牧野洋洋　檀车煌煌

## 大风起兮

岁在鹑火，月照房宿，巨鹰翱翔西天，白鹿奔走旷野。周王的命令如飞翔的赤乌，带着火焰的轨迹传向四方。

讨伐帝辛的通告从镐京迅速传遍了整个西土，各臣属方国军队再次向盟津集结。武王在众文武陪同下于宗庙祭祖，置先王木主之位于中军，大阅全军，向黄河开拔。

风萧萧兮沣水寒。这一次，周人要玩真的了。

国运大战开始之前，我们来盘点一下周国的总兵力。

首先是周军精锐，三千虎贲。贲者，奔也，若虎奔兽，所向披靡。虎贲战士们清一色青铜兵器加持，不仅装备精良，血统也高贵，全部由王族和公族的子弟组成。换句话说，他们都姓姬。商周时代并无职业军人，战士们需要自费购买装备。青铜兵器和铠甲只有富家子弟才配置得起，因此虎贲战士一般都营养充足，身材高大，且有时间和精力习武。高帅富会武术谁也挡不住，战斗力自然不是一般军队可以比拟的。

这些贵族都带着自己的奴隶伺候战备起居，总规模少说也有大几千人。周国夺取天下后，虎贲演化为"禁卫军"，后世的精锐部队和高级军职也常冠以"虎贲"之名。

然后是周军最硬核的装甲部队，战车三百乘。"一乘"指的不是一辆车，而是一个作战单位，由战车和步兵编队组成。战车四匹马力，车上甲士三人，左侧弓手为"甲首"，负责战车编队的指挥。车上装配多种青铜兵器，每样都是凝固的贝币。这三个车兵大概率都是贵族，穷小子是没有资格（主要是没钱）驾车的。

除了车兵之外，一个完整的战车编制还包括七名甲士和十五名步卒，合计二十五人。甲士是有一定经济基础的中产阶级，能配置一定的装备，与战车上的三个大佬算是真正的战斗人员。步卒负责后勤，如携带物资、打水喂马等，让战斗人员保存体力，全身心投入厮杀。

照此匡算，三百乘约有六七千人。到了春秋之时，一个战车编队扩大为一百人，军事大国多称"千乘之国"。

最后是步兵军团，甲士四万五千人。在那个尚武的时代，战争不仅是责任，也是英雄的荣耀。甲士来自"国人"和"庶人"，"野人"和奴隶是没有资格当战士的。

周国以户为单位计算人口，每户出一个青壮年，登人（登记于名册）后称"正卒"，即现役兵员。此外还有农闲时与正卒一起训练的预备役，称"羡卒"，国有大敌时才会动用。此次倾世大战，周国已经底牌尽出，正卒羡卒悉数动员，方凑成这数万大军。棺材本儿我们不要了，不成功，便成仁。

公元前1046年二月二十一日，联军主力部队于盟津完成集结。多个方国的将士支流汇入了周国军阵，兵容鼎盛。在东亚大陆上，这是第一次出现商军以外的以万人为单位的武装。

誓师完毕后，武王亲率大军跨过黄河，他们像滚滚铁流一般现身于黄河北岸，车辚辚马萧萧，剑煌煌兵迢迢，飞狼奔虎，急速东行。

空中聚拢起了硕大的乌云，不觉间雨幕蒙蒙。天地间一切的声音都包裹在雨声之中，显得愈加低沉与静穆。雨水从盔甲上流过，滴入脚下的土地。这是商人的车轮曾碾过的土地，是天神曾庇佑的土地。如今行走在上面的，却是来自四方，曾被此地的主人视为蛮族的战士。

## 逆流的巨鱼

就在姬发的主力军出城不久，发生了一个历史上极为著名的插曲。

投奔周国而来的孤竹兄弟伯夷、叔齐突然出现在了大道之旁，要求拜见姬发。待得来至姬发车前，两人使劲拉住王车的马，嘴上一通指摘："老爸死了不让他安息，非要打仗，你觉得自己孝顺吗？攻打商国乃是以下犯上，你觉得自己仁义吗？不忠不孝不仁不义，你不觉得自己很过分吗？"

左右的侍卫立刻就暴躁了，哪里来的老鬼，真是要多不吉利有多不吉利，赶紧拿他们祭旗！

深谙政治之道的吕尚拦下左右，说这两人是义士，本着我国的"德政"方针，就不要追究他俩的责任了，快赶路吧。被轰走的伯夷叔齐站在路边摇头叹气，无奈地望着姬发的车轮远去。

这起著名的八卦事件还有续集，我们后面再说。

伯夷叔齐的出现似乎预示着这次行动不会太过顺遂，果然，联合兵团之后遭遇了很多坎坷。经过"怀"地（今河南武陟县西南）前后，日夜无休的降雨引发了水祸,减缓了部队速度;途经共山时又遭遇了塌方。受糟糕的路况影响,有些战车抛锚了。

阴雨与天灾持续削弱着部队的士气,一股不安的骚动开始在人群中蔓延。

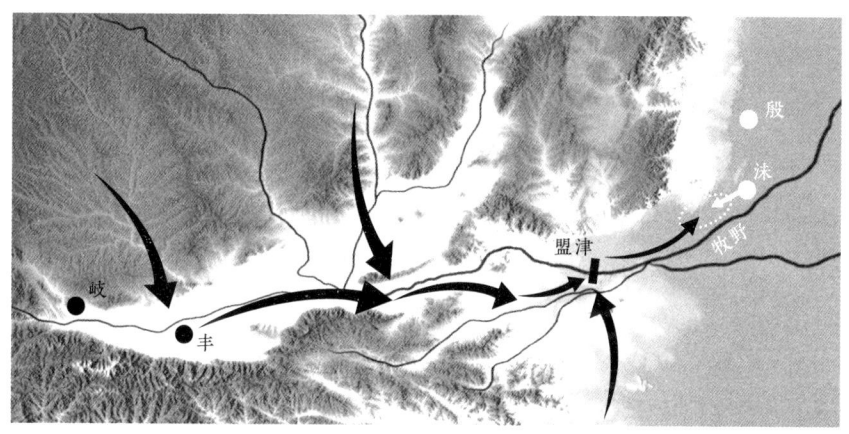

联军克商行军图

随军出征的王弟成叔武向中军大帐表达了内心的忧惧,这不吉利的事儿一件接一件,苗头不太对,要不要缓一缓?姬旦则力主速行,战机珍贵,稍纵即逝,绝不可误。术法通天的吕尚同志也及时站出来稳定军心:"车坏了,那是旧的不去新的不来,改朝换代就在今朝;下雨乃是吉兆,这是天洗兵(濯甲兵),此战必胜啊!"周国将士还真挺吃他这一套,打起十二分精神,继续赶路。

在恶劣的天气条件下,周军依然保持了极快的行军速度,这主要得益于共山以东较为平整的地形。从共山一直到王畿,都是历代商王游狩的大猎场,肉兽肥腴,水草丰茂。在森林的边缘,常有呦呦小鹿从树丛中探出头来,怯怯地注视着这支陌生的军队。疲劳并没有让周国将士退却,数万双眼睛闪烁着对胜利的渴望,他们相信,神灵已经栖宿于自己的身体中。

绕开水患并穿过共山后，周军于二月二十六日驻扎于百泉，进行战前最后的休整。遥望东方，朝歌已不足百里，空气中弥散着大战将至的气息。

## 牧野鹰扬

二月二十七，甲子日，微光乍现，天地冥昧。

联军的先锋在昏暗的晨曦中抵达了太行南麓的牧野，扎下阵脚。根据斥候的回报，商的迎击部队正在赶来的路上，姬发决定在此处以逸待劳，布阵以待决战。

朝歌之南，有城名牧邑，乃王都最后的军事屏障。牧邑郊外有大片平整的土地，牧郊田野，故称牧野。这片平坦的旷野可以充分发挥周国战车的威力，为即将到来的大战增添一分胜算。

寒意尚未退去，士兵们口中呼出阵阵白气，头发上凝结着点点薄霜。天光渐次放亮，在视野的边缘处，敌人的轮廓终于在地平线上现身。待那从宿命的迷雾中穿行而出的敌军映入眼帘，姬发与诸将纷纷倒吸了一口凉气。

这……这是什么阵仗！

商国大军人挨人，旗连旗，潮水一般从地平线上压来。其容如山，其会如林，其行如蚁，横无际涯。具体人数不详，但明显是数倍于联军。

《史记》说商国兵力有七十万，这个数字过于夸张。《帝王世纪》说有十七万，《太平御览》引《尉缭子》说有十八万。即便是最少的说法，也已经大大超乎周人预料。

## 第十四章　牧野洋洋　檀车煌煌

莫非我等中计了？

待敌人的阵线又向前逼近了一点儿，周人的表情便从惊惧转为了疑惑。身经百战的商军应该是很讲究阵形队列的，可眼前的敌人却肆意排布，乌泱泱如赶大集一般。且视野中几乎全是步兵，看不到高大的战象，战车的数量也很少，如海中的礁石一般影影绰绰。

这不是一群狼，更像一群羊啊。

周人来袭的消息传入朝歌后，混乱又一次降临了这座大城。帝辛明白，好运不会连续降临，想要挽狂澜于既倒，只有背水一战。可宗族和神都已经背弃了他，他现在连战前的祭祀都搞不了，因为祭司跟祭器都跑了。

曾经不可一世的帝辛身边只剩下了几个亲信和少量禁卫军，情况恶劣到了极点。

没有其他可以调动的力量了吗？有的，还有一只规模巨大的队伍。在朝歌的阡陌与监狱中充斥着奴隶与战俘，虽然质量不行，数量上还是占绝对优势的，可以让周人淹没在人海战术之中。帝辛死马当活马医，命人将所能召集的奴隶与战俘全部集合与武装起来，一番号召之后，由禁卫部队监押着赶赴前线。

恶来临危受命，作为主帅随帝辛前往迎敌。

这就是周人眼前这只巨大的纸老虎，没有经验、没有阵法、没有斗志、没有（战车）驾照，大部分人甚至连参战资格都没有。

短暂的惊慌过后，周军开始有条不紊地布营列阵。姬发左杖黄钺，右秉白旄，驾战车横游阵前，向全军发表誓师宣言。

"远矣西土之人！"

一声长啸震天宇，多少征人侧耳听。

几万双眼睛看向姬发。他们中有王族，有贵族，还有平民和奴隶，有周人的儿子，有羌人的儿子，有庸、蜀、髳、微、卢、彭、濮人的儿子。

"称尔戈，比尔干，立尔矛，予其誓！"

一时间山呼海啸，于平湖中孕发惊雷。

姬发发表了激昂慷慨的誓师演讲，核心内容有两个：其一，历数帝辛之罪，树立自己奉天惩罪的人物定位；其二，重申战斗纪律，命令部队时刻保持队形严整，步步为营，以瓦解敌人意志为要义。

誓师既毕，大战开始！

周军分集团列阵，缓缓向商军推进。吕尚使勇锐怪异的巴人于阵前大跳战舞，用凶悍的异域呼号与狂放的舞姿搞得商国奴隶们不知所措，面面相觑而不敢进。

就在商军前阵发愣的当口，周国的战车大队疾驰而出，像巨石一般揳入了敌军阵线。虎贲军随后跟上，从战车撕开的缺口处刺进人群之中。

由于缺少进退有序的阵形与盾兵、射兵的配合，商军前阵完全陷入混乱。周军战车如入无人之境，四匹马力的强劲冲击令商兵如雪片飘飞。纸糊的奴隶大队在周的精锐面前毫无还手之力，霎时间血雾升腾，溃如破絮，只能依靠人数优势不断顶上去。

庞大的人群在恐怖的驱使下变成了毫无意志的血肉防线，抵挡着周军高马重车一次又一次的冲击。负责压阵的商国禁卫军不断将刑徒与奴隶向前驱赶。为了稳住阵脚，他们在后方接连斩杀弃战之人，勉强维持着阵列的走向。

那些可怜的奴隶与刑徒夹在茫茫人海之中，眼前只有一片黑暗，任由人潮将自己向血花绽放的方向推去。十余万持戈者在周军主力的冲击下逐渐土崩瓦解，四面看去，皆是茫茫人海，南北不可辨，生死未可知，动亦动不得，逃亦逃不得。

黑暗笼罩了视野。在那种狭缝和绝望的挤压中，恐惧感爆炸了。

求生欲望压倒了一切，前阵奴隶开始倒戈，使劲向后推搡，妄图从人群里挤出一条逃生通道。前阵冲击中阵，中阵冲击后阵，自相践踏，一片大乱。联军带着倒戈的奴隶与刑徒一路掩杀过去，倒转的人流如巨浪腾空，惊涛拍岸，溅起血花朵朵。帝辛计划中以命换命的玉碎之战演变为大屠杀，转眼间尸积如山，血流漂杵。

眼见大势已去，帝辛仓皇而逃，将他的宏图霸业丢在了身后喧嚣的战场上。恶来仍在作战，他率领着忠于商王的战士筑起了最后的防线，掩护帝辛逐渐远去。这个莽汉用生命报答了王的知遇之恩，将忠诚保持到了生命的最后一刻。

青铜击碎人骨的声音此起彼伏，之后又渐渐平息下来。

一只雄鹰掠过平原，鲜活的阳光从它背后投下，驱散了晨间的雾气，露出牧野上遍布的尸骸与赤色的土地。战场寂静如冥海，唯远方传来了大邑商的丧钟之音。

凉彼武王，肆伐大商，会朝清明。

## 朝歌陷落之日

牧野大战次日，周国大军进抵王畿。

躲得过初一，躲不过高三。守军尽碎后，抵抗已没有意义，朝歌百姓出城投降，以亡国之民的姿态列队迎接"王师"的到来。随周军一同现身的还有微子，他带着商国失却的祭器提前抵达，以子姓大长老的身份代表商国向周军献城。

此刻他双膝跪地，上身赤裸，束手袒肉，十分恭顺。微子左右各有一从人，一个牵着羊，代表"祀"；另一个举着矛，代表"戎"。是谓国之大事皆付与，任君发落。

恢宏华丽的朝歌此刻如同一个颓丧的妇人，匍匐着向胜利者袒露她的一切。姬发接受了微子的投降，率领诸臣子与众方国首领入城。

周军开始按计划接管整座城市，数百名贵族被打入囚牢，或关进曾经挤满奴隶的地穴。他们惶惶如丧家之犬，全然没了平日里的高贵潇洒。城里的青铜、珠玉、女人、奴隶都是周人的战利品，但姬发对这些毫不关心。他带领一支人马直奔鹿台，去确认他心里唯一重要的事——那个人的生死。

举手摘星宿，登台告大风。

在气象磅礴的封土与阶陛之上，帝辛最后一次俯瞰商王朝传承了六个世纪的壮丽河山。

一种英雄迟暮之感笼罩了天地，诸神已去，庙宇倾颓，徒留孤高的王独立方台。辉煌时光与温柔之乡都被雨打风吹去，他深知这里就是他的归宿与坟冢。

去也终须去，住也如何住。帝辛没有选择逃亡，也不愿选择投降。他身着珠玉华服，将国之宝器堆在身侧，而后一把火点燃了鹿台宫苑，用一场华丽的大火与一缕扶摇的青烟给自己画上了句号。待姬发赶到之时，高台上仅剩下了一片焦朽。

姬发从废墟中找到了帝辛焦黑的尸体。他搭弓射箭，连发三矢，所谓重要的敌人射三遍，而后用黄钺砍下了帝辛的脑袋，悬挂于太白旗之上。鞭尸加悬首，姬发之手段不可谓不残忍，他就是要所有的殷人都看到帝辛的下场，打消他们轻举妄动的念头。

## 第十四章　牧野洋洋　檀车煌煌　273

帝辛既死，大局已定。朝歌是商人的军事中心，一切防御工事均围绕此城打造，殷都留守的兵力基本可以忽略不计。但姬发依然不敢放松，"斩首行动"后他没有住在帝辛的王宫里，而是即刻返回军中部署下一阶段的行动。

临走前他安排手下打扫城中宫室与街道，筹备庆功大典。多位将领受周王的委托征发四方，将帝辛已死的消息传檄诸国，顺便接收王畿以外的地盘。

太阳渐渐西落，阴影流下苍穹，忙碌而喧嚣的一天归于平静。万物龟息，朝歌安静得如同什么也没有发生过。

武王征商　唯甲子朝　岁
鼎克昏夙有商　辛未
王在阑师　赐有事利
金　用作檀公宝尊彝

利簋，又称檀公簋

在姬发的大帐外，史官作册逸久久地仰望月影星河，而后记录下了这一夜的星轨与月相。八天后，一位获得了武王赏赐的将军"利"命人造了一尊利簋，并铸下了"岁鼎克昏夙有商"（岁星当空，至暮而攻陷朝歌）的铭文，把这份伟大的功业永久性地传给了后人。

帝辛在位时间不短，多少也培养了一些忠于商国或他本人的铁粉。虽然大部分殷人都随着微子投降了，散落在外的勤王势力依然为数不少，这里面有依然忠于商的方国，也有带兵在外的商国将领，他们的存在让姬发始终如芒在背。

对商人的残兵而言，国破的打击是致命的。帝辛和几位长老的死亡意味着他们已经群龙无首，亦没有人具备足够的能力和威望去把这一盘散沙捏合在一起。圣都的丢失则意味着他们失去了宗教力量的庇护，沟通天界的电话线被人给拔了，简直两眼一抹黑。

周联军在接下来的几十天里四面出击，所到之处如滚汤泼雪，商国的亡魂们顷刻间消融无迹。以威武大胜之师，击巢覆完卵之敌，自然攻无不克。

方来是第一个带兵赶回王畿的商臣，遭吕尚亲自列队欢迎，全军覆没。其他可见于记载的有周将吕他灭戏方，侯来于陈地败殷臣靡集，百弇带领虎贲拿下商重要盟友卫方，另有陈本伐磿，百韦伐宣，新荒伐蜀（此蜀非彼蜀）等。周国大军所向披靡，用一连串的大胜将旧商势力范围内的钉子户尽数拔除。

根据不是特别靠谱的统计，这一圈打下来共伐国九十九，杀人十余万，俘虏三十余万众。周国的总人口都未必有这么多，真可谓杀人如麻。

将军们忙着砍人，姬发当然也没有闲着，他有一大堆政治、宗教事务要处理，包括但不限于打猎、访问商国祖庙、祭祀老爹、接受献俘、发布政令、向祖先告捷献祭等，其中最频繁的活动是打猎。

打猎，先民贵族专有的阅兵方式和娱乐活动，工作生活两不误，中原和四方的领主大爷们都很热衷。商国广大的后花园里遍布野生动物，周的勇士们猎得不亦乐乎。

姬发的队伍猎获了不少野味，其中最多的是长角类，计有麋五千多头，鹿三千多头，麝三十余头。大块头的有老虎二十二只，熊一百余只，犀牛十二头等，放到今天全是高级保护动物。其中最有意思的

第十四章　牧野洋洋　檀车煌煌　275

是"猫二",即两只猫,其他野兽都是批发,猫却只打了两只。猎物的记载顺序一般对应其珍贵程度,猫紧随虎后排名第二,说明猫属于珍稀野物,在周初还不太常见。这种萌物正式走入人类生活,且催生出专业的"猫奴",已经是唐朝的事了。

老大们打扫余党,小人们打扫宫墙壁。帝辛死去次日,士兵们已经将朝歌的大道整顿停当。姬发率群臣再次入城,前往社坛承袭天命。

昨儿来的时候大家一个个血刺呼啦灰头土脸,今天休整一番后立刻改头换面器宇轩昂。首先映入眼帘的是一百名大兵组成的壮汉方阵,他们手持云罕旗在前面开道,面容整肃,飘带倏倏,代表着大周国昂扬向上的精神面貌。后面走来的是仪仗车方阵,王弟姬振铎(曹姓之祖)担任车队长,头车载太常之旗。姬发走在队伍中间,两侧是夹辅老大的左右护法:手持大斧的姬旦和手持小斧的姬高。跟在他们身后的是大宝剑方阵,由散宜生、太颠、闳夭等大臣组成。

到了社坛,四位提前在此等候的大佬为王递上了供品。毛叔郑捧铜镜所取之清露,卫康叔举草席,召公奭献彩色币帛,师尚父牵祭牲。随后史佚为王朗诵祝文,直言帝辛之过太重,为皇天上帝所难容。姬发趁势连磕两头,高呼上帝圣明,把天下转让给了周人的儿子。都是典型的自说自话，反正上帝也不出声。然后姬发又连磕两头，从坛上退了下来。

商国遗民的族长们被聚集到宗庙中，接受新领袖的庄严训话。姬发义正词严道："商的先贤们祭祀上帝之时，用的是我们祖先后稷培育的谷，所以商的子孙不肖时，上帝便指派了我们周人继承天命，这是上天有意为之。有罪的是你们的王，尔等献民不会受罚，反而可以重获新生。只要听从我的训诫，必保尔等有安身之地。"满地匍匐的商人谁也不敢吭声，庙堂中只有姬发的声音在回荡。

姬发的政务官们打开了内宫府库，整理、接收帝辛国库中堆积如山的宝物，比如满坑满谷的青铜器与玉器等。在缴获的众多青铜器中，名气最大、价值最高的，非"九鼎"莫属。

## 所谓九鼎

每当咱们国家有飞船上天、航母下海的时候，媒体都喜欢用"大国重器"这个词儿。欲当大国之名，必得有强悍的工业实力，造得出与庞然国威相匹配的神器。这种能力象征着人类对于泰坦与巨神兵的幻想，是一种雄性专属的浪漫。而鼎，就是青铜时代的"重器"。

周人制礼乐，"列鼎"制度是其中十分重要的一项。列分五等，天子祭祀用九鼎，诸侯用七鼎，皆称"太牢"；卿大夫五鼎，士特定情况下用三鼎，均称"少牢"，此外士也有用一鼎的情况。鼎跟簋配对使用，四簋配五鼎，八簋配九鼎，奇数配偶数，圆碗配方锅，齐整。

九鼎是中国历史长河中最神秘、最高等、最有象征意义的神器，能与之相比的只有和氏璧制成的传国玉玺。一言九鼎，问鼎中原，它代表了至高无上的权力。

相传夏王大禹分天下为九州，命州牧进献青铜，铸成了象征九州的九鼎。后来夏桀失国，九鼎迁于商，周灭商后又迁于周。春秋天下大乱，各路诸侯均对九鼎垂涎三尺，围绕着它们发生了各种奇闻逸事，更有暴躁小哥秦武王举鼎不成砸腿而死的无厘头事件。到秦统一六国之时，九鼎已失落无踪。

纵观九鼎的传奇鼎生，可谓鼎在国在，鼎失国亡。得鼎者得天下，姬发从商都缴获了九鼎，乃是天下易主的证明，正史里也是这样写的。但很可惜，这又是一个为了证明周的正统地位而编造出来的故事。这个九鼎，大概率是周人自己所造，然后又被包装成了传国神器。

首先，九鼎绝非夏人所铸，因为他们手艺不行。冶铜之术在夏时草创未就，铸点简陋的小件还可以，巨鼎是造不出来的。

商人的造鼎技术无须多言，九鼎不诞生于夏，有没有诞生于商的可能？可能性有，但是很小。商人的确铸了很多高质量的大鼎，但人家对鼎的重视程度没那么高。周人是吃货，商人是酒鬼，一人我饮酒醉，看谁先把谁喝跪。周人重食器，其核心礼器是鼎簋套装，天子九鼎，诸侯七鼎，以鼎定尊卑；商人重酒器，其核心礼器是酒具套装，既有觚、爵的两件套，也有觚、爵、斝的三件套或其他组合。谁的套数多，谁地位就高。所以商人铸九鼎为传国神器的可能性不大，要铸也是铸大酒缸。

周代商后，周王总结商失国的教训，将滥饮列为其中之一，于是向天下发布禁酒令，限制臣民饮酒。只有殷商遗民可以随便喝，算是"风俗尊重"。酒器从此在礼器家族中逐渐式微，最后被食器给挤对没了。

鼎本来就是煮肉用的大锅而已，后来成了周国王族彰显财富的工具和举行祭祀的用具，传着传着又成了镇国神器。这是一个由食器到祭器，由祭器到祭礼，由祭礼到神权，由神权到政权的过程。

真正的九鼎在周末乱世中丢了，人们心中的九鼎却一直没丢。

武则天登基之后就蹭过一波九鼎的热度。万岁通天元年，武曌命人重铸九州大鼎，按各州方位置于明堂，发动十余万宿卫兵搬运。神州鼎高一丈八，其余八鼎高一丈四，正牌的九鼎绝对相形见绌。

宋徽宗时，为了显示大宋国力雄厚，也铸了一套九鼎，并建了配套的宫殿，靡费甚巨。鼎成二十二年后，靖康之难爆发，九鼎跟宋徽宗一起装车运到金国去了。

最后一套有关领袖的九鼎离我们很近。1943年，中、美、英、苏于莫斯科签署《关于普遍安全宣言》，蒋介石跻身同盟国巨头之列，一时春风得意。国民党内的一拨小弟决定狠狠拍一次马屁，由调统局长朱家骅统筹，多名党国元老参与，铸了九个小鼎，找人写了铭文，罗织了美女司仪和各省代表，准备搞献鼎仪式。消息不胫而走，重庆城内一片哗然，骂声四起，美国记者甚至写出了蒋介石准备做皇帝的新闻。老蒋气到肺炸，在预演仪式上把筹备委员会一干人等大骂一通，这闹剧也草草收场。

## 何去何从

万种芳菲四月天。各路镇抚军将领带着胜利的消息和方伯、小臣数十人，踏着漫山遍野的花儿归来了。姬发于牧野设祭坛，向祖先行献捷之礼。

数十年的隐忍与准备，经营与算计，终于换来了这终极一胜。至此，灭商的军事活动正式落下帷幕。周取代商的消息已随战事通传九州，定鼎四海。

## 第十四章 牧野洋洋 檀车煌煌

打天下容易治天下难，摆在中原大地新任统治者面前的首要问题，是怎么搞定旧朝的遗民。"大邑商"的遗民规模对于"小邦周"而言，堪称海量，约有三十万之众。维稳成本高，造反隐患大，必须制定一套稳妥的处理方案。

姬发拿不定主意，便召三巨头前来商量。

军神吕尚是典型的鹰派。他的方案简单直接，把他们全部物理超度，一了百了以绝后患。姬奭算半个鹰派，他的方案是选择性肉体毁灭，保留"献民"（顺民），比如微子这样的，杀光"顽民"。

姬旦不同意他俩的想法，他认为周国刚刚上台，立足还未稳，无论是有选择的清洗还是无差别的屠杀都会引起全局恐慌，商人必定造反，搞得难以收拾。而且刚刚掌权就大行杀戮之事，显得吾王出尔反尔，对政府的声誉非常不好，咱们可是要行德政的。他的方案是不改变遗民的生活习惯，让其"各安其宅，各田其田"，天下可保安稳矣。

姬发一直都是个偏好稳妥的人，他的想法与姬旦不谋而合。本着安定团结的原则，他颁布了治理商国遗民的大方针：一是保留商的国祚，二是通过军事安排监视其动向。对于已经与子姓离心离德的部族，允许他们脱离商国；对于不愿放弃商人身份的，就在原有土地上圈养起来。

败而不灭，对于商而言已经是很好的结果。

要延续国祚，首先得给商人指定一个新的首领来承接宗庙的祭祀事务。微子是亲周的好人选，但是此人有硬伤——他当过叛徒，"顽民"们恐怕不会服他。周人踅摸了一圈，最后敲定了一个献民和顽民都能接受的人——禄父。

禄父，帝辛之子，庙号"武庚"。由他承袭国主之位，充分尊重了商的嫡子继承制，遗民们既开心又安心。

新商国的首都仍放在朝歌，但国土面积大大缩水。王畿故地被一分为四：东为卫国，由管叔鲜领国；西为鄘国，由蔡叔度领国；北为邶国，由霍叔处领国。后人将这个男团称为"三监"，三人将商围在中间，特别的爱给特别的你，你的骚动逃不过我的眼睛。

这是一把看上去很坚固的三重防盗锁，当然，只是看上去。

除了军事上的包围，姬发还在思想上和物质上"剥光"了商人。商的奴隶被大量带走，府库被搬空，防御工事和卫城被拆毁，作为核心战略资源的青铜储备更是被尽数夺走，以防他们熔铜为器，再兴兵燹。少量用来祭祀的礼器由周人按需分配，严控数量。

对于下层民众，周人尽散鹿台之物资以安抚；对于上层贵族，周人积极分化吸收，邀请他们进入周的政权担任官职。"显贤者之位，进殷之遗老"，"亲殷如周，视人如己"。不少在帝辛的高压政策下苦不堪言的贵族都放弃了商的公民身份，跑到周国拿了身份证。

此外，在新商国地界里，酒可以继续喝，喝醉了正好，喝死了拉倒；祭祀当然也可以继续搞，但只能集中于朝歌，在周的监视下进行。对于商人宗祀更为重要的殷都则被毁弃，当地人口按照长期规划被逐渐迁走。

商失去殷，就仿佛被抽走了龙骨，精气神不再矣。从此世间只有商人，再无殷人。

殷都慢慢凋零为废墟，即今人口中的"殷墟"，成了一个时代的落寞背影。

## 谁主沉浮

从上帝视角看去，周商之战是场什么性质的战争？

有人将周代商描述为蛮族推翻文明民族的战争,类比于日耳曼人灭亡罗马,这种说法并不恰当。

商积数百年之功,在文明的广度与精度上都是一览众山小。商比周先进,这无须赘言。但周并不是蛮族,他们跟在商的后面勤奋地学习了近百年。待其夺得天下魁首之日,无论礼制、政体、青铜技术还是玉石文化,都具备了相当的规模和水准,且发展出了自己的特色。周代商,可以说是(相对的)落后战胜了先进,但不能说是野蛮战胜了文明。

关于战争的正义性,没什么好说的,跟"正义"两个字真是半点不沾边。帝辛在治国上犯了很多的错误,不能算明君,也断不是昏君。他勇猛、坚定,有进取精神,某种程度上还很宽仁。帝辛用人牲的数量几乎是历代商王中最低的。虽然正史极力将周人描述为正义之师,却缺乏有力的证据。

反过来说,周人的立场也无可指摘——这场战争也不能被描述为以臣僭主的造反。周的首领确实被商册封过,但他的第一身份是自己国家的君主,与赵匡胤、司马懿等全然为臣子,然后夺了主公天下的案例甚为不同。

一个处于国运上升期、拥有锐意进取的领导集团的小国,凭借努力和运势击败了他们曾视之为师,整体力量占优但内部矛盾重重、走在下坡路上却在寻求改革的老大帝国。如果用近代历史做比,神似明治维新后的日本击败了洋务运动中的大清。

这只是一场同一文明阶段中,一个国家夺取另一个国家"盟主"地位的战争。

帝辛的故事结束了。回头看他功败垂成的一生,既可以说时运不济,也可以说咎由自取。如果早生个几代,他或许可以获得完全不同的评价。

他的失败源于其背负的原罪：身为王,却背叛了自己的阶级。

他太过自信,想拆解氏族肩膀上的国家,把商重组为以王为核心、不受姓氏绑架的新天地,这尝试太急、太早,早了整整八百年。他好大喜功,想用急速的扩张为老大帝国赢得再次腾飞的动力,却提前拖垮了先王勉力维持的局面。

今天的人们不知道他叫帝辛或受,只知道他叫"纣"。周人编排和罗织了他的罪行,主要包括兴建酒池肉林、为女色所惑、囚禁贤人、陷害忠良、大施酷刑等。编写罪证的人实在找不到什么新鲜玩意儿,最后写出来的罪状清单跟夏桀一模一样,毫无新意。桀罪即纣罪,皆是亡国之罪、样板之罪。

孔子门生子贡曾发出这样的感叹："纣之不善,不如是之甚也,是以君子恶居下流,天下之恶皆归焉。"

太阳照常升起,人间成王败寇。输家就要接受一切,包括历史的诋毁和唾骂。国运的交错总归是复杂因素的集成,非一人所能改变。国的结局,也不是一人的结局,而是众人的结局。

最后说说几个配角的结局。

闳夭为比干聚土作冢,以示新王对这位长老的尊敬,顺便博取遗民好感。比干被树为贤臣表率,受华夏子民万世景仰,代代尊崇,几近于神。

箕子被姬奭从大狱中放出。周王向箕子发出了在新王朝任职的邀请,但箕子不愿为献民,遂联络景如松、琴应、南宫修等一干殷商贵戚,携本邑族人远遁东北。这一众殷人建国于朝鲜半岛北部,史称

"箕子朝鲜"。他们带去的文明深刻地影响了当地的土著"白衣民族"，后者即今朝鲜、韩国人的祖先。

妲己和其他妃子在姬发登临朝歌王宫之时已然悬梁自尽。姬发给了她们与帝辛类似的待遇，先连射三箭，再斩首并悬于小白旗下。

费仲被俘，其后再无记录。

胶鬲"委质为臣"，当了大周朝的公务员，但其后未见封国，亦无他迹可寻。

牧野战败之日，飞廉出使北方未归。待王与儿子的死讯传来，他于霍太山上迎风洒泪，设坛为帝辛祭，以尽其忠。

# 第十五章

# 於皇时周　陟其高山

## 典礼很忙

寒烟负剑屠龙去,苍首承冠踏马回。

四月下旬,姬发班师,返回宗周。

去者西伯归者王。经过历代英杰的不懈努力,周从一个三线地区名叫豳的小型合伙企业开始,一步步成长为优秀企业岐周有限责任公司,区域性龙头企业宗周股份有限公司,而今大周集团终于上市了!回首一路以来艰辛的创业历程,第四代董事长姬发同志与诸位股东、高管感慨万千。这庆祝活动一定得可劲儿地造!

经过了几天紧锣密鼓的准备,庚戌日一早,姬发率举国之贵胄共赴周庙,准备举行祭祀大典。这是一次胜利的大会,也是周人历史上最隆重、最重口、最血腥的大会。

姬发下车后,首先让手下深情款款地朗诵了他给上帝准备的祭辞,而后以主持者的身份步入周庙,宣布向祖先神们献祭。伐商第一功臣吕尚举着三颗人头紧随其后。

帝辛的人头裹在白旗中，他两个女人的脑袋裹在赤旗中。堂前随即点起了火堆，柴薪在烈焰中噼啪作响，火的热量扭曲了空气，扭曲了光，扭曲了人的五官。在一种沉闷的兴奋与狂躁中，三颗人头被丢进了赤焰，一股焦味弥漫开来。

之前在宗庙的南大门外夹道示众的祭品也在卫士的押解下入场了。祭品是从商国带回来的列位臣官，清一色大小贵族，这样水准的祭品百年难得一见。神以往吃羌人比较多，没怎么吃过商人，这次周人终于给上帝换了口味。祭品都经过了精心打扮，穿着整齐统一，还插配了同样的饰品。

"饰牲"在流行人祭的文明中非常普遍，比如玛雅人会把人牲全身都涂成美丽的蓝色，以讨得神的欢心。

在活人之后，战场上的亡魂也被带进宗庙前庭。每一条性命都用一只耳朵代替，哗啦啦堆成了一座小山，《神鵰侠侣》中的杨过讨郭襄欢心时也搞过这一招。

展示之后，这堆耳朵也全部投入了火场。

接下来，一百名帝辛的"恶臣"充当了第一批人牲。周人将他们"废"于火堆前，砍断手脚，剜出双眼，斩成人棍。鲜血中的人牲扭曲蠕动，哀号直达云霄。而后是六十员军吏与四十名族长，分别由姬发和太师负责，次第"伐"于火前。部分挑拣出来的尸体部件被投入大鼎烹煮，沸水滚滚，恶气蒙蒙。

在这血与火的凶景中，上帝与祖先神祇们大快朵颐，饱食人命。以"德"立国的周人，一典所用的人牲即超过了帝辛一世。

吃人者，人也，不分彼此。

次日辛亥日，乐师于大庭兴舞乐，姬发手执玉圭，身披法服，敬告天神上苍。礼成后,他连祭服都没换就冲进了周庙,迫不及待地跪拜在列祖列宗之前。乐师在旁奏乐九节,乐声穿梭于神位之间,缭绕于庙堂之上。

姬发的眼睛扫过每一尊牌位,亶父、太伯、季历、伯邑考、姬昌,百年故事瞬间涌入脑海,令他情难自禁。

列位祖宗父兄,这天下终于姓周了!

其后的壬子、癸丑、甲寅、乙卯日,姬发兴礼乐、命方伯、献俘士、封诸侯,诸事皆毕。当最后一首《崇禹生启》奏完,全套登基流程终于搞定。仅仅乙卯日一天,周人就宰了牛五百多头,猪、羊、狗二千多只。那一天太庙附近的气味一定很辣眼睛。

在诸侯们的众星拱月中,太子发正式晋升为周国第二任王,史称"周武王"。

## 文成武德

姬发给姬昌追谥了一个"文";自己死后则被谥了一个"武",寓意文成武德,功垂千古,父子联手,天下我有。

这一对文武谥不仅高竿,还很文艺,《文成》《武德》皆是先周舞乐的名字。先民的音乐起源于宗教,祭祀之时载歌载舞,既模仿了狩猎的情景、百兽的姿态,也更容易让人进入迷幻的通灵状态。胚胎状的宗教音乐同时拥有野性的基因和魔幻的外衣,既下里巴人,又阳春白雪。

文王武王两位模范生给后世帝王树立了一个标杆,什么叫有为之君?允文允武,文治武功是也。最符合这个文武双全标准的当属魏武帝曹操,二十四史中无人可出其右。自曹操以降,年代越后越差点意思,无怪乎毛泽东要感叹"惜秦皇汉武,略输文采;唐宗宋祖,稍逊风骚"。

谥号的规制成形于周公与周穆王之间,姬发的时代尚无定式。所以也有人认为"文王"和"武王"不是纯粹的谥号,活着的时候也可以叫。谥号就像一个绰号,是最短的墓志铭,凸显一个君王一生的轨迹。武王谥武,源于他这辈子最高光的时刻——伐商灭纣,定鼎天下。

谥分美谥与恶谥,美谥比如文、武、景、昭、桓,恶谥则有厉、炀、幽、灵等。谥号制度也是一种道德约束系统,彰善恶、垂训诫,督促君王自尊、自律、自爱、自强,死后好得个美谥。

用一个字就想约束君王,这是个美好的愿望。

君王得到美谥还是恶谥只取决于一个因素——下一任王是不是他亲儿子。哪个缺心眼的皇帝能给自己老爹评个恶谥啊?想找个优点还不简单?没有惊世骇俗的文治之功(经天纬地曰文),可以夸他的时代发展平稳(安民立政曰成),再不济可以说治安好(布纲治纪曰平),一点政绩都没有还可以夸他温柔(柔质慈民曰惠),实在不行就夸他聪明(聪明睿智曰献),总不至于是个傻子吧。反过来亡国之君必得恶谥,造反者为了标榜正义,总要给前朝抹点黑的嘛。

这么一代代发展过来,恶谥只有几个,美谥的数量倒是翻了几番。

到了汉朝景帝之后,谥号前面多了个"庙号"。开国皇帝为太祖或高祖,第二任为太宗,后面就是各种"宗",比如仁宗、宣宗、英宗等,如果有特殊情况也可以一事一议。明朝嘉靖帝以旁支夺嫡,亲爹没当过皇帝,按规矩不能称宗入庙,因为每一辈的"宗"都有人了。嘉靖不服,非要把亲爹请进宗庙。反对的大臣们和他打了旷日持久的嘴炮，最后嘉靖霸王硬上弓，把太宗朱棣改为与太祖平齐的成祖，然后在空出来的位置塞了个睿宗。

后世帝王为了彰显与众不同，又开始往谥号前面加尊号，导致统治者的全称越变越长。唐高宗谥号全称"天皇大圣大弘孝皇帝"，宋英宗全称"体乾应历隆功盛德宪文肃武睿圣宣孝皇帝"，慈禧全称"孝钦慈禧端佑康颐昭豫庄诚寿恭钦献崇熙配天兴圣显皇后"。冠军是清太祖努尔哈赤，谥号"承天广运圣德神功肇纪立极仁孝睿武端毅钦安弘文定业高皇帝"，二十七个字，也是拼了，我打赌他儿子肯定背不下来。

## 封与建

作为公司的董事长，公司发展道路上的每一个里程碑都值得开心；员工们不一样，他们只有在发奖金的那天才比较开心。大周集团既然已经上市，下面自然要分红、发奖金，犒劳一下这些帮着打天下的小弟。

武王论功行赏，赐予功臣与朋友们珍宝奴隶无数。商国积存下来的宝物被众方国瓜分殆尽，辛辛苦苦几百年，一夜回到解放前。武王专门让人写下了《分殷之器物》清单，将各诸侯得到的赐物一一记录在案，拿了好处谁也别想赖。

分钱事小，列土事大。在战后的封赏大会上，姬发向列国颁布了他关于"新世界"的格局构想，拉开了姓氏宗族社会的裂变大幕。

这一宏大的计划是在吕尚和姬旦的辅助下制定的。从此刻起，华夏世界进入了崭新的时代，其名为"封建"。

封者，土也；建者，国也。姓氏先立，而后封土建国，新世界之势力划分模式也。

正式封建之前,周天子需要确认受封者的姓氏,有姓有氏者才算贵族。大多数的受封者本就是贵族,可以直接省略此步;对于少数文明落后,无法追溯祖上的受封者,天子会授予其姓氏,作为此人部族的新开端。拥有姓氏的受封者得以跻身"百姓"之列,成为新世界的贵族团体之一。

按照流传甚广的说法,武王按照文明程度与功勋等级,划分了公、侯、伯、子、男五个爵位档次,其中侯爵比例最高,故领主们统称"诸侯"。需要说明的是,"五爵论"最早见于《孟子》,但孟子亦记载"其详不可闻也",对其权威性并不确定。自20世纪以来,大量金石学者的研究都倾向于认为"五爵"制度并不存在,西周的服制依然类似于商,外服分为侯、甸、男、卫等,公、伯、子则是另一个系统,属于对贵族的通称。五爵制更像是儒家的构想,至汉朝方蔚为大观。而"侯"是最常用的贵族称呼,故称诸侯。

接下来进入第一步——分封土地。

周人的"圣都"岐周内设有社坛和稷坛,社坛祭土地神,稷坛祀五谷神。土地种得出庄稼,国家就可以存续,故"社稷"就是抽象化的国家。既然要分封土地,那自然是在社坛上办。

周天子分封时行五色土之礼。首先在社坛上按东南西北中铺陈五色土,东方为青土,南面为赤土,西侧为白土,北向为骊(黑)土,中央为黄土。所有将要接受册封的宗亲或友邦首领团聚于祭坛外侧,按次序排队叫号。天子要把你封到哪一方,就从那个方向的土堆里抓一把,再从中央的黄土里抓一把盖在上面,表示"王者覆四方",最后以白茅包裹,作为诸侯获天子授土的信物。

这包土相当于盖了天子戳的土地产权证，没有公摊，不用交契税，更没有产权期限，只要你们家香火不绝，只要我周天子说话还管用，就可以世袭罔替。

拥有了土地，便可以进入第二步——建立国家。

诸侯带着这包土去到封地后，可以在都邑里建立自己的社，把土供在里头当镇社之宝。拥有天子印信的社，便可以发挥祭祀之功能。

随着城市与乡村的发展，社逐渐从国都向下普及，出现在了每处大的聚落里。由于祭祀的重要性与频繁性，社成了一个城市或村落的政治生活核心区。打仗前人们会在社前空地上集结，打官司须在社前听讼，求雨要在社前搞活动，逢年过节还能在社里喝酒唱戏办派对。这种社前的集会，就集成了"社会"。

要在社与庙里举行政治与宗教活动，只有一包土是不够的，还需要一套完整的祭祀工具，即天子颁发的青铜器。

为了让小弟们对自己的贵族身份有直观感受，姬发用一种特殊的奖品给分封活动赋予了满满的仪式感——从商人处缴获的巨量青铜器被周人熔后重铸，每个被"赐国"的诸侯都根据爵位级别颁赐了宗庙祭器套件，随器附赠祭礼操作说明书。有了这些东西，受封者就可以按照周制搞自己的国家祭祀，享受一下当主公的至尊体验。

土地与青铜器是硬件，姓氏、爵位与祭祀技术是软件。集合以上所有元素之后，一个能够运行的国家就诞生了。封土地，建家国，立姓氏，三者缺一不可，是为"封建"。

需要说明的是，"封建"并非周人原创。商人也搞封建，但二者之间有本质的不同。

商的封建是对既有方国林立之格局的顺应与被动认可。氏族聚落与方国是自然形成的，当商需要驱使这些部族为自己服务时，便会赐予他们爵位和任务，将其纳入外服体系。

周的封建则是对国际形势的主动改造。周天子可以"无中生有"地封出一个国家，并赋予其合法权利，要求其对周承担义务。在姬发的操作下，各路功臣个个封土建国，当了一方之主。

受封者主要有三类：圣王之后，周国的亲戚功臣，周国的盟友。

最先受封的是"圣王之后"。"尝百草"的神农氏之后被赐封于焦，姬姓之祖轩辕黄帝之后被赐封于祝，尧、舜、禹的后人分别封于蓟、陈与杞（杞人忧天的那个杞）。后世焦、祝、姬、陈、杞五姓即来源于此，其中陈姓因"颍川陈氏"的兴盛而跻身大姓，至宋朝时位列百家姓第四。姬发追封古代圣王的嫡系子孙，一方面是在诸姓中提高声望，另一方面也有"见贤思齐"之意，容易在天下人的脑海中建立一种联想机制，想到上古圣王，就会想到帮他们延续祭祀的大善人姬发。

封圣王之后只是前奏，给自己人颁奖才是高潮。

师尚父武功卓绝，功臣中排名第一，受封于"齐"；周公旦建国于"鲁"；还有召公奭封于"燕"，叔鲜封于"管"，叔度封于"蔡"等。此时的齐、鲁并不在山东，那片地儿仍是东夷盘踞的地方；这些封国多在黄河以西，其地望应不出豫州范围。

为了体现自己对氏族和血亲的重视，姬发专门派人去寻找季历的兄弟太伯、虞仲之后人，想把他们一家散落在外的血脉也给封国。功夫不负有钱人，还真让他在吴地找到了。虽已离开周氏多年，这一支却没有忘记自己的来处，他们改氏为姓，当代族长周章正是吴地之主。姬发正式册封周章为吴侯，大概是觉得诚意不太够，他又将周章的弟弟周仲封到了河洛之北的夏人遗址，模仿"吴"字建立"虞"国。

最后是周的盟友们，他们大多数本就是一地之主，武王的册封只是给他们的土地所有权加了个官方鉴证。

在周天子"封建"的国家中，姬姓方国无疑是最多也最重要的，天子要依靠它们撑起新世界的秩序。商人治下的国际格局是王居于核心，子姓方国环绕内服周围，异姓方国散布四方；周人改造后的格局则是天子居于核心，异姓国散布四方，姬姓国节镇于各战略要地。

直观点说，"天子—同姓诸侯—异姓诸侯"的结构在商代类似于北京—河北—其他华北地区，在周时则类似于北京—各省会和直辖市—其他地级市。一个是饼圈状，一个是网点状。

姬发封自己的两个叔叔虢叔（郭姓始祖）、虢仲于西虢和东虢，从两个方向守护王畿，封锁进出关中平原的通道。商人则被三监等姬姓方国团团包围，一旦有变，可群起而攻之。这诸多的战略安排都是为了提高大本营的安全系数。

周人还学着商人的样子给诸国赋予了名字。在命名这事儿上周人比商人也好不到哪儿去，很多名字都起得很随便，比如肥国、逼国、狗国等。

封建之后，一种无形却强有力的东西将天下之领主都框在了一个周人主导的游戏规则里，这是秩序，也是文化。领导力就是制定游戏规则的能力，在商人、律师充当国家巫师的今天，国与国之间的关系也体现在游戏规则的制定、接受或颠覆之中。世界卫生组织、亚太经合组织、国际公约组织等，都是主导国制定的游戏规则。

今人习惯将周朝到清朝之间的时代统称为封建王朝，其实并不准确。封建时代一直延续到战国末期，自秦一统天下后终结，其后的中国进入中央集权制下的帝国时代。

## 成周之始

做了这诸多安排，谨慎的姬发仍不放心。他满脑子都是长治久安的算盘，为了安定一切，为了一切安定，一切为了安定。为此，他颁布了最后一道重要政令——再次选址营建新都，向天下的中心地带靠拢。

作为商的继承者，周人在很多方面都跟老师很像，包括爱搬家这一点。从豳到岐原，再到程邑、丰镐，周人逐渐由西部边陲走向华夏文明的中心地带。但还不够，姬发还想再向东走几步。

天道尚左，日月西移；地道尚右，水道东流；人道尚中，耳目役心。几代周王的心中始终有一个"位居天下之中"的梦想，丰镐虽好，仍是有些偏西，不够"中国"。武王理想中的王都，应是居四方万国之中，为天下地上正统，乃凡尘中最靠近天神居室的所在。

姬发从很早之前就一直在物色这样的一块地方，就在伐商而回的途中，他心心念念的风水宝地终于出现了。

周国大军途经牧野，在管地稍作停留后继续西行。穿过盟津后不久，他们在群山之中发现了一片伊水与洛水浇灌出的平原。有大臣告诉武王，这里曾经是夏人活跃的区域。

在这片九山九水环卫的冲积平原上，武王仿佛感到了神的蒙召。他当即决定不走了，要好好研究一下这里先。

姬发青睐这块地方，首先是因为它"无远天室"。天室山，又称崇山，伊洛东邻的擎天巨柱，也就是今人所称的嵩山。崇者，山之宗也；天室者，神之居也。刘禹锡说"山不在高，有仙则灵"，这话很文艺，但神仙很现实，不高的山他们一般都不去。

周人是信仰与崇拜大岳的民族，他们相信神灵会聚居于大山之巅，大山就相当于神的宗庙。崇山差不多是周人曾触及的世界里最突兀高耸的山岳，而且又坐落于中原（五岳中嵩山为中岳），毫无疑问就是神灵栖居之地。

若是在这里建都，既可以依傍天室的庇佑，又方便四面征伐，更可以及时地镇抚刚刚收服的敌人并继续向东开拓，即"图夷兹殷"，委实是一石多鸟。

姬发登临天室，在山上举行了盛大的祭天典礼，这是华夏历史上第一次有真实记载的封禅。

"於皇时周！陟其高山，嶞山乔岳，允犹翕河。敷天之下，裒时之对，时周之命。"

峰峦如聚，波涛如怒，普天之下，皆从周属。这就是《诗经》的压轴之作《般》中描绘的景象。

高山之上，姬发向北张望，可见太行山脉连绵伟岸；向南远眺，可见三涂山古峻清雅。数百年前，大禹曾在三涂山劈土凿崖，治理伊河水患，他在那里赢得了尊敬、声望与爱情。在举办于三涂山的氏族大盟会上诛杀防风氏后，推举大禹为新首领的呼声达到了顶点。涂山氏将女儿嫁与他为妻，在他外出治水的日子里，此女在山脚下反复吟唱着"候人兮猗"，那是中华文明史中最最古老的情诗。

就是这里了，姬发点点头，就是这里了，完美。

姬发将这片土地划为新王朝的奠基之所。数年之后，此地建起了成周洛邑，龙气盘桓不散，历周、汉、魏、晋、隋、唐而昌盛不衰，后改称洛阳。

"唯有牡丹真国色，花开时节动京城。" 16 个世纪后的洛阳，牡丹灼灼,王侯济济,华贵雍容。花瓣黏在商旅的鞋底,前往西域的丝绸之路从这里启程;花香混入港口的喧哗,沟通南北的大运河以此为枢纽。这等雄浑气象,皆始于周武王为他建立的王朝画下的第一笔蓝图。

然而姬发也只画下了这一笔,他并没看到洛邑的建成。

他的时钟,就快走完了。

## 拿什么拯救你,我的睡眠

姬发有个老毛病,他睡眠质量不好,还经常做噩梦。

一本薄薄的《逸周书》里,关于他失眠多梦的内容有数篇之多。过去在西土创业时,他常与父亲、师尚父等彻夜密谋,直到清晨才匆匆打个盹儿,接着又要换个面具勤恳侍商。这种阴谋家的生活方式需

武王的梦魇

要一颗大心脏来支持，但很不幸，姬发没有。后来当了大哥，巨大的压力更加重了这种心理负担。

何以解忧？唯有弟弟。

每次从噩梦中惊醒后，他都得传召姬旦，让这个博学多闻又心思巧细的兄弟为自己解梦，以安慰其惊魂未定的心。久而久之，民间有了"周公解梦"的说法，相关文献著述散见于各类路边文学社和算命地摊儿。

永远皱着眉头，永远担忧着未来。武王是一把拉满的彤弓，时刻准备着向敌人的心脏射去。然后某天"啪"的一声，弓弦绷得太久，断了。

回到镐京的第二年，姬发的身体状况突然恶化，很快就到了卧床不起的地步。

病中的武王仍然向姬旦唠叨着他的担忧："曾经有一份上天的优待摆在商人面前，但是他们没有珍惜，等到失去了才追悔莫及。人世间最痛苦的事情莫过于此。现在上天给我们的眷顾尚不及商人，到处危机四伏，我怎么能睡得着呢？如果能给我们王朝的安定添加一个期限，我希望是，一万年。"

客观来说，武王并不算杞人忧天。新生的王朝依旧稚嫩，狡黠的狼四处埋伏，随时准备从狮子的腿上咬下一块肉。心急吃不了热豆腐，越担忧就越着急，越着急病就越好不了。

武王在噩梦中下坠，夜夜呻吟不止。邑姜带着年幼的王子"诵"日夜守在武王的身边，以备某个重要时刻的突然降临。姬诵十岁出头，仍是怯弱的孩子，而周的历史上从未经历过主少国疑的局面。此时的邑姜一定非常紧张。

在此关键时刻，众人的目光落在了三公身上，大家都盼着几位大佬赶紧拿个主意。

## 金縢之书

此处有必要再次向大家介绍周国之三柱石：太师吕尚、太傅周公旦、太保召公奭。

三位功臣今非昔比，镌名凌烟阁，各自领封国。武王分封诸侯时，给他们都颁发了不同级别的爵位认证。

三人都被尊称为"公"（吕尚又称太公），"公"作为一种尊称有两种用法，"天子三公称公，王者之后称公"（《公羊传·隐公五年》），是一种对天子直属官和古王后裔的尊称，前者不能世袭。

召公和周公除了燕、鲁之外，还各有一块食邑。随着周人的核心地区不断东迁，岐周旧地变得离王畿太远，难以直接管理。因此周国的老本营被分成了两块，一块仍叫周国，另一块叫召国，由这两位老哥认领，足见他们在周氏内的超然地位。这也是为什么两人被称为"周公""召公"而非"鲁公""燕公"。

在如何处理武王病情的问题上，三位大佬出现了分歧。召公奭和吕尚比较传统，有事没事问问天，占卜一下最优先。周公旦说你们这纯属甩锅给老天，没诚意。他提出了一个惊世骇俗的方案：用我的命换王的命！

我不入地狱，谁入地狱。此言一出，举座皆惊。

周公旦要向周的祖先神祈祷，求他们保住武王的性命，如果实在救不了，他愿意献祭自己以唤回大王的魂魄。

现代人发誓如放屁，反正大家都不相信天谴这种东西。但在神灵至上的时代，这可是实实在在的忠臣猛士之言。面对周公旦坚定的眼神，两位大佬也不好再行劝阻。

周公命人筑起三座神坛，分别摆上了公亶父、季历和姬昌的神位。随后他一手持璧，一手持圭，登坛而祈，向三位先王申请场外援助。礼毕之后，主持人史佚掏出了周公事先准备的稿子，高声诵读起来：

"三位先王的长孙姬发已经积劳成疾，危在旦夕。若三位在天有灵，请让我来代替他吧。我聪明伶俐，多才多艺，侍奉鬼神乃是一把好手，比姬发强多了。姬发应该承天命，保四方，安民众。现在我要作龟卜，如果你们同意，我就献上圭璧，坐等列位先王的指示；要是不同意，圭璧我就收回去了，刚才的话当我没说。"

贿赂程序结束，周公立于三祭坛之间，行龟甲之卜，连卜三道皆为吉，成功上演帽子戏法。周公又命人取来兆书（核对卜相的工具书）记录核对，果然是吉兆无误。

祖宗给力！天佑我王！周公高喊着口号一路小跑进了寝宫，开心地向哥哥通报这一吉讯。

若我是武王，大概会感动得屁滚尿流，不能自已。

周公此举颇有些政治作秀的嫌疑，但收益也是相当地大。此举在大众心中留下了一个深刻的印象：周公是超级忠臣，而且王不能主事时，周公就是他的代表。

从寝宫出来后，周公平复了一下激动的心情，又做了一件绝妙之事：他将记录祷辞的文书收藏于用金属捆箍的盒子（金縢之匮）里，小心收进内库，并告诫作册不可声张。至于绝妙在何处，要多年后才见分晓。

周公以身代祷的第二天，武王的病情奇迹般地好转了。

这事儿还讲科学吗？还有王法吗？

有的，他只是回光返照罢了。

## 主少国疑

在将大脑艰难筹集的肾上腺素消耗完后，武王再次倒下。他的病情迅速恶化，这一次任何手段都回天乏术。

克殷次年冬，武王姬发病逝于镐京。其子姬诵继位，史称周成王。

最是人间留不住，若非朱颜辞镜花辞树，便是王侯将相作枯骨。姬发的一生是不幸的，也是幸运的。不幸之处在于走得太过匆忙，一生大部分时间都在当王子。幸运之处在于他上位虽短却非常高光，其功业之大，世所堪比者少。而且以姬发的才能，若非依靠那个一生笼罩他的父亲，很难有这样的成就。

他是大周朝一颗灿烂而妖冶的流星。

后世国王中，秦庄襄王子楚的命格与姬发略有相似。子楚原质于赵国，后来靠商人吕不韦帮忙逃回秦国并登上了王位。有赖于祖辈留下的殷实国力与辅臣团队，子楚保持了秦的强盛。然而天命不遂，子楚继位仅三年就病逝了，跟姬发也如出一辙。在他们短暂的执政时间里，子楚和姬发都攻灭了曾经的天下共主，他们都是旧世界的终结者。顺带一提，子楚灭掉的这个旧时代霸主正是周（东周）。

两人还有一个共同点，就是身后都留下了一个少子。承接子楚王位的嬴政只有十三岁，嘴上没毛场子罩不牢，秦国朝政被权臣吕不韦把持。姬诵此刻的年龄与面对的局面也与少年嬴政毫无二致。

面对错综复杂的外界环境，大周朝需要一个代替小天子掌控局面的话事人，一个足够智慧和强硬，能够将大周朝的玄武柱真正夯实的人。

历史最终选择了周公来当这个人。成王元年，周公以摄政公身份总领天下事务。

## 为什么会是他

周公的当选算是情理之中意料之内。想摘星星的人很多，但不是每个人都有翅膀。总结下来，当摄政公需要四个条件：

第一，他得是个男性。主上年幼则太后听政是一个常见模式，比如汉的吕后、辽的萧太后等。邑姜背后有一个硬气的爹，自己又是近水楼台，是个可以考虑的选择。但是周对于女性的政治隔离异常严格，终周一朝，女性几乎都是大事纪的绝对配角。所以邑姜首先被排除了。

第二，他得是个血亲。在国家的内部结构建设上，周人与商一样，是标准的姓氏立国。天下事朝堂事莫出宗室，大事小事都是家事。吕尚作为顶配大外戚，如果晚生几个朝代，也许可以呼风唤雨，但现在只能被淘汰。

按照这个条件将姬姓的汉子们排列一下，此时还能纳入考量的，除了周召二公也就只有"三监"的老大管叔鲜了。管叔鲜有排位优势，因为他是文王的三儿子，老大伯邑考与老二武王故去后，他就是当代大长老。

第三，他得有足够的势力。一个好汉三个帮，没有队伍喝不着汤。想让大家都听你的话，手上必须有硬通货。管叔鲜的硬货是兵权。牧野大战后，周的主力一部分回到中央，由吕尚管理；另一部分由三监掌握，负责包围和监察殷人。周公的优势则是对政权的把控，他此时已是真正意义上的朝堂领袖。召公在这方面则相形见绌。

周人的中央官职框架是"三公六卿",王之下有三公和六卿,六卿之下还有五官。三公参与决策,主辅佐之能,参与国家大政的制定;六卿和五官是真正办事的人,约等于各路部长。其中执行层面的领袖是六卿之首的"太宰",相当于COO——首席运营官。太宰之位商已有之,在西周则达到了影响力的顶峰。

大周朝的COO太宰,正由周公本人兼任。

这就比较厉害了,周公上列三公,下兼太宰,六卿五官都是他的人,由决策到执行都是他说了算,比管叔鲜的军权要更加管用。

最终让周公脱颖而出的,还有第四条,武王。

周公是武王最信任的弟弟,也是大家眼中武王最信任的弟弟(两者不是一回事)。更为重要的是,他离武王最近。当管叔鲜在远离丰镐的东方坐镇时,陪着姬诵守在武王身边的,是周公。

先人搞不来遗诏一类的烦琐花样,武王的托孤大概更接近白帝城的刘备,攥着身边信任且有能力之人的手,互相表表心迹,这事儿就定了。周公本就是武王最信任之人,眼前黑似墨、大脑沉似铅的武王临终时能想到和抓到的,也只有他了。

通过这一番马后炮的分析,似乎周公摄政是顺理成章的。但世事真会如此简单吗?

## 这个位子不好坐

对于这次不同寻常的权力交接,所有可循的文献都没有提供详细记录,似乎一切都是一蹴而就的。但几处不寻常的细节还是透露出了一些蛛丝马迹。

武王死于冬十二月，来年正月，周公即公开以摄政者身份接手国家事务，同时宣布姬诵继位。六月，武王归葬于毕。

武王死了整整半年后，才在毕举办了葬礼。周人不像埃及人会做木乃伊，武王在那儿搁了半年，还拖到了夏天，估计已经散发出了臭鱼烂虾的味道。先民对于丧葬之仪可谓极端重视，如此处理实在反常。要么是墓葬工程一直没准备好，要么是武王的白事存在障碍，又或者周公根本没顾上这事。周的国家机器在这半年中运转绝不流畅。

这位承前启后、六合易主的周王如同其他先王一样，隐蔽而低调地埋入了地底深处。时至今日，我们也未能找到确信的周王墓葬。

紧接着，周公又在七月办了一件大事——为王加元服。

元即为首，元服即脑袋的衣服，也就是"冠"。周王的冠由极品黄牛皮制成，先后要行加冠礼三次，《易经》称"革言三就"。行冠礼寓意成年，姬诵此时还是个少年，最多是勉强够着加元服的年龄下限。周公在葬礼结束后立刻为他办成年仪式，似乎显得有些着急。

最后一点，当王廷再次开门营业之时，站在王身旁的辅臣变成了两巨头。召公仍为太保，吕尚则卸任太师，转由周公担任。换句话说，周公成了军政一体的摄政领袖，吕尚则被挤出了权力核心。

华夏的历史有个很有趣的特点：文明越发达，政治博弈越原始血腥。在血缘政治的时代，大家都是亲戚，不必非搞得你死我活。吕尚也不至于因失势而失去生命，只是他不能再像周召二公般滞留中央，只得动身前往封地。

以上细节加在一起，很难让人相信武王死后的政权是平稳过渡的。其间或许存在的变故、权力博弈甚至宫廷政变都已经在历史中湮灭，后人只能看到一个结果：周公上位了，但是他想凭借自己政治声望压服局面的目的没有达到。

周公为了营造自身形象所做的努力不可谓不多,献身代祷、辛勤工作、先王托孤,俨然王室第一忠臣。可惜一个政客的大众形象往往不取决于他做了啥,而取决于他坐在哪儿。此时的周公已经无限接近于曹操,以他的身份和权力,废主自立或者搞个"禅让"什么的简直不要太容易。

只要走到那个位子上,你就是众矢之的。

为了稳定人心,周公急火火地为姬诵搞了盛大的加元服典礼。他要告诉世人,自己没有将王当成孩子,而是将他看作一个对等的成人。我只是辅佐他,代表他,而已。

然而这也没用。周公将不利于王的流言很快扩散开来,朝堂内外蜚语四起,封国之间亦诸多非议。召公奭公更是当众质疑周公把持国政的目的,一点儿面子都不给。

局面有点乱套了。

## 不食周粟

内有兄弟阋墙,外有人心动荡。

武王死前一直担心有人对周的统治心怀不忿,典型例子就是已经出场过的孤竹兄弟。

前文有言,伯夷、叔齐认为周伐商是破坏天下秩序的不义之战,故在周军出征之时叩马而谏,差点被当街砍死。武王君临天下后,二人感叹世道黑暗,不耻与乱臣为伍,故发表了"义不食周粟"的宣言,跑到首阳山上隐居起来。

兄弟俩在山中采薇而食,一边唱着反政府歌曲,一边吸收天地之灵气，可谓长歌当啸，俊逸挥洒。

然后饿死了。

二人这一生，活得作妖，死得离奇。他们的故事在《孟子》《庄子》中都有提及，尤其在《庄子》中，细节非常丰满。《庄子》本就是一本光怪陆离的警世寓言类作品，内容真实性不高，再加上二人举止怪诞，言论脱离时代，其可信度显得更低。

然而一个如此近乎怪谈的人物故事却受到了两位大儒的青睐：先有孔子将二人嘉许为"不降其志，不辱其身"的仁人志士，后有司马迁将二人写入《史记》，并将《伯夷列传》置于七十篇列传之首。

是两人有什么独特的人格魅力吗？非也。

孔子和司马迁对这哥儿俩并不感兴趣，他们只是将二人当成一个展示观点的出口。

伯夷叔齐的"让国""劝谏"与孔子重建君臣父子的诉求一致，所以得其力捧。司马迁写《伯夷列传》，名为立传，实为"夹带私货"，是借古事抒发自己的史观、疑问、怨气。从内容上看，《伯夷列传》的故事情节主要引征自《庄子》，赞颂之言则承袭自孔子。全文多用问句作结，向六艺、孔子、天道、人事发问。司马迁是借二人的故事向先贤开炮，向社会主流的儒道思想开炮，向天道开炮，向不公的现实开炮，究天人之际，通古今之变。只要能用自己的孤愤警醒后世就成，两人故事的真实性完全不影响这种诉求。基于此，司马迁将《伯夷列传》放在了首篇，算是一篇说明书，提醒读者该用怎样的视角去阅读剩下的六十九篇列传。

换句话说，孤竹兄弟只是搭了便车的人。

迁大爷在篇尾悠悠感叹，辞去君主之位的清高之人不少，为何众人多遭埋没,唯伯夷、叔齐彪炳史册?很简单,其他人没被孔子选中而已。青云之士的一句话就胜过平凡之人一生的坚持,其间轻重,合理与否?

明褒暗贬,春秋笔法。

知识分子有一种可怕的能量,可以加深、塑造乃至篡改时代的记忆。这种能量在"人事"上可分三等:小者著书立说,可造凡人为英雄;中者著撰经史,可造凡人为圣人;大者塑造信仰,可造凡人为神祇。

孤竹兄弟得孔子一言,死后平步青云。唐朝,二人以义士身份入庙,享郡县祭祀;宋朝,皇帝专遣官吏祭拜,并下旨封二人为侯;元朝,皇帝下旨追封为公;明朝,朝廷拨款修庙,赐匾额"清节";清朝,康、乾、嘉三帝亲自登门祭拜。

实际上可能什么都没做的两人,如此轻松便获得了不朽。

此后发展,恰如司马迁之预言。问苍茫历史,到底由谁写就?

# 第十六章

# 周公东征　四国是皇

## 人心难测

墨菲定律似乎总是很应验，怕什么，来什么。

武王留下的权力真空谁不想要？那种欲望是近在咫尺的人所不能抗拒的。周公以人心为重，力求稳定压倒一切，但树欲静而风不止，经过他一番猛如虎的操作，动乱的降临反而加速了。

姬旦清楚自己肩上的担子有多重。

正月还没过完，周公就在库门（王城五门的第二门）会见文武群臣，发表了自己的勤政宣言。在周国贵族们的注视下，周公时而谦虚诚训，时而慷慨激昂，上颂周国历代先贤之艰苦奋斗，下斥前朝末世君臣之倒行逆施，既表明自己昭昭忠恳之心，亦鼓励群臣拳拳报国之志。群臣皆拜服，周公的大佬风范一时表露无遗。

周公的勤奋也是人所共知。摄政期间，周公命长子伯禽替自己前往鲁地就国。临行前，周公向儿子面授机宜，叮嘱他务必礼贤下士，不可轻慢人才："老子我为了接待登门的贤才，洗头要中断几次，吃饭要停食多回，就这样还怕失了人心，你可一定要谨记再三！"

"周公吐哺，天下归心"，他就是以勤服人的工作狂，大周朝所有公务员的偶像。

关于这重视人才的问题，周公和吕尚还有过一次辩论。武王分封之时，作为新晋的鲁、齐之国君，二人在公开场合交流了一下用人思路。周公认为，必须轻贵有序，任用血亲，这样国家才能有凝聚力和向心力。吕尚不以为然，他说这样的国家人才凋零，成不了大气候，必为他国所败；应该不拘泥于出身与名望，择有能者用之。周公同样摇头，说这样的国家只能强大一时，早晚要坏于内乱。

两人的立场、出身乃至人生经历的不同，决定了其思维的异向。事实上他俩在很多方面都政见不合。周公是王族，所以他天然地相信宗族和血缘的力量；吕尚是大外戚，所以他更加信奉人往高处走的成功学。

遗憾又巧合的是，两人最终都一语成谶。周公之后的鲁国唯血统论，导致民间人才不断出走外国，始终没能成长为真正的强国，多年积弱后为楚所灭；齐国用人以能力为先，争霸中原盛极一时，最终却权臣废主，国家被田氏所夺。

虽然周公勤奋而谨慎，反对者的声音却从未减弱。当他在流言汇聚的海洋中艰难跋涉之时，最初的散布者开始从黑暗中现身。

同样是攻击和质疑周公，这拨人和真心为干担忧的人——比如召公——立场完全不同。如果说召公的出发点是"不安"，那他们就是"不服"。

他们的名字叫"隔壁老王"。之所以这么称呼他们，是因为这些人都是王族，还互为邻居。

他们才是新生代周国真正的威胁。

## 暴躁的隔壁老王们

在一波接一波的黑周公浪潮中，隔壁老王党是当之无愧的主力军。其主要成员有三个老王一个小王，所以也可以叫四大天王，分别是周氏王族的"三监"，再加一个商王武庚。所谓"武王之弟，管蔡及霍，周公居相，流言是作"（《史记·管蔡世家》）。

作为隔壁老王党的带头大哥，管叔鲜内心一直很压抑。

管叔鲜是文王第三嫡子，封国于管。传世资料就这一点儿，个人履历几乎成谜。作为诸王子中较为年长者，管叔鲜在文王及武王的时代理应颇受重用且军功卓著，所以才能领兵镇守殷商遗民，然而他从出生到造反之前的记录几乎全部被人为抹去。

比肉身毁灭更严厉的惩罚，乃是剥夺你全部的荣光。

出身于大陆上最有权力的家庭，管叔鲜的一生都跟"权"字结缘。作为家中第三子，他与王位本没缘分可言。但伯邑考大哥死后，他的继承顺位突然前跳了一格，隐约摸到了王位的边缘。

可惜他的第二顺位也只保持了很短时间。武王的儿子降生后，管叔鲜仅有的希望也宣告幻灭。不仅如此，他还发现自己正离权力核心越来越远，四弟、外族人吕尚跟姬奭都排到了他的前面。

最后，他甚至被挤出了都城，远赴东方去监视敌国遗民。

按《逸周书》的说法，他是自告奋勇去担任殷监的。但无论主动还是被动，远离了权力核心都意味着政治生命的枯萎。商周时代的国家建设奉行"都邑核心制"。王国维在《殷周制度论》中称："都邑者，政治与文化标征也。"国都是绝对的权力中心，重要性超过其他所有城市的总和。无怪乎周公召公等权臣都派儿子去往封国管事，自己是待在国都不会走的。

充当"狱守"的日子里,管叔鲜的人生布满了灰色。

后来事情又出现了变化。二哥完成大业后便卧床不起,侄子又如此年幼,他第一长老的身价隐隐然水涨船高。周人历史上从未出现过父死子幼的情形,眼下并无官方版的处理程序。如果按照兄终弟及的标准,他才是最合适的摄政者。

心中虽瘙痒,背上却无翅膀,恨不能飞回国都随侍左右。

他在管国左等右等,终于等来了武王驾崩的消息,然而几乎同时传来的还有中央宣布周公摄政的红头文件。

管叔鲜表示不能接受。

听命于弟弟已足够令人不爽,周公可能越过自己"盗取"王位的可能性更令其坐立难安。对于姬旦,他是又嫉妒又猜忌;对于权力,他是又渴望又压抑。天欲让人灭亡,必先使其疯狂。这种心情像密室中的火药一般积蓄,当其情绪逼近爆炸临界点时,引线出现了——武庚抛来了结盟的橄榄枝。

武庚要造反的理由就不必说了,为兴复国家而战,为父王报仇而战,天经地义。站在他的角度,这根本不能叫造反,只能叫复仇,因为他内心从未把自己当成周的臣子,他可是大邑商的"王"!

朝歌陷落后,父亲被人鞭尸枭首的画面在武庚脑海中久久不能消散。为了生存,他忍耐着,等待着,祈求着,并暗中联络着。商国数百年的基业为他积攒了一些仍忠于商王的臣仆,比如齐国之畔的奄国,北方的飞廉一族等。这股遍布天下、松散但为数不少的护商势力正是武王生前夜不能寐的源头。这是他爹留给他仅有的无形资产,且随着时间流逝在不断贬值。如果周国平稳发展,逐步扫清商人在诸侯间遗存的痕迹，则数代之后，商就会被彻底遗忘。

武庚期待着这些势力在他起事后予以响应，星星之火共起，则燎原之势可期。

此时周国的内乱可谓天赐良机，时予我取，时不我待！商国男儿身未死，血未冷，拿着三监提供的青铜兵器，商国又可以拼凑出一个复仇军团！

《诗经》之"国风"中有《鄘风》《邶风》《卫风》，因为"三风"描写的文化地域其实是同一处，故经常被打包研究。这几国的命运总是纠缠在一起，所谓"打仗亲兄弟，上阵父子兵"，三监的老大哥既然要反，其他两兄弟自然也得加入。

蔡叔度，文王五子，另一个对战后资源分配不满的王族。他与三哥有着相似的立场，两人当下一拍即合，结成了造反同盟，顺带把隶属同一军区的老八霍叔处也拉下了水。说起来老八比较倒霉，这个弟弟年纪太轻，在战争岁月中无甚建树，故谈不上造反的野心，不明不白就遭到了两位哥哥的裹挟。

至于三监和商人之间的前仇旧恨，眼下已不重要。人总得向前看，没有永远的敌人，只有永远的利益嘛。

## 攘外必先安内

虎父无犬子。武庚奋二世之余烈，从不肯向命运低头。他的形象让人想起姜伯约，那个季汉国破之后仍在酝酿惊天逆转的统帅。觉察到周国混乱的苗头之初，武庚就开始与商国旧部暗通款曲，相约举事。这场叛乱的领头人是管叔，灵魂人物却是武庚，只有他可以把叛乱的规模扩大化。

此时的青州仍在商裔的控制之下，北有蒲姑南有奄，两国都是商的铁杆小弟。在北方，飞廉领衔的嬴氏一族已经启程南下，准备为少主复兴大邑商效命。淮河下游是对商处于半臣服状态的东夷诸部，其中有大国徐、淮等。他们在与商国多年的缠斗中实力损耗甚巨，已不复当年之勇，但喜欢打仗的习惯还没改掉，谁想称霸他们就要跟谁对着干。夷人是结构十分复杂的民族，一开始他们互相打，后来强大的商人来了，他们团结起来打商人；现在新的强龙周人来了，他们又要帮着商人打周人。

武庚的计划得以实现，叛声一起，立有响应。三监在殷商腹地宣布脱离周公伪中央的统治，携商国数十万众发动叛乱。奄国、蒲姑亦同时发难，另有淮夷、熊、盈、唐等十多个氏族起兵响应，一时间红色警戒响彻黄河内外，急报从多个方向向镐京发来。

内有王室离心，外有敌国叛军，周王廷面对的形势似乎与几年前的商毫无二致。但危机之下仍有不同，区别在于"国势"二字。

在中国古代史上，极少有国势处于上升期，却为外敌所灭者。周人灭商不过数年，国力日昌，兵将未老，军事上仍处于巅峰状态。而且周人西方没有背后捅刀党，不会陷于双线作战的艰难处境。

在这纷乱的局势中，周公准确地找到了破局的要害，只要内部统一战线，他们有实力面对东方的冲击。当务之急，是让国家机器全马力运转起来。

攘外必先安内，召公，你是第一个目标。

召公在保王一派中的地位最高，影响最大。后世对于召公的形象描述非常正面，几乎没有污点，足见其政治上的成熟与利落。传说他辅助成王治理西土之时，常于一棵棠梨树下理政断讼，男女皆受其教化，故政通人和，百姓感怀。在他死后，大家睹树思人，史称"甘棠听讼"。

如果说周公是后武王时代的发动机，那召公就是稳定器。

公务员的核心竞争力是啥？笔杆子里跑得千军万马！周公既是王室一号政治家，也是周国第一笔杆子和文学家，不仅能写《大诰》《金縢》《酒诰》《多士》等政府公文，在《诗经》中也有多篇诗文传世。此刻他大笔一挥（其实是口述，秘书再刻下来），写下一篇诰词《君奭》，在周国日报上发表了。

奭即姬奭，所以《君奭》也可以翻译成《致召公》或者《奭啊》。整篇诰词大概可以用四句话来概括：第一句，创业容易守业难，我辈须知人事艰；第二句，纵观殷商好大王，都有贤臣在一旁；第三句，辅政全看你和我，团结友爱少不得；第四句，哥哥最是信任你，不忘初心好兄弟。微言大义，动之以情，晓之以理，召公看了非常感动，表态支持与信任周公。

一切看起很顺利，很德政，很周国。但要是一篇文章就能解决政治斗争，三监也不必跳起来造反了。

说服召公的关键，在于周公打消了他最核心的忧虑。《君奭》通篇的场面话里，唯有一点戳中了要害，即"辅政全看你和我"。周公选择让召公分享辅政大权，以此换取对方的支持。而召公在国家危机面前选择了接受。这份私下协议虽然没有公开文件记载，却可以被后来的历史进程所佐证。

召公归位后，周的领导层迅速安定下来，开始进入战备状态。进行大规模的战斗准备需要时间，况且武王刚刚下葬，此时动手非常不合时宜。但敌人可不会乖乖等你，这怎么搞？

周公表示大家不要急，稳住，我们能赢。先王分封这么多方国，就是为了应对此刻的局面，先让他们顶上！

周公此前派往封地的长子伯禽充当了急先锋。敌人甫一发难，伯禽便迅速带领鲁国军民向东突入费邑（今山东济宁附近），并在此构筑了大量防御工事，抢在夷人的部队到来之前赢取了战略空间。除编入军队的"国人"外，伯禽还发动了都邑外围四分之三的"野人"参与战备，可谓倾举国之力以抗夷。不久之后，鲁国军队即凭借费邑的城防，顶住了徐夷的攻势。

勇猛的伯禽没有令父亲蒙羞，但鲁国草创未久，其力单薄，当务之急是派一支强大的生力军前往接应。想来想去，最佳人选还是大周国的军神——齐侯吕尚。

此时的吕尚可不是那么容易就能请动的。叛乱开始后，他施展隔岸观火大法，完全没有主动出兵勤王的意思。周公跟吕尚是政治上的对手，刚把人家打压完了就想让人家卖命，靠打打嘴炮是决计不够的，还得拿出些干货来。

要打动一个人，就得给他最想要的东西，而周公知道那是什么。

周公召公合计了半天，想出了一个非常有诚意又非常没诚意的筹码。在征得姬诵的首肯后，充当贵族缓冲器的召公亲自前往齐国游说，并带来了他们开出的条件："东至海，西至河，南至穆陵，北至无棣，五侯九伯，实得征之。"

形似当年商人赐予姬昌的"西伯"，王（周公）也赐了吕尚一个"东伯"，从今往后，黄河以东大小方国归你节制，享征伐之权。

这条件看起来很慷慨：历代以来，征伐权对臣子而言都是莫大的尊荣和无比的信任。但仔细一品，好像又很没有诚意：周人尚未控制东边的土地，这征伐权不过是一张空头支票。好比我任命你当公司的大区经理，但是这个区域的业务还一毛都没有，启动资源只有总部的一句加油，你自己去挣吧。

事后证明，吕尚真的很能挣，周王只是给他划了一片自由征伐区，他居然全部私有化，通通收纳成了齐国的地盘。

很能打的吕尚接受了王廷的条件，带领齐国军队与鲁军合兵一处，将徐夷及淮夷击退。齐鲁联军构成的屏障将夷人联军牢牢钉住，从此时起直至叛乱结束，夷人再也未能西进一步。同时，吕尚派自己的长子吕伋带兵北进，封锁了北方零散叛军南下的路线，并剿灭了今山西境内参与叛乱的唐国。

就这么折腾了一通，隔壁老王们的战机溜走了。

## 周公的远征

叛乱是一种风险系数满格的创业活动，讲究先声夺人。起事者必须一击即中，打官家一个措手不及，然后迅速扩大战果，赶在政府军主力到来之前形成气候或者转战他方。无论如何，都要出奇制胜，唯快不破。

然而现实很骨感，伯禽在东部挫败夷人，让叛军失了一手；西进受阻，又失了第二手。战争还没开打，三监与殷人就颓势尽显。

战争初期是极其宝贵的战略机遇期，可惜四个老王居然一直按兵不动，导致机遇白白溜走。一种可能是，失去了计划中夷人支援的三监与殷人底气不足，不敢主动进攻，导致战机贻误。另一种可能是，三监作为先王之弟，同样受到了先王大丧的制约。若果贸然进军，无异于"毁宗"，这将直接导致管叔鲜失去法理上的正义性。殷人倒是不用顾忌这些,可管叔不动,武庚总不能一个人上吧。

此时已经到了成王元年年底。冬天来到后,先民们围缩在聚居地的篝火旁,依靠粮食储备和少量渔猎等待天神恩赐的降临。大自然就是最好的防御工事,大家都不乐意在风雪交加的季节出门打仗。先罢兵吧,不管多大的仇怨,咱们明年再见。

然而就在这休兵之季,一支大军却悄悄地离开了国都,远征至大河岸边。

司令官周公旦亲临河岸。白浪滚滚的大河此时已完全冰封,宽阔的河面平静清朗,喧嚣奔腾之声杳然无迹。上下皆白,霜冷苍寒,四方空寂,大军在天地一色的空间中浓缩为一个坚硬而高密度的黑点,如同冰面下的河流,蕴含着雄浑磅礴的力量。

大军借冰面渡河,快速进抵盟津东岸,并在此安营扎寨,静待年关。

这条路线周公再熟悉不过了。数年前的场景仿佛昨天,他陪在王兄身旁,向周人曾经神往而敬畏的朝歌进军,每一步都走得战战兢兢。

彼时的道路与今日完全一样,岁岁年年花相似,只有人不同。王兄已殁,这一次他将让历史以他的名字命名这趟远征!

成王二年初,周军迅雷而进,穿越牧野直插东方。邶国对此神兵天降全无准备,应声而降。在武王伐商之后,朝歌的外围卫戍单位和原野上的防御工事已被尽数扫除,商人实际上已不具备都城之外的防御体系,故大军长驱直入而未遇抵抗,一路进抵朝歌城下。

恐慌和混乱瞬间吞没了朝歌。史载商人"大震溃",都城旋即陷落。商人不再是当年的商人,破国之民胆气已尽泄矣。

武庚仓皇北逃,被周军擒杀。令人唏嘘的末代王子复仇记到此戛然而止。

拿下商人后，周公继续向东进军至"东"，将叛军南北之间的联系切断。上一次东征时吕尚在此建立的据点，这次东征又派上了用场。周军略作休整后分兵行动，一边消化战果，一边掉转矛头，向南方进击。

管叔鲜的卫国成了决战场地，失去了北方盟友的他只能以哀兵顽抗。同室操戈最为痛苦，战士们可能会在对方阵中看到自己的叔叔、外甥、堂兄弟或童年玩伴，却又不得不杀个你死我活。

管叔鲜没有别的选择，亦没有被宽大处理的可能。双方在卫国城下展开血战，卫都毫无悬念地被攻破，管叔鲜沦为阶下之囚。

管之不存，蔡将焉附？周军向西再破鄘城，蔡叔度选择投降，"三监之乱"在一通闪电战之后便宣告结束。周公派跟随自己东来的卫叔封驻扎于殷，接管西部防区；另派中旄父驻扎于东，接管东部防区，开始处理战后工作。

相比开场的轰轰烈烈，三监崩盘的过程实在平淡，平淡到乏善可陈。之后周公又花了些时间向南北用兵，将朝歌周边响应武庚旗号的亲殷诸方各个击破，并新设数个方国来稳定这些地区，其中最重要的一个，乃是春秋超级大国晋国的前身——唐。

关于这个唐侯的分封，《吕氏春秋》中有个有趣的源起故事。

某日，姬诵（成王）跟弟弟姬虞在庭中玩耍。姬诵随手摘了一片桐叶，用小刀削成玉圭状，过家家似的递给了姬虞，喏，接此圭，我以此封你。站在旁边的史佚听见了，立刻掏出小本本记录下来。史佚是深得王族信任的三朝元老，与三巨头合称"四圣"，说话很有分量，且为人非常耿直。过了段时间，史佚看姬诵没动静，就主动进言：请王择日分封叔虞，让其开府建牙。姬诵一听就傻眼了，老爷子，别闹，我那是跟我弟开玩笑呢。史佚则不依不饶，凛然正色："天子无戏言，言则史书之，礼成之，乐歌之。""君无戏言"自此而出，成了天下臣子劝谏君王的金句。

此时恰逢今山西汾河以东的唐国随武庚叛乱，为吕伋所灭，姬诵便把姬虞封到了唐，未改国名，仍称唐侯。

姬虞的分封是此时周国策略的一个缩影，周公一边打一边封，打到哪儿封到哪儿，步步为营。虽然王族已经发生了叛乱，但周的上层贵族依然相信血缘的力量，故对周氏贵族的分封力度不减反增。

为了减轻这种同室操戈的痛丧，周公在对叛乱者的处理上保持了很大的宽仁与克制。

管叔鲜首恶，罪不容赦，判处死刑，剥夺政治权利终身。管氏封国被夺，此脉族人尊荣不再，子孙流散天下。

蔡叔度次恶，被判流放于郭邻，但不夺其氏。周公给了他十驾马车和七十名随从一起上路，算是赏足了面子。蔡叔度终生未得返国，最终死于郭邻。蔡叔有子蔡仲，识时务、守德行，没有参与父亲的叛乱，周公命其前往鲁国，担任伯禽的卿士。

霍叔处罪业较轻，仅被降为庶人，三年不得录用而已。

搞定了三位王叔，周公需要再一次处理从先王起就一直存在并令人担忧的问题——殷的遗民。上一次处理这个问题的时候，他建议武王采用怀柔之策，却为大周朝留下了祸根。此次亡羊补牢，必须使出雷霆重手，务求一劳永逸。

## 殷人的终曲

商人是灿烂而浪漫的大地居客，他们喜欢用音乐和诗句赞颂英雄与王者。诗三百篇，有《商颂》系列五篇传世，其中《那》与《烈祖》

是勾勒恢宏祭祀与青铜时代的尚声之曲,《玄鸟》《长发》《殷武》则是歌颂商国先王与英雄壮丽传奇的氏族史诗。

《商颂》与《周颂》有着显著的风格差异,后者注重"颂德",前者突出"崇力"。骄傲的征服者用力量征服天下,他们雄健、壮怀地在这片大陆上纵横数百年之久。在那铿锵有力的战舞与铜鸣中,商王手执斧钺,乘羽御虎,像燎原的火焰烧向四方蛮荒。桀骜而顽强的敌人拜倒在他的煌车之下,威武的军队是他身为征服者的赫赫勋章。

现在,轮到了他们演奏最后一曲,此曲无名,通篇用沉默谱成。

短短几年之间,商人第二次当了战败者,而且这一次输得更惨淡、更无力,也输掉了所有东山再起的幻想。

朝歌城覆灭了。宫室倾颓,房屋焚毁,宗庙被破除,祭坛被填埋,一切灰飞烟灭。

"商"成了禁语。

遗民的处理问题又一次摆到了桌面上。经过慎重考量,周公向成王递交了一份"遗民分化处理方略",核心思想两个字:拆迁!

人只要聚在一起,就会骚动,就会制造群体性事件,所以要分化监管。这是中国历史上政府主导下的第一次大规模被动迁徙。整个过程历时数年,极大地改变了东亚大陆的人口分布与文明形貌。

周公在朝歌旧地进行了一次人口大摸排,将商人诸族分门别类,以氏族为单位,以家族职业为考量,大而化小,小而化零,分批迁离。你们家世代为史官?好,去丰镐。你们家人有艺术细胞?好,去卫国。你们家什么特长?什么?腿特别长?好,都弄死,送去骨器作坊。

天下各大城市都出现了商遗民的身影。关中作为周人统治的核心区,自然要吸收大量遗民,尤其是旧商贵族中较有影响力的家族,以抹除他们的号召力。巫、史一类的知识分子家族被大量调往丰镐，为新王朝"重操旧业"。

向首都迁民是管制遗民的常见手段，秦始皇迁六国王族及天下十二万富户入咸阳，汉高祖迁关东豪强充实陵邑等，皆属此列。

在实施人口迁移计划的同时，另一项国家百年大计"洛邑修筑计划"也同步启动。这项宏大工程需要大量人力，正好可以消化遗民。

周公摄政五年初，王委派召公至伊洛平原完成了相宅（看风水及测绘）、卜宅（卜吉凶）、祭天地等程序，周公随即向商遗民和诸方发出了征召人力的命令，迁来了大批遗民筑城。最擅长城市建造的商人氏族被悉数驱赶而来，曾经的奴隶主和奴隶成了同一片工地上的工友，一起为周人效犬马之劳。在洛邑的郊外，周公专门划出了一片区域给这些筑城苦力生活，并设立专门的官员"阪尹"来管理他们。

旧商国的核心区域再次被分割，建"卫""宋"两国。部分献民得到了优待，可以留在故土继续生活，成为宋的国民。

宋国位于今商丘附近，乃房宿、心宿分野之地。武王曾经分封过上古圣王与夏人之后，如今的宋国也属于这个"古王朝兴绝继灭"系列。宋是周人留给商人的一个念想，是新朝"德政"的样板，以示亡国而不绝其祀。

此宽容之风后来成了西周及春秋的国际传统，唯有兴绝继灭，才能彰显霸主风范。大国当权者特别喜欢寻找亡国后裔并助其复国，作为自己的仁德大功。

这种仁慈延续了很久，直到灭国大战的时代将一切温柔与克制吞没。

周人的老朋友微子启又被请了出来，任宋国之主。为表彰老人家对周的顺服，王特封其为最高级别的诸侯——宋公。由微子承祀，既方便周人做道德工程，又断绝了武庚一脉的祀位，一石二鸟。

原朝歌的土地与叛军的鄘、卫则合并为新卫国。周公选择了从小就很听他话的九弟康叔封来当卫的首任侯爵，并分给了他七个殷人氏族，分别为陶氏、施氏、繁氏、锜氏、樊氏、饥氏、终葵氏，全是手活儿优秀的工业世家。周公很疼爱这个弟弟，不仅分给了他技术工种，还写了《康诰》《酒诰》等治国条陈，手把手地教他治理封地和遗民。

商人"工不族居，不足以给官"，具有显著的家族职业世袭特色，从氏名上可以看出家族事业。以职业命氏是先民创造姓氏的一种手段，比如姓高的最早是建筑师，姓张的则是善制长弓的武器匠等。分给卫国的几个氏族里面，陶氏是制陶匠，繁氏是缨工，樊氏编篱笆，施氏做旗幡，锜氏和终葵氏则分别为斧工和椎工。

从人口构成来看，卫国是个周、商混成国，又坐落于故殷之地，所以文化形态上非常靠近商，比较开放。春秋时期，此地民风奔放而不拘礼，男女皆爱欢歌狂舞、声色犬马，跟邻近的郑国一起被诟病为淫乱之国，合称"郑卫之风"。

宋、卫之外，唐国得到了"怀姓九宗"，鲁国被赐予条氏、徐氏、萧氏、索氏（绳工）、长勺氏及尾勺氏（都是酒器工）共六族，其他方国也各有分配。春秋时齐鲁间爆发了著名的长勺之战（成语"一鼓作气"的出处），这处战场就是鲁国曾经安置长勺氏的地方。诸方国中，唯独齐国没有分到人口，跟鲁形成了鲜明的对比，周公这一碗水也是端得不太平。

有些遗民在周朝得到了礼遇，仍不失富贵之身。考古证据表明，在鲁国曾有亳社、周社并立，说明殷的贵族在鲁国仍有不小的影响力,甚至保有公共政治场所。有些人则成为城市之外聚居的二等公民,甚至沦为奴隶,作为礼物被周的贵族互相馈赠。但无论富贵贫贱,他们都成了奴——亡国之奴,包括那些居住在殷商核心区之外、侥幸保有了自由的少数。

这些自由民向四方逃去,走进了东南的泽国与密林,走进了东北的针叶林,走入了西南的横断山脉,走入了大海深处的岛屿,把商的文明痕迹播撒到了核心氏族未曾触及的地方。

汉代张衡《西京赋》云:"殷人之屡迁,前八而后五,居相圮耿,不常厥土。"商人爱搬家,六百年间搬来搬去折腾了十几次,就为了追逐一方理想的居所。在这漫长的征途中,他们始终用血脉彼此联结,抵御着世间呼啸的狂风,让种族的火种长兴不灭。

只是这最后一次的搬家,他们终于还是走散了。

# 第十七章

# 我祖东山　慆慆不归

## 东方的孤岛

商国完蛋了。到此,"商末三杰"都有了自己的归宿,他们的选择恰好构成了国难当头的三种方案。

比干是为国捐躯,赢得生前身后名。箕子是江湖再见,不在敌占区享富贵,也不为祖宗坚守,自己出去另起炉灶。微子是投降,虽然卑微,但最后却是他延续了商人的宗祀。到底哪一种才是最好的选择呢?

还有一拨人选择继续反抗。这些逃亡者陆续会集于商人文明最后的孤岛——东方的奄国。

太古时代,古阿东内部有一支以鸟类为图腾的部落逐步壮大,在其全盛时期成为古夷人诸部的执牛耳者。百鸟部落的首领称少昊,名鸷,其下的各支族都用不同鸟类作为图腾。少昊这只鸷鸟带领族人创造的文明遗迹被视为海岱文化中大汶口文化的代表,并下延至龙山文化时期。

少昊氏湮灭后,其曾经的聚居地被称为"少昊之墟"。此地位于山东西南部，北望泰山，南俯凫峄，东连泗水，西接兖州。过了数百年，群鸟中最有出息的"玄鸟"又回到了少昊之墟，此时他们的领袖是商族第十八代王南庚。

从第十一代王开始，商人进入了持续百年的衰落期，史称"九王之乱"。这段黑铁时代充斥着混乱不堪的王位传承与国家内讧，加之大河水患频仍，搬家成了商人的家常便饭。当南庚迫于形势决定再次迁都时，他想起了少昊之墟，便举国搬到了这里。此后这片土地就被称为"奄"。

奄的金文有多种写法，最主流的一种上部是一片旋绕的闪电，下部是一个"大"（通人），描绘了巨型的闪电笼罩人间的震撼场面。奄与掩相通，主覆盖，故奄在古文中也称"商盖"。随着字形的发展，奄字在书写中出现了上下颠倒式的形变，至小篆时已经从"上电下大"变成了"上大下电"。这是汉字字形演化中常见的变异。有人把奄字当成了鼋或龟的变形，认为这是奄人的图腾，此大谬矣。人家是羽族的后裔，怎么会入水当了王八？

甲骨文　　　　金文　　　　篆书　　　　隶书

此后南庚传位于阳甲，阳甲又传位于盘庚。盘庚力排众议，抛弃了潜力不足的奄地，带领族人越大河而西迁于殷。在他的英明领导下，商人终结了一个世纪以来的混乱局面，迎来了民族的伟大复兴，始冠名为殷人。

有部分族众没有跟随大部队西迁，他们留在旧都建立了奄国。虽然深入山东半岛,与群夷接壤,奄国却保存下了地地道道的商族文化。奄人在东夷猖獗时充当着宗家的东方守护,到了后帝辛时代,他们又积极支持武庚的"圣战"和东南开拓,算是为同族大哥鞠躬尽瘁了。

商国败亡之后,许多商族碎支都逃到了奄,此地俨然成了正统商文化的庇护所。对于这样的一个方国,周人无论如何都要将其掐灭,否则周公苦心扶立的宋国就成了一个笑话。

灭殷次年,周国大军启动了第二阶段的东征,这只强横的鸱鸮对东土的鹤发出了震人心魄的号咷,而且给足了对方面子——周王亲自来了!

## 成王的远征

在确定了继续东进的大方针后,姬诵宣布御驾亲征,宗周王师和周王的核心班底倾巢出动。王的亲征并不稀罕,殷商及先周诸王经常这么干,但这一次的意义明显有些不同。

西周初年的这场动荡应该划为两个独立的阶段,或者说两场东征。第一场是完全由周公主导的平叛之征,第二阶段则是由王和上层几大势力共同参与的开拓之征。开拓,意味着新鲜的土地和各式各样的资源,包括生活在上面的人口,还有足以铭刻金石的巨大功绩。这些东西周公想要,其他人也想要,而且他们不能容许周公一人独享。

从王的角度来看,这次东征是一个为自己构筑声望,并一定程度上回收权力的大好机会。一来叛军已灭,形势不再那么危险,二来他也不容许整个东方都打上周公的烙印。他要亲自引领这场东征,并让天下人都看到他的身影,王长大了,不再是一个隐藏在周公羽翼之下的孩子了。

这么重要的国家行动自然不能少了召公,吕尚也派儿子吕伋作为代表参战。王室对于吕氏一族的仰仗与信任由吕尚传到了他的儿子身上,吕伋在成王一朝担任虎臣,管理禁卫虎贲军,对太师的军权进行了一定的切割。

除此之外,王廷的多名重臣和大量勤王诸侯纷纷到场,周国的顶配阵容再现东方。没办法,豫州土地上诸侯密度太高了,发展空间严重受限,大家都想来东边切一块大蛋糕。

出发之前,周公按惯例为王举行战前的社祭,并指导儿子伯禽担当祭祀的"大祝",操办了脤祝(用特供肉"脤肉"进行的祭祀)。王嘉伯禽之劳,"赐金百锊"。金即为铜,百锊大概有几十斤,伯禽命人用这些赐铜铸造了一尊簋来纪念这次伟大的远征。今人称之为"禽簋",现藏于中国国家博物馆。

王伐奄侯 周公
谋 禽祝
脤祝 王赐金百锊
禽用作宝彝

西周 禽簋

太师兼东线总指挥周公负责制订二阶段东征的具体计划,一开始他想集中力量先灭奄国,但熟悉东方情况的大臣辛甲提出了不同意见:"大难攻,小易服,不如服众小以劫大。"奄国不易破,若周军在奄国城下有所耽搁,则四方夷人可能前来帮忙,甚至演变成反包围;周军分兵扫荡诸国,则攻击方向不易被捕捉,奄人慑于多方向的压力也不敢分散力量,只能坐以待毙。

周公采纳了辛甲的建议,决定先扫诸夷,最后合围奄国。

周军分作南北两个集团军,周公与伯禽带领本部军队及组建于殷地的诸侯联军沿泗水攻往淮水一线,目标为淮水下游的徐、淮夷。召公、吕伋则带领兵马护佑姬诵,向青兖之间进军,先攻东北方向的蒲姑。蒲姑位于王廷许给吕尚的东方征伐区之内,实际上已被吕家视为既得利益。所以战争后期北方军团又分成了两路:吕伋一部沿济水一路深入,扫荡他们家的征伐区;召公的部队则向北去开拓新的地盘。

周公的南路军在淮水下游的河湖丘陵之间与淮夷诸部展开了战斗。淮水诸夷在大象军团的常年折磨下已实力大损,他们依靠地利与周军周旋了许久,无奈实力差距较大,历经艰苦的拉锯后仍是节节败退。领头的徐夷被打散,其部分人口被伯禽擒获,人口大迁徙中分给鲁国的殷民六族之"徐氏"就来自这里。其余淮夷之国皆遭遇重创,有九个城邑被摧毁,人口被周公全部掳走。

相比于深陷泽国的周公,北路军团的进程要顺利得多。济水之河网不似南方般稠密,山东北部的方国基本都循济水干流一字排开。王师顺流而进,连破夷人城邑,加上姬诵在东征途中恩威并施,对胶东地区诸夷颁行怀柔之策,故土著居民多望风而降。唯有以布谷鸟为图腾的蒲姑氏不得赦免,这个三监之乱的重要参与者被毫不留情地灭国。山东半岛上的莱、莒、纪等国一一归顺,周军攻到海边后转头南下,一直打到了苏北边缘的郯国。

此时的奄国环顾四周,一个可以相助的方国都没有了,国际形势一片大糟。唯一可以让其感到安慰的是在周军完成合围之前就来到了奄国的飞廉一族,他们给这个临危之地增添了几分生的希望。蒲姑的下场奄人已经看到了,投降没有意义,唯一的选择就是为尊严而战。

周公的军队在平定江淮之间的土地后终于抵达了中部战场，随即开始发动对奄国的围攻。

奄人在最后的战役中展现出了商族人曾经的血性，战况极其激烈，局面一度相持不下。直到周王率领的北路军团增援合击，油尽灯枯的奄城才最终陷落。商将飞廉不愧是一位猛人，他在重围中杀出了一条血路，向东逃去。对于他这样一位天地会总舵主般的人物，周公丝毫不敢大意，纵重兵一路追杀。飞廉当年因"擅走"被帝辛看中，此刻他发挥特长玩儿命狂奔，一直跑到了海边，终因走投无路被周军追上。

横崖如跃起，纵身青天辽阔里。

东海的浪花被飞廉的鲜血染红，在他悲情的铁血生涯结束后，其位于山西的老巢被周人捣毁，剩余族人尽数抄没为奴。

战争是残酷的。周人将战争的伤痛全部倾倒在了可怜的奄人身上，他们被视为"罪恶深重"的叛军核心，"冥顽不灵"的殷商余孽，其抵抗有多顽强，被报复就有多残忍。奄族全体男子像牲口一般被驱赶入小黑屋，摘去睾丸，断其生育。去势是一种感染率和死亡率极高的手术，大部分受刑者都死在了阉割之后，不知道这算幸运还是不幸。这是真正意义上的种族灭绝，无法生育的奄人一族在实际上已然湮灭，仅当世一代苟延残喘，"奄奄一息"是也。男子们生不如死，妇孺的下场就更是可想而知。

侥幸活下来的男子被集中于"菴"内进行管理，成为畸形又凄惨的奴隶。被关在门里的他们有了专门的称呼——"阉人"，后来这个称呼扩大到了所有去势的男子身上。周朝已经开始有计划地在宫廷中使用阉人从事专职工作，如"酒人"等。由于阉人具备造反冲动低、性情温和、不会侵犯宫中女子等优势，甚得统治阶层的青睐，至东汉时宫中宦官已全部由阉人充任。

奄国完了，商人的幽灵挂了，周国的将士们可以庆祝胜利了，这战果是多么地来之不易！"既破我斧，又缺我斨"，战斗之激烈，令武器钝折，刀斧残破，而拿着武器的战士又伤亡几何！无怪乎他们要哀叹"哀我人斯，亦孔之将"，我们这些活下来的人，是多么地命大！

黑暗与恐怖属于败者，光明与未来归于赢家。"哀我人斯，亦孔之将，亦孔之嘉，亦孔之休！"劫后余生的人们，狂欢吧！旧时代的大尾巴已经完全翦除，虽然伤口是很痛，但活下来的人可以轻装上阵，拥抱新时代了！

## 东山

我徂东山，慆慆不归。我来自东，零雨其濛。

蒙蒙的小雨带着细碎的低吟坠落，自西北向东南横斜。一个周族战士从田野间走过。他破旧的布甲因绳线脱落而摇摆，下摆处把粗裳磨破了一个洞，小雨就从洞里灌进去，打湿了里面红色的军衣。红色是周人崇尚的颜色，炽烈又勇猛。当周人与商人把兵器刺入彼此身体，白色的殷人会被染成红色，红色的周人却依然是红色。他们是不会在战场上褪色的勇者。

我东日归，我心西悲。

家门已经遥遥在望，战士的内心却突然有点彷徨，原来近乡情怯终是不可避免。那短短的路途，仿佛比他东去的征程，还要长些。

自我不见，于今三年。

掐指一算，离家后已数去了二十余个生魄。

制彼裳衣,勿士行枚。

现在他最想做的,就是脱下身上那沉重且味道感人的军装,换上一套家常衣裳。那军服上的灰渍是他睡在车底下时抹上的,趴在车下的时候,战士看到了树上蜷蜷爬动的野蚕,田野桑林是它的家,战士便也突然开始想家。

町畽鹿场,熠耀宵行。

他无时无刻不想家。田野中的斑斑鹿迹让他想家,夜色中的闪闪萤火让他想家。家里也是这么荒颓吗,过去了这么久,屋头的瓜蔓已经拖地了吧?门上也挂满了蜘蛛网吧?越是这样想,他就越是想家。

鹳鸣于垤,妇叹于室。

水鸟的孤啼听在耳中,仿佛妻子遥远的叹息。当年黄莺正好,门前热闹,美丽的新娘骑马来到。母亲为她系上鲜艳的佩巾,战士却在为婚仪的繁缛而苦恼。如今想来是多么不懂珍惜那短暂的美好。

其新孔嘉,其旧如之何?

若是小别胜新婚,那久别重逢又该美成什么样?战士终于走到了家门前。如今仗终于打完了,我再也不走了。如此想着的战士,却只是轻轻伫立在那里,任细雨纤纤顺额头游走。直到估摸着雨水彻底遮盖了泪痕,战士终于抬起了手,轻轻敲响了家门。

那一刻,幸福的含义便定格成了《诗经》中的这首《东山》。

## 岐阳之蒐

读罢《东山》是西山。

仲春时节,天朗气清,惠风和畅。西方的岐山迎来了一场久违的盛事,史称"岐阳之蒐"。《左传·昭公四年》载:"夏启有钧台之享,商汤有景亳之命，周武有孟津之誓，成有岐阳之蒐，康有酆宫之朝，穆有涂山之会，齐桓有召陵之师，晋文有践土之盟。"盛大的阅兵盟会是有为之君的标配，不办不足以称武德。

岐阳之蒐的阵仗足以与盟津大会相提并论，可知前来拜谒的诸侯之多。我猜岐阳的参会代表还要更多一些，因为盟津大会是召集大家跟着老大去打群架，岐阳之蒐是打赢后老大号召大家来聚会，明显后者更吸引人。

东征重新勘定了周人的势力圈，北至辽东（箕子已经接受了周王的册封），南至吴越，西至川蜀，东至大海，其辐射范围之广远胜殷商。这份伟大的功绩是周公的，也是成王的，但归根结底还是成王的。为了夯实这份功绩，姬诵要在岐周对参与了东征的部族进行封赏。这些"新诸侯"中相当一部分已经在周公操盘下占据了他们将要获封的地盘，只是程序上还需要王"书面确认"一下。

本次大会的高潮来自天子对几位大佬的分封，其影响之深远直达今日。

首先，吕尚的齐改封到了故蒲姑的土地，今营丘附近。齐地与海岱文化区重合，南抚泰岳，邻近夷人文化大本营，需要周国最强的人前来管理。此安排的合理性没过多久就得以彰显：吕尚前往齐国的路上走得有点慢，走到半路听说莱夷已经打到了家门口，不由大惊失色。亏得太公神勇无敌，把莱夷一顿胖揍之后赶回了海边，算是有惊无险。今天带"莱"的地名几乎都集中在山东，比如莱山、莱芜、莱阳等，都是原住民留下的印记。

周公的鲁改封到了故奄国的土地，跟齐国毗邻，这两国屹立于中原之东，共同构建了齐鲁大地，在之后近九百年的时光里塑造了整个东部中国的文化魂骨。如今山东省的简称依然是"鲁"。周公是打下奄国的主力,所以这块地盘归他没毛病,但是关于地盘的大小还是发生了一些龃龉。根据金文显示,姬诵原想把鲁国南境的徐地封给召公,但周公也想要,双方博弈之后召公让步,北上去承接了一块燕山南麓的新地盘(即后来的燕国所在),徐地最终划给了鲁。

除了这些戏台上或谈笑风生或暗自角力的主角,还有一个默默躲在角落里的小配角值得一提。此人叫熊绎,芈姓,为祝融八姓之一。此时他正担任岐山盟会的会务人员,负责布置会场、放置名牌、看守火把等工作,说白了就是个小碎催。对于这份"光荣"的工作,碎催熊是非常不满意的。他曾祖父鬻熊曾任商国祭司,投奔文王后被封为大巫,可惜来时年纪已然很大,没多久就死了。后面的继承人没能延续鬻熊的荣光,转眼到熊绎已是没落的第四代,在大会上连个座位都混不到,只剩羡慕嫉妒恨。

熊绎所统领的楚人生活于湖北荆山与睢山一带,周时仍属南蛮之地,既偏还穷,"筚路蓝缕"这个词说的就是他们。穷小熊入不了天子法眼,只能在王室打打杂。但风起于青萍之末,这个有心的年轻人通过某种途径搭上了周公,给楚人一族留下了翻身的机会。

岐山大会圆满结束了,几家欢乐几家愁,几家想念热炕头。与会代表们逐渐散去,启程返回各自的封国。

这是周王室最后一次在西部召开大规模会盟。东方的城邑即将拔地而起,成为诸侯拜见天子的新会所。成王五年,洛邑的主体构造工程正式启动,并于年内完成了一期工程建设。这座城饱含了定鼎之君的期待,投入了周召二公的心血,还结合了当时周人顶尖的土木智慧,乃实实在在的最高规格。

洛邑建成的庆典上,姬诵亲至新城祭祀先王,在宗庙中向同族的年轻一辈训话,讲到了其父武王相中这块土地的旧事,其中有一句"余其宅兹中(国),自之乂民"(我将居天下之中,于此治理人民)。在座有位叫"何"的宗室深受感动,回家后造了一座大尊,将领导的讲话全部铸了下来。

何尊与"中国"

这份非常认真的听课笔记于陕西出土,称"何尊",被认定为我国首批禁止出境的国宝重器之一。这是"中国"二字最早的印记。

中国人发明了很多词语来称呼祖国,华夏、九州、神州等,而"中国"成了近代以来最为常用且相对正式的指代词。宋人石介有言:"天处乎上,地处乎下,居天地之中者曰中国,居天地之偏者曰四夷,四夷之外也,中国内也。"中国的原意只包含了以洛邑为代表的中原地区,后来才扩充为华夏子孙所拥有的全部领土,以及他们所建立的沿袭不绝的文明。

"中国"一词所涵盖地域范围的演变,正与中央民族的开拓史相合。其征途的起始地域,就是黄河中游的这座洛邑。

## 成周一日游·上篇

如果只能选择一个切口去观察古文明,城市建设无疑是最好的选择。艺术太虚,宗教太浮,建筑则是有形的历史与可触摸的文化。可惜洛邑城已湮灭无余,只能综合考古发掘与文献中的吉光片羽去半摸索半猜测地还原西周洛邑的布局。

如果成王时代的洛邑还在,应是如何景象?且让我化身导游,为各位试讲一番:

来的森(女士们),简特门(先生们),各位好。我们背后这座古城是大周朝的都城之一,洛邑。周朝有过三都,最早的一个在陕西省岐山县,叫岐周;第二个是西安附近的丰镐,叫宗周;第三个就是这座洛邑,也叫成周。宗是祖宗,成是成功,所以有人说宗周是周民族形成的地方,而成周是周朝天下定鼎的地方,这话总结得非常到位。

洛邑是周成王时代建成的周国新都,它的基址由覆灭了商纣王的周武王亲自选定,后由大名鼎鼎的周公督建,其兄弟召公勘测。周公便是民间最会解梦的那个,跟弗洛伊德齐名的。巧合的是,这个弗洛伊德名字里有伊还有洛,这洛邑就是建在离伊水和洛水不远的地方。

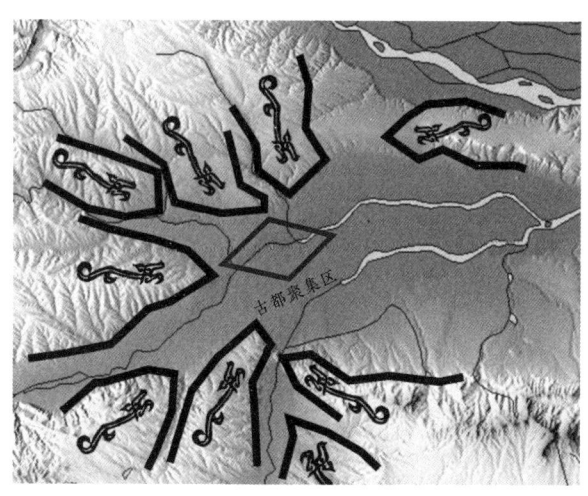

洛阳九龙朝拱形势图

俗话说看房先看地，房子好不好，风水最重要。洛邑脚下这片宅基地的风水自然是最高品级。商周时期还没有什么像样的风水学，但洛邑的选址却在很多方面跟咱们国家古代风水堪舆的要求相符，实在神奇。

洛邑位于洛阳盆地之内，中国诸山以昆仑为主脉，气自昆仑大龙而来，沿秦岭分出一脉，延伸八百里后在洛阳盆地沉聚，形成风水上的一处气穴。对，盗墓的最喜欢这种地方了，土下全是好东西，盗墓小说里常见的洛阳铲就是洛阳产的。

洛邑周边有很多山，在河流的切割下形成了一个九龙朝拱的帝王级风水。所谓风水之法，得水为上，洛邑周围不光有山还有水，九条水系环绕，与九山相配。九山九水来站岗，龙气长聚不被抢。

或有有人会疑惑，现在洛阳的风水为何不管用了？不是风水不行了，是时代变了，洛阳现在的风水依然上佳，只是这种群山拱卫的地形已不再吃香。冷兵器时代，一马平川的城市不适合当首都，因为无险可守，四当其冲。现在越是四通八达的地形越适合建城，铁路公路可劲儿地修，财源滚滚通四海才是王道。且古代中国讲究天朝上邦，自给自足，所以河水值钱而海水不值钱。但航海贸易大发展颠覆了这一切，近代以来的中国大都市多数都靠海而兴。像魔都上海这种三面看海的"天涯海角"在大陆经济时代无人问津，但到了海洋经济时代就一跃而起。所以祖宗的学问也是需要与时俱进的，墨守成规要不得。

书上说"匠人营国方九里"，谓国都也。洛邑这座城南北宽八里有余，东西长九里，西周时候一尺大概二十多厘米，六尺为一步，三百步为一里。换算下来就是长宽都有三千米强，总面积约十二平方千米。

这个面积有多大呢？清朝的北京城大约是今天的北京二环里，有六十二平方千米，相当于洛邑的五倍。如此一比，洛邑似乎显得不够

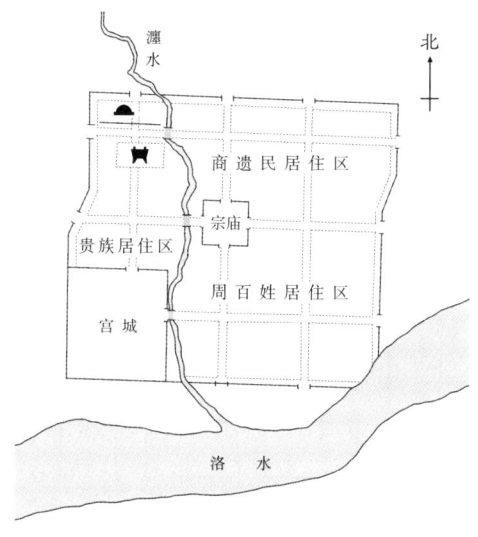

西周洛邑想象图

气派。但不要忘记,洛邑可是建设于三千多年前的古城,在那个时代已然是超级大都市。

说古城,必由城墙而始。洛邑时代的城墙多属夯土版筑,先用大木板当架子,围出围墙的形状,而后将土灌入并夯打结实,再把木板拆掉即可。这种夯土城墙平日里非常结实,但特别怕水,一场大雨便可能将其冲塌,得时常修补。

城墙东侧中央是洛邑的东大门,也是正门。东大门名叫"皋门",后面还有四道门,分别是库门、雉门、应门和路门,把整个城市分成好几层,方便管理和安保控制。

商周乃至汉朝早期的大城市都坐西望东,朝着太阳升起的方向,这样清晨的第一缕阳光可以通过正门进入城市,为国家带来新生的光明。城里的建筑物则基本是坐北朝南,方便采光。

进了皋门,便是洛邑的外城。宗周只有城没有郭,但是成周洛邑

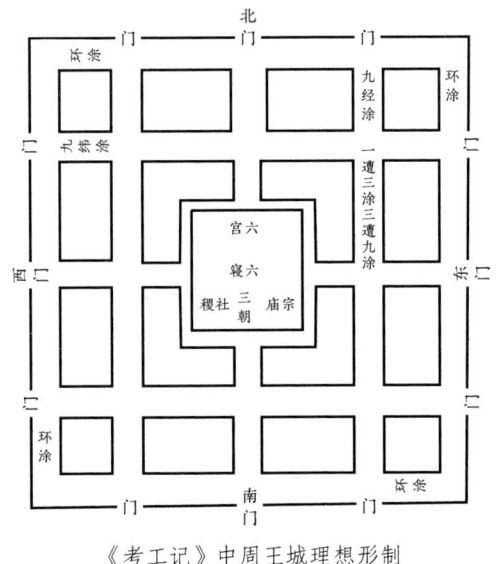

《考工记》中周王城理想形制

分了城和郭。城市主体结构是大方块套小方块，大方块叫郭，小方块叫宫。秦汉以后的城市都依循了这种建筑体例。

沿东门出发，有一条贯穿东西的"中轴线"，五道门都分布在这条线上，是洛邑六条主干道里最重要的一条。这六条主干道分三横三竖，每一道又分三"涂"，一共九经九纬十八"涂"。每一涂的宽度是三轨，相当于能跑三辆车。简单来说，就是全城经纬方向各九条三车道的路，但每三条路合并为一，相当于横竖各三条大动脉，把全城分为十几个方块，每个方块里还有各自不规则的小路。

当然，田字格般规整的城市格局是理想状态，实际上那时候基建能力不够发达，必须根据地貌因地制宜，所以主路无法做到长距离的平直方正，也不是每条路都能一通到底。而宫城也并非修建在城市中轴线上，而是放在洛邑的西南角。

沿着郭城还有一条"环涂"，延伸到城外面的就叫"野涂"。你看，从老祖宗那时候起咱们国家就喜欢修超级大道,又宽又敞亮,汉唐是这样,到今天还是这样。

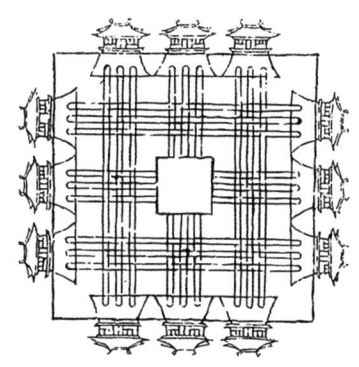

《三礼图》中周王城理想形制

沿着中轴线向城内行走,不多时便可抵达库门。库,军械库是也,这道门实际是一座武库,有重兵把守,里面装满了青铜武器,肃杀之气外露不禁,守卫着门后的国民。穿过这道门,才是真正的繁华人间。

入库门后,城市被大道分割为方块状,每个方块称"里",后世改称"坊",是相对独立的居民生活区。因为周人都按姓氏聚居,所以基本一个大家族都住在同一里中,比邻而居,做"邻里"。

洛邑的北城和南城亦存在明显区别,此处先介绍北城一里。

里中有很多茅草盖顶、木质梁柱的房子,乃是典型的民宅了。识别一个建筑的等级首先要是否具备夯土台基,有台基的一般是带有公共功能的大屋,没有台基的多是居住用的小屋。

北城小屋多而大屋少,相对贫穷。因为城市东北部的居民多数不是周人,而是被强迫迁居而来的商族人后裔。当然,他们此时也成了周国人,但只是二等公民,社会地位相对较低,需要给城里的"旧周族"提供很多体力服务。

周朝时经济区和生活区没有明显分离,故在里中可以发现很多有意思的小生态。商人的聚居区特别热闹和繁华,因为这里的商业活动相对集中。农业社会以农为本,经商者由于不事生产,特别被社会主流看低,所以"商人"这种低等工作多由二等公民负责,周人不屑于从事。通货者曰商，卖货者曰贾，他们跟各种手艺人（也是商裔居多）住在一起，形成商业活动发达的"肆"。周人会专门委派肆长来监督肆里面的商人。

这里货通天南，物达海北，还有为数不少的酒馆，多以开放式的房屋形态出现于街道中。商人极好饮酒，故东北的里中酒场林立，其他区域中则十分少见。周人的饮酒受到极大约束，有法律限制。

有两类东西在商业区里是买不到的，第一类是青铜，第二类是甲骨，祭祀占卜的专用品。青铜和甲骨只能由国家定量发放给商人的族群，私下买卖乃是大罪，这样周人就可以完全控制商人的宗教活动，让他们无法作乱。

更特别的是，居住区里有很多的小型墓地。商周时代对死人非常尊敬，也不会特别忌讳，所以到处都有下葬的小墓，活人死人比邻而居。葬在这种地方的多数是穷人，贵族则有专门的"公墓"区，位在洛邑城北。

## 成周一日游·下篇

经商国遗民聚居的区域向南，到达城市的中心区域附近，可以看到整个洛邑城里最恢宏的建筑群。

在多数的古王朝中，最宏伟的建筑群是王宫，但周朝不然。坐落于洛邑心脏位置的建筑是"庙"，不是摆佛立像的寺庙，而是宗庙，祭祀祖宗的所在。周人把祖先奉为神祇，这一做法承袭于商人。宗庙一般要建在整个城市的中心，作为国家的象征。

宗庙承担着国家主要的宗教活动，也是民众的集会区。在宗庙周围，可以看到很多四四方方的填埋大坑遗迹，考古上称为灰坑，内部

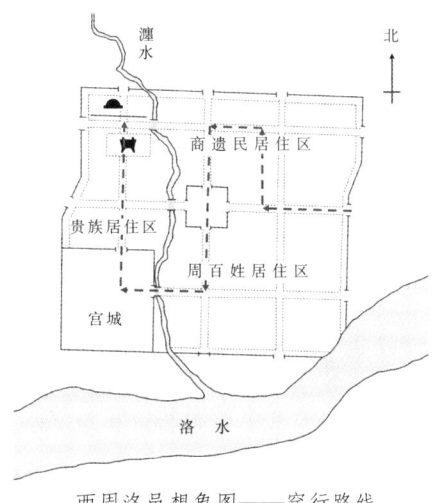

西周洛邑想象图——穿行路线

全是祭祀用品。

灰坑中埋有大量牺牲，主要有马、狗、牛、猪、人五类，人最多，马次之，说明奴隶几乎是最轻贱的"大型动物"。这儿埋的人牲和物牲都是雄性，因为有"牺牲不用牝"的规矩，牝即为"母"，雌性。在商周时代，做人难，做男人更难，连做个雄性动物都难。

被祭祀坑包围的殿堂便是宗庙建筑群。宗庙外建有围墙包裹，下面垫起高高的台基，形如城中之城。围墙里面有三座形制宏伟且地位崇高的大屋。最大的一座为太庙，里面供奉的主位是周人始祖后稷。此外还有一座规模较小的"宗宫"，系文王庙；一座"考宫"，系武王庙。标准的王城至少要配置"五宫"，除了这三宫，还有一个深藏王城内部的"路寝"，以及建于城外的"明堂"。

明堂远在城南，按周制算离城有30里，在城中无法看到。明堂，仅是字面便透出一股器宇轩昂，它是用来祭祀天神的神殿，也是周王会见诸侯、颁布政令的地方。之所以建在城外，全因天帝太过崇高，人间的城容之不下，只有在城外专门建宫才配其身份。

隔着中央大道跟宗庙相呼应的建筑是社（坛），有庙就得有社，二者相辅相成，如同番茄酱之于薯条。跟金黄硬挺的宗庙相比，社坛这个番茄酱实在是稀软寒酸，用今人的眼光来看，不过是一座露天的圆形土台而已。社坛上面铺了一层鹅卵石，起到加固和装饰的作用。

社坛其貌不扬，只在承担重要的任务时才会华丽变身。遇上分封诸侯的盛大活动，社坛上面会铺就一层炫目的五色土，举行五色土分封大典。每逢此时，社坛前便会人声鼎沸，好不热闹。

穿过庙社继续向南，穿过雉门，便会进入洛邑的南城。南部的生活区（里）中，房屋格局与形制显著优于北城，增加了很多装饰细节。比如陶制的地砖，陶制的顶瓦等，虽然受限于时代技术水平，也称不上多么豪华，但明显比殷人区的住宅高一个档次。因为这里住的都是根红苗正的周人。

周人和殷人的生活区域是相对隔离的，阶级与民族差异非常明显。南里的整体构成与北城没有显著区别，当然，整体环境上要更加清静、干净，工业场所和商业活动也相对更少。与北城相比，似乎少了些烟火趣味。

沿南城大道向西折行，走出很远后可见流水截断道路。所谓"溯洄从之，道阻且长"，在没有自来水系统的时代，水是建立大邑的第一必需品，有水才能洗菜、做饭、洗澡、带走排泄物，防止整个城市臭气熏天。

洛邑城的主要用水来自何处？城南的洛水是一条大河，故有一部分生活用水是从洛水挑来，但更重要的水源是这条洛水支流——瀍水。瀍水沿南北纵贯全城，承担着最核心的给水任务，周人围绕着它建立了不少的小型水利工程。除了为市民们提供生活用水，它还承担着界河的功能——穿过河上的桥梁，就是另一个世界，听着似乎有些奈何桥的意味。

对于河东岸的居民而言，西岸是高贵又神秘的世界，只有王族和身居高位的贵族才能进出。所谓三十年河东，三十年河西，河西的人有可能一夜之间被赶到河东，但河东的人终其一生也没有机会迁到河西。

走过河上桥，便是王家门。君主应天之命而为人王，所以这道王宫大门就叫"应门"。整个宫城位于城的西南隅，占地约一平方里有余，即整个洛邑的九分之一。周人将西方视为自己的大后方，而且南面有河流拱卫，所以王的居所自然要布置在最安全的西南方。宫城周围的军队驻点尤其多，这些士兵隶属于周公组建的"成周八师"，既防外敌，又控制商族遗民。

宫城里面也是一个建筑群，几座主体建筑称"寝"。寝和庙本来是一体的，后来围绕王产生的内廷事务越来越多，需要多元化的建筑予以支持。出于方便和保密的考虑，寝从庙里划分出来，跟王的后宫合并了。

寝不光是王的宿舍，也是王的办公室。最核心的大事在庙里办，其他的在寝里办，既方便又节约资源。王有六寝，其主寝即五宫之一的"路寝"，是王会见官员、处理政务的地方，即"前朝"；其他的五寝建在后面，供王、王的女人和孩子们起居之用，相当于"后宫"。前朝和后宫之间有一道路门相隔，这种外朝内寝的结构正是后世皇家宫殿格局的雏形。

走入路寝，可见一片宽大的议事空间，其名为"堂"，朝堂的堂，政治活动就在这里举行。中央前部为堂，中央后部为"室"，室的两侧是东房和西房，堂的两侧则称东夹和西夹。

路寝的北面（背面）还有个侧室，称北堂。整个路寝的格局就透着一股尊卑分明的气氛，空间的功能性非常突出。堂中摆着很多铜器和玉器，都是国宝级文物；西房里的乐器、舞具和东房里的弓、戈等兵器也是华丽非常。

穿过后宫诸寝，可从宫城的北门穿出，回到城内。沿着瀍水往北，两岸风格迥异。左岸是真正的贵族别墅区，除非身世显赫，否则有钱也住不进来。贵族的大房子有点像北京的四合院，都是由多间房屋拼合而成，因为贵族多数是大门豪族，一家上百口都不稀奇，所以房子也都合建在一起，像一团团的巨无霸。

越过"别墅区"向北看，有一处冒着烟火的工场，那是青铜器诞生的铜坊。铜坊是商周"百工"之中的头一号，属于大型国有企业，涉军涉密单位。主营业务涉及重工制造、金属冶炼、军火、政务服务、奢侈品等，可谓国家的肌肉。由于周人从商人手中缴获了大量的青铜储备，故西周中早期的青铜工业产能充沛，生意兴隆。这一处洛邑内最大的铸铜坊总面积超过二十万平方米，由主管百工的工业部长"宗工"直管，大烟囱从早喷到晚。

洛邑城内的这座铜坊拥有非常成熟的配套设备，比如形态各异的陶制坩埚、引地下水入室的冷却系统、烘范窑、冶炼炉等。大型熔炉竖立其中，内置木炭为燃料，外接鼓风设施，用人造的风神与火神之力将铜矿石熔化。温度控制与杂质控制都有很高的精度要求，铅、锡等合金元素的人工添加量将直接决定产品品相，非熟练的大师傅不能操作。虽然周的技术是沿袭和改进于商，但他们没能在商人的基础上实现超越，某些层面甚至还不如商老师。商的青铜技艺实在令人叹服，有些高规格的商器就算是现在的小型金属加工厂也很难生产。

铜坊附近有很多军事驻点,防止国家机密和珍贵的青铜材料外泄。这也是为什么铜坊会修在河的左岸,与平民隔离。这些士兵既负责看守青铜工厂,又要兼顾北面"阴曹地府"的安保。

整个洛邑的地势北高南低,西北角的地势最高,瀍水从那里流入城市。而且北方代表寒冷和幽暗,阴气聚集。所以北方的高地既可以避水祸,又可以往通幽冥,是最适合下葬的地方。城内的大贵族们都把墓建在高地上,可以算城里的公墓区。

为数不少的商人贵族勤恳事周,带着全家老少当牛做马,就是为了拿到一张富贵阴宅的入场券,跟现在大城市里全家出力抢学区房有点相似。

铜坊北面有一道大壕沟,沟有四五米深,功能不明,或许是蓄水之用,又或许是周人划定的阴阳分界线吧。

走到此沟处,洛邑之行便告结束。寥寥简笔,只能描述皮毛,不奢望说尽此城的前世今生。

邙山之南,洛水之北,九州之腹,有城巍然。此处还将上演数千年的兴亡聚散,传唱数不尽的离合悲欢。

唐代刘希夷作《代悲白头翁》,诗曰:"古人无复洛城东,今人还对落花风。年年岁岁花相似,岁岁年年人不同。"在写"洛"的诗词中,此句最为著名。城市是人类最伟大的造物之一,我们栖居在它们的身体中,为其发展贡献青春,用一个个灵魂的寿命将它雕琢得独一无二,然后看着它发展壮大,直至超越造物主而接近永生。

虽然世上并没有什么能真正永恒,但城市无疑已经大大地拓展了人类的极限。它们是大地上矗立的丰碑,铭刻着文明的继往开来。

# 第十八章

# 式敷民德　永肩一心

## 要硬件，也要软件

成周落成后，周公着手按计划迁商遗民入城。为保证迁移工作平稳顺利，他提前将"殷顽"各族长召集到一起，宣读了一篇软硬兼施的《多士》。多士不是蜂蜜厚多士，而是王士，指代以前为商王服务的贵族们。周公温柔地告诫殷商旧"多士"，听我的话，洛邑就是你们安稳的新家，拆迁费和新房子少不了你们的。要是敢闹事，绝无好果子吃。

稳定，稳定，一切都是为了稳定。

"分封以稳天下"的浪潮自武王而始，一直持续到周公辅政之末。原本的构想是姬姓亲族守要害，以点控面，后来姬姓方国越封越多，几乎要反过来包围非姬姓方国。周王把能派上用场的姬姓贵子几乎尽数分封，连罪人之子都不放过——霍叔处之子复封于飞廉故地，立霍国。《荀子》说周人"立七十一国，姬姓独五十三人焉"，《左传》说"姬姓之国者四十人"，足见周王室对血缘的倚仗。

周人的分封让中央民族四散各地,并与诸夏交融,其中当然也包括商人。华、夏二字本相通,《左传》"裔不谋夏,夷不乱华",都是文明、开化、绚烂的意相。近中原者夏,习周礼者华;重仪行者夏,着美衣者华,至东周而合称"华夏"。周的分封是华夏族正式形成的催化剂,周人就是我们祖先中最主要的一支。

金文　　　　　　篆书　　　　　　隶书

比裙带更值得信赖的是自己的拳头。在周国内部,一个以宗周和成周为核心、两点一线的防御架构被建立起来。武王时代积攒的兵力组建为"宗周六师",拱卫成王所在的丰镐;之后以周公所辖兵马为基础,天下诸侯各出人手组建了相对浮动的"成周八师",这支混成军团在之后数代的对夷作战中厥功至伟。西周早期极少有方国能掏出一个师的武装力量,故周国在军事建制上也保证了绝对优势。

兄弟与拳头,足够保证大周朝的万世不堕吗?

恐怕不能,商人的覆灭就是前车之鉴。

武力是硬件,可以让人口服,难以让人心服;心服只能靠软件,或者说精神层面的东西来实现。原本发挥这个作用的是宗教神权,但祖先神体系在周代商后已是魅力不比当年。为了消解商人统治正义的唯一性,周人在列国间宣扬了一种新的天命观。首先是"王权天授",即认可天的存在;其次是"天命靡常",即天命是会变的,王权归属并不是永恒的;第三是"敬德保民",天命系有德者居之,有德可以推翻无德,只有敬德保民,才能保有统治的正义性。

这个"以德受命"的理论体系之关键在于弱化了天神的指引而强化了人王的主观能动性，是一把双刃剑，谁能保证周王的后人里不出几个倒行逆施的货？谁能保证周氏子弟就千秋万代不失德？且既然周可以代商，别人自然也可以代周，甚至都不用再做理论创新了，就举着周人的大旗把灭商的流程再演练一遍即可。为了补全统治工具中业已弱化的这块拼图，周人需要开发一个新的软件系统，这项工作自然要靠国家最优秀的工程师周公旦先生来完成。

政治与体制的改革或可一蹴而就，文化与思想的修正却只能细水长流。姬旦拿出了他的细水长流——制礼作乐。

## 制礼作乐

"礼"是限定和约束贵族行为规范的章程，"乐"则是彰显贵族身份地位的标志。礼、乐共同构成了周朝主流文化的精神导向。

甲骨文　　金文　　篆书　　隶书

礼的甲骨文是一座高脚盛玉的祭器，说明最早的礼是由祭神时恭敬的仪式演化而来。周礼主要分五大类：吉、凶、军、宾、嘉，分别规范祭祀、丧葬、军事、接待、庆喜五种主要社会事务。周礼是一种针对贵族的法度，既是贵族的义务又是贵族的权利，所谓"礼不下庶人"。贵族一生几乎所有的大事件都可以在这五礼中找到执行方案，包罗万象又事无巨细。

比如，有一个贵族小孩叫小明，小明他爹老明原来是个酋长。有一年夏天实在太热了,热得祖坟上都冒了青烟,所以老明走运了,被周王邀请去参加田猎。夏天举行的军演称"拔舍",待长途跋涉到拔舍之地,其他诸侯都知道按"大田礼"行事,可老明土啊,没规矩,带的人老是站错队,结果反而被王给记住了。第二年要打仗,王说把那个老顺拐的部落也叫上,多一个是一个嘛。老明那伙子人虽然不懂部队集结的"大师礼",让很多诸侯背地里笑话了一番,但打仗是真狠,抄起棍子就往人天灵盖上招呼,干死的夷人特别多。最后论功行赏,王很慷慨地封了他一个子爵,赏了他相应规格的礼器和乐器,好家伙,一下成诸侯了。

老明在秋收后带着地里的收成和小明去朝见王。秋天见王行"觐礼",每个季节的叫法都不同。到了首都,正赶上王在主持祭天大典,行"大享礼",之后又按"脤膰礼"赐予到场的诸侯脤肉,老明也领了一块,跟请神一样恭恭敬敬地带回了封地。

从此小明家有了自己的土地和姓,步入"封建"之列。他们首先按"大役礼"征发民众筑了个小城,然后又按"大封礼"整修道路沟渠,把这小小子国整得有模有样儿。周边的诸侯听说来了个新邻居,纷纷遣使来贺,行"贺庆礼"。老明收了红包当然也得表示一下,在国中办了个宴会,按"飨礼"款待各方来宾,一顿饭下来累得跟孙子似的。

老明看自己如今也有房有车有爵位了,该把继承人问题落实一下了。正好小明已近成年,索性给他办个"冠礼",正式册立为继承人吧!小明说爹,我也老大不小了,给弄个媳妇儿中不中啊?我看隔壁国的翠花就挺带劲儿的。老明一听好事儿啊,立刻下聘。隔壁国的老王正愁闺女脑袋大脖子粗没人要,听说有人要娶翠花,鼻涕泡都美出来了。

到了"昏礼"那天，小明家自然是亲朋会聚，好友成群。黄昏是阴阳交渐之时，故婚嫁事宜于此时举行，取阳往阴来（男子前去迎来女子）之意。结发仪式不举乐，不庆贺，庄重而朴素，不似今人婚礼的热热闹闹。

第二天，老明和小明以"饮食礼"亲近宗族，用"宾射礼"娱乐故旧，大家吃喝玩乐，不亦乐乎。老王为了摆排场，狠了狠心，把一直舍不得享用的脤肉端了出来。大家纷纷赞叹，这稀罕物件，非贵族不得见啊，讲究，实在讲究。可惜这脤肉放得太久，霉了，引发了群体性食物中毒。尤其是老明吃得最多，一不留神，挂了。

小明那个哭啊，爹你怎么就死了呢，这叫什么事儿啊。旁边的随官提醒他，老明现在是子爵，不能叫死了，得说"薨"了。小明想按他们部落原来的规矩把老明火葬，但随官又说了，这不行，一切得按"丧礼"办，您得穿上生麻做的"斩衰"（披麻戴孝）服丧，薨后五日而入殓，足日则土葬。小明一听哭得更厉害了，那我爹不都臭了吗，呀呀呸的。我爹活着的时候最喜欢你了，你去给他陪葬吧！

随官脸都绿了，主子，我今儿才第一天上班啊。

这就是老明和小明的故事。此处只是列举了一些最重要的礼的名目，实际要求比这多得多得多得多，具体细则烦琐至极，想记全都非常困难，所以很多人怀疑是否能真的执行到位。礼的执行强度以王为中心，王畿最为严格，越往外越松，到乡野之间已经执行得比较随便了，可能只遵守其中最重要的项目。加之年代过于久远，先秦资料又多遭毁弃，故今人对于周礼的实际情况只有框架性的了解，很难精确。唯一一份对周礼有所描述的权威著作系儒家经典《周礼》，后人研究周礼多以此为窗口。此书原名《周官》，汉成帝时被学人从秘府文件中翻出，至王莽而列入学官，成了官方教材。对于此书真正的成书时间及其中礼制的所属年代，历代学者多有争议。按目前较主流的看法，此书应是经历了多个时期的损益与除旧布新，非周一代之典。换句话说，我们今天所能看到的"周礼"，与真正的周公之礼已有差异，周初时的礼制可能没有那么繁复。

礼的核心思想或者说终极诉求就是四个字："亲亲尊尊"。不好意思，我不是在卖萌，也不认识叫尊尊的姑娘，这是两个动宾短语。亲亲，亲其所亲，强调父系权威和血缘宗族的重要性；尊尊，尊其所尊，强调尊卑有别，下级不得反抗上级，各阶层要安分守己。通过礼的推行，每个贵族都产生了清晰的自我身份认知，并不自觉地被这种阶级结构所裹挟。

针对礼的教育是从孩提时代就开始培养的，这种深入每一个生活细节的规范对人的言行有绝强的改造力，从意识深处加强了贵族们对宗法制的服从。整个上流社会形成了一种共识：贵族的权力源自更高一级贵族的分配。这种认知层层递进到最高级别的王身上，形如一个权力的金字塔。每个享受着权力的贵族都会成为这个系统的卫道士，挑战你的上级就相当于挑战这个系统，必遭群起而攻之。

有礼还要有乐。乐包含了"舞"，是音乐及舞蹈的结合，或者更准确地说，乐是一套用来和礼作搭配的乐舞组合。周国乐师创作了一系列类似"样板戏"的乐舞，并将其定为"雅乐"。各种仪式性活动

甲骨文

金文

篆书

隶书

一定要演奏雅乐。如祭祀山川，要舞《大夏》，祭祀先祖，要舞《大武》。雅乐的题材主要选自重大的国家历史事件，以及一些传说和高级贵族的名人名言等。

除了其娱乐和装饰属性，雅乐还肩负着分尊卑、明贵贱的作用。比如，编钟是青铜时代最贵重的悬挂乐器套件，不同等级的贵族有不同的使用规矩。天子之礼称"宫悬"，可在房屋的四面都放置编钟；诸侯之礼称"轩悬"，可三面放置；卿大夫之礼称"判悬"，东西两侧放置；士为"特悬"，只能东面放置。著名的战国曾侯乙编钟就是遵循了"轩悬"。一个人办活动的时候排出了什么规模的乐队、使用了什么规制的乐器、动用了多少舞女，可以直观地体现其阶级地位，所谓排场不是你想买，想买就能买。

周公的礼乐并不全然是原创，实际是在夏、殷之礼乐的基础上总结修改而来，保留和发扬了其中适于配合封建等级制度的部分；周公的礼乐也绝非因循承袭，因为他彻底颠覆了礼乐的功能与意义，将其从一种宗教活动的背景元素升级成了整个社会的律法与规章。大到家国存续，小到衣食住行，皆要受其约束。

通过乐来推行阶级观念和宗法意识是一种很聪明的做法，"寓教于乐"，明显好过空口白舌和强制推行。周公的智慧还不止于此，他深知商人用暴力推行宗教规则的低效率，故采用了"教育"作为倡导礼乐的主要方式。贵族子弟从六岁开始就要在家进行礼乐学前教育，之后要进入公立学校接受系统而严格的训导，"小学""大学"一路读过来。礼、乐是学校里最核心的课程，此外还辅以射、御、书、数等。年轻子弟不仅学习礼乐，更要学习礼乐承载的意识形态，比如《云门》《大卷》等史诗性质的雅乐都被编进了教材，既是艺术课，也是历史课,更是政治课。

乐师这种职官在西周成为礼乐先锋,其老大称"大司乐",同时负责宫廷乐舞与国子教化。贵族是国家文化的构建群体,儿童则是国家的未来,培养贵族要从娃娃抓起。当第一代浸润在礼乐教育中的孩子长大之后,礼乐思想就完全成了上层社会的主流共识。作为附属品,礼乐教育还培养出了"贵族气质"这种东西,一个贵族子弟的举手投足、生活习惯都与平民阶层产生了差异,这更加有助于阶级区分。

礼是方的,乐是圆的;礼是规整的,乐是浪漫的;礼让人走向安定,乐让人走向自由;礼让阶层产生差异,乐让社会走向和同。它们共同构成了先秦社会美学追求的严谨与恢宏。可惜的是,礼在历代皇权社会得到了传承和推崇,乐却逐渐式微,最终消亡。相比于通过文字就可以清晰记录的礼,乐的传承在没有留声技术的年代非常困难,甚至少数的文字经典,如六经中的《乐》,也没能流传下来。这种亡佚导致中国古代艺术的其中一极无奈塌陷,今人也只能靠想象去重塑那种复杂的魅力了。

## 嘉禾万事兴

肃肃宵征,夙夜在公。

自武王崩,三监乱,平武庚,迁殷民,建洛邑,制礼乐,数年的时光白驹过隙,悄无声息。周公化身为一只不停旋转的陀螺,任由生活被军国大事塞得满满当当。总之就一个字:忙。

他的功劳之大,举世皆知;执政之勤奋,人所共闻。如果你的国家有这样的一位首相,相信你一定会满足加欣慰,晚上睡觉都会觉得安稳。

但如果你是这国家的王呢?

四叔仍是那个四叔,侄儿却不再是那个侄儿。

五六年过去了,姬诵一点点长大,情绪越发地细腻与敏感,从一个忧郁的屁孩儿变成了颇具城府的青年。这几年里他们叔侄面对面交流的机会不会太多,一方面周公要埋首于东方的军政工作,总是在前线和镐京之间来回跑不太现实;另一方面周公还要实践自己的政治承诺。

扶危之时,他与召公约定共治天下,用权力换回了周国上层的向心力。之后他实践了自己的诺言,两人"分陕而治",立柱为界。此处的陕不是陕西,而是"陕塬",位于今河南省三门峡市。陕塬以西为陕西(今陕西省即由此得名),召公管理;陕塬以东为陕东,周公管理。两人分工明确,召公负责留守开发,建立富强和谐的大后方,周公则防范东方的敌人,全力消化殷人的地盘并进一步东拓。丰镐位于"陕西",所以这几年中一直陪在姬诵身边的是召公,周公则更多地存在于一封封文书里。

关于王与周公之间微妙的关系,《史记》和《尚书》都选记了一件值得玩味的小事,我管它叫"一株禾苗引发的赛诗会"。

青禾吐穗的时节,唐叔虞的封地里采到了一株"异母同颖"的禾苗。母者,供养也,可以引申为植物的根(茎)。异母同颖就是两株共生一穗。按照基因突变的动植物都算祥瑞的传统,这种一株多穗禾或多株一穗禾都被称为"嘉禾",是国家兴旺、政通人和的好兆头。唐叔虞赶紧将此祥瑞之物上贡于王,王作《馈禾》,让唐书虞连禾带诗一块转赠于东方的四叔。此时周公正在平定三监之乱,忙得很,得禾后匆忙写了《嘉禾》回赠于王,转头继续埋首于军务。

## 第十八章　式敷民德　永肩一心

等到局势大定之时，周公又想起了这事儿，越琢磨越不对味儿。嘉禾瑞象并不是什么大不了的东西，又不是来了凤凰，为什么要特意送到前线来？二株共生一穗，这不是二主共享一国吗？

这世上的事情就怕琢磨。

姬诵或许并无所指，但言者无心，听者有意。嗜杀者其性多怒，重谋者其心多疑。周公这样心思缜密的人更易如此，他不得不以小人之心度君王之腹。

三监之乱平定后，周公滞留军中而未西归，避免直面姬诵的尴尬。在向王汇报平叛成果的公文里他夹带了一首《鸱鸮》，其心神不宁与满腔忧虑在此诗中表露无遗。

《诗经》的表现手法有赋、比、兴三种，《鸱鸮》一诗即是运用"比"的典型。鸱鸮（猫头鹰）是猛禽恶鸟，习性霸道，爱攻击其他鸟类。周公将叛军比为鸱鸮，周王室比为鸟巢，王比为弱鸟之幼子，自己则比作辛苦的母鸟。

"鸱鸮鸱鸮，既取我子，无毁我室。"那可恶的鸱鸮毁我鸟巢，吃我幼鸟，猖狂至极。可怜的母鸟一边要与鸱鸮周旋，一边还要保护幼子与风雨飘摇的巢穴，其境何其可怜，何其艰难！

"予羽谯谯，予尾翛翛，予室翘翘。"我的羽毛干枯暗淡，我的尾巴秃了吧唧，我的老窝摇摇晃晃，我好累，我好惨！王业之艰难，周国之苦难，我一肩挑起，力排众难从未圜转。吾心如明月，请王明鉴！

这是周公思忖再三后追加的回复，一种隐喻的剖白和退让性的表示。周公写这首诗的原因就暗藏在姬诵收信后的表现里。《史记》说"王亦未敢训周公"，《尚书》说"王亦未敢诮公"，意思都差不多：王想问责周公，读过诗后却没有说出口。平定三监难道不是大功一件吗，王有何缘由要"诮公"呢？

政治上的功过之论，从来没有表面上那么简单。最可能的解释，就是关于收拾三监这事儿，周公并未与王达成共识。周公在告诉王，你这仨叔叔罪大恶极，我惩治他们全是为了匡扶王室，不是为了铲除异己。而王对于周公处置三监的行为实是心存不满，又碍于周公的表态无处发作，只得报以铁青面色。

一切的怀疑都源于不了解。叔叔你代行王政在外，又手握重兵，功高盖主一百八十多层楼，文功武德甩侄子三百六十多条街，换了谁不得啀摸几下？

周公在东方工作越努力，就越让人害怕，因为每一分的努力都让他自己变得更强大。东征之后，其政治敌人被消灭殆尽，儿子和亲近的弟弟执掌一方，军事上唯一可以匹敌他的吕尚也离开了中央。让周公平定三监，焉知不是驱虎吞狼？

彼时东土未定，大战迫在眉睫，仍需要君臣勠力同心，所以这份矛盾没有公开化。君子报仇，十年不晚；王公之怨，累世乃发。君臣间的不信任会逐步发酵，和平盛世到来之时，便是清算之日。说书人有句话特别到位：太平本是将军定，不许将军见太平啊。

## 入楚

成王六年，周公礼乐之制大成。姬旦祀文王于明堂以配上帝，四海之内有头有脸的诸侯"各以其职来祭"。明堂是周公参考夏商大屋制而兴建的神圣殿堂，其性质类似于一个可以用来开会的教堂。西方人最高的建筑只用来供奉上帝，东方人最大的房子也祭上帝，但还要用来聊公事，这种人神交杂的意识形态是东西方古文明源流中很深刻的差异。

夏、商的"明堂"分别叫"世室"和"重屋",其规模与周之明堂相近。周明堂东西九筵,南北七筵。一筵九尺,九筵合今制十八米左右,即明堂的主建筑空间有二百五十多平方米,相当于今天一个复式大户型。明堂是国家领导人宣明政教、配祀天德之处,宣政议事主要使用南侧的室和阶陛,老大站在高处,众卿大夫面北而立。

明堂只建于成周而不见于宗周,与洛邑"天下之中"的定位相合。丰镐偏西,四方入贡道里不均,故洛邑建成后诸侯朝见之事就挪到了东都。除祭祀功能主要保留在丰镐外,洛邑在政、军、国际事务等方面都成了天下核心。类比起来,宗周就是帝辛时的殷,而成周则相当于朝歌。

周公在这次宗祀上宣布了礼乐之制,并借助祭祀仪式向诸侯公卿们亲自演示周礼的操作方法,以便众人能更直观地学习和理解。周朝第一届高级贵族政治进修班于此开幕,上课过程一定是痛苦的,回家之后补课也是挺烦的,但是毕业之后也是很光荣的。不学不是周国人,不懂不是真贵族。周人在此之前多从殷礼,而今终于也颁布了专属本国的礼制。

凤乐绕梁,天子龙行;少君不至,周公称命。在无数双眼睛的注视下,周公代替王完成了祭祀工作,而后南面宣政。这是周公一生中的巅峰时刻,那一瞬间他的身影与天子重叠,悠悠寰宇尽在其掌中翻腾。仰面视青天,孤高之境不过咫尺之间。

我很好奇周公在那一刻想了些什么。

也就是在这一年,王与摄政者的蜜月期结束了,或者在更早的时候就已经结束了,之后都是"同床异梦"而已。

周公将篡的流言再次风行于各大政治论坛，周国高层政治圈的气氛陡然紧张起来。与周公有嫌隙的并不止王一人，像他这样权倾朝野的人一定会挤压他人的政治空间，加上他常年居东，不能紧盯着丰镐，故朝廷内部形成了敌视与排挤他的势力。

王此时已经具备了一定的政事处理权，并拥有了宗周六师，羽翼已丰，自觉具备了向周公发难的资本。某日的朝堂上，亲王派发起了又一波针对周公"欲为乱久矣"的弹劾，王罕见地"乃大怒"，决意要惩治"乱臣"周公。这是一次有预谋的政变，针对周公的弹劾从三监起就没有停过，周公本人都见怪不怪了，唯独这一次，王的态度来了个大转弯。

凡英雄者，泰山崩于前而面不改色，周公这等豪杰，当然不会任人宰割！所以他……跑了。

当天子的怒气降临洛邑之时，周公已不见了踪影，轰轰烈烈的抓捕行动只得草草收场。周公用一种很凡人、很务实的选择做出了表态：我没有打算谋反，但是我也怕自己死得不明不白，我怕了，我走了，不要想我哟。

周公去哪儿了？第一个怀疑对象是鲁国，后来被证伪。鲁国路远，且周公不想牵连自己的儿子。实际上他逃到了一个在朝中结识的朋友家里，这个朋友有小小的实力，至少能提供藏匿场所。朋友的地盘离周国不算近也不算远，在今湖北境内，走水路很快可以到达，是理想的避祸之地。最重要的是，这位朋友没有爵位，甚少被朝廷关注到。

周公逃到了楚地，他的朋友就是那岐山会盟上看火的熊绎。因为熊氏未得封侯，所以现在楚地还不能叫楚国。

朝登天子堂，暮为田舍郎。这样的人生际遇着实有点丧，幸好这丧日子并没有维持太久。接管了洛邑的特派官抓不到周公，只缴获了他全部的工作记录及部属。国家警察立刻开始审问工作，并根据现有资料对在逃嫌犯进行综合摹写。经过调查分析，警方未能发现犯罪嫌疑人有造反迹象，不仅如此，还应该给他发个劳模终身成就奖呢。

这下压力又回到了姬诵一边。

如果周公真的有谋反之实，那唯有一不做二不休，跟侄子兵戎相见。那将是西周史上最黑暗的一页。但他没有，他知道时间会给他一个交代，也知道王想要的不是他的命，只是他的权力而已。此刻只需要一个神奇的契机，让姬诵有个台阶下，尴尬的局面就得以转圜。

草蛇灰线，伏脉千里。这个拯救了周公命运的契机，就是他本人埋下的。

是年百谷成熟，秋收将至，国内突然风雷大作，草木伏倒，民众皆恐。面对此等天罚，王与百官紧急求神问册，开金縢之匮，"恰好"发现了周公多年前收藏在其中的文书。姬诵观其记录，方知周公曾以身代武王祷，再联想到他多年的功高劳苦，大侄子深为触动。转过天来，姬诵向当年的作册求证此事真伪，作册言：确有此事，且哥还交代我不可外传呢，洛阳亲友如相问，就说我叫红领巾。

王执书而流泪，直斥自己不察之过，让为王室鞠躬尽瘁的贤臣受了委屈。他公开宣布要将周公迎回，以正德行、消天怒。待王走出郊外，突然间云销雨霁，倒伏的庄稼也奇迹般迅速站了起来。

这些天启神迹自然做不得真，但王借此契机选择了与周公讲和倒是无疑。周公非常识时务地选择归国并正式交权，也许他早就想这么做了。王也乐得营造君臣和合的美谈，周公返国之时，他于城外亲自欢迎。一场风波在标准的大团圆结局中落幕。

## 周公三问

"奔楚"是周公政治生涯的一个缩影,奔波、猜忌、辛劳、转危为安,这些戏码在他人生中不止一次地上演。

奔楚亦是周公为国家做的最后一件大事。楚人来自东方,开化程度相对较低,且长期受王廷冷落,早有自立之心,于熊丽一代已有不尊王命的迹象,不然他们也不敢窝藏周公。武王伐纣之时,楚人并未参战,不知道是获命而未从,还是武王压根儿就没喊他们。周公与熊绎缔结的良好关系既保全了自己,也安抚了楚族,让周楚之间的主臣之分又延续了多代。从这个意义上讲,奔楚之行也算是一场破冰之旅了。

姬旦的人生是传奇的,也是复杂的。关于他的解读存在很多争议,交锋最激烈的点就在于他是否曾经称王。围绕这一议题先后有摄政称王说、摄政未称王说、篡位称王说、称王还政说、东西分立说等等,引经据典各有道理,或许在新的证据出现前难有公论。但是抛开这些外在的形壳,周公与王的关系本质上可作三重问答。

第一,周公是周国实际上的统治者吗?

答:是的。无论他使用什么样的称呼,王也好,公也好,摄政之时的姬旦就是这个国家实际上的"王"。军国大事与专属于王的祭祀工作都由姬旦负责,诸侯亦把他视为中央民族的代言人。在探讨西周历史之时,周公的时代与成王的时代应该并列看待,前者可与文、武一起组成开拓奠基期,后者则是守成发展期的开端。

第二,周公曾经篡位吗?

答:没有。或许他曾经在某些细节上构成了僭越,但绝对构不成篡位。在正统上，周公始终视姬诵为唯一的王，并辅助他完成了冠礼与继位；在宗法上，是周公确立了周国的大小宗之分和嫡长子继承制——嫡长子为王爵继承权第一顺位，小宗服从大宗，诸弟服从长兄，大宗保护小宗。嫡长子继承制从此被确立为整个古代中国的主流。从继承人的素质上讲，嫡长子继承制一定不是最优的，因其压缩了选择空间；从统治结构上讲，嫡长子继承制一定不是最差的，因其给出了唯一选择路径，避免了高层动荡。换句话说，嫡长子继承制可能压低了王朝的上限，却提升了王朝的下限。

如果周公真的以小宗篡大宗，岂不是打自己的脸？且周公最终还政于王是无可置疑的事实。我个人认为周公未曾称王，甲骨与铭文中的"王"式自称多是周公以成王的口吻发布政令；即便不是，周公也从未把自己置于王的对立面甚至上位面。大事虽决于手，汇报从不放松。他一直把侄子视为国家的象征与未来。

第三，周公曾经动过取而代之的心思吗？

答：不知道。读史可以知兴替、明得失、论长短，却无法断是非，因为是非只在人心。人心是世上最复杂多变之物，莫说黑白二元论太过幼稚，便是二者之间的灰色地带也找不到明确刻度。说他动过篡逆之心，未免以小人之心度圣人之腹，陷进了阴谋论的泥淖；说他从未动过，又有点违背人性直觉。周公是有这个实力和机会的，但又从来没有绝对把握，周国内外始终存在能钳制他的实力者。阻止他窥探深渊的到底是外力还是本心，怕是永远不会有答案。

白居易有诗曰："周公恐惧流言日，王莽谦恭未篡时。向使当初身便死，一生真伪复谁知？"周公曾被谋逆的声浪淹没，王莽篡位前曾谦恭事君，和珅变作古今第一贪前曾是文采风流的锐意青年，勾践未复国时曾卑躬屈膝为敌尝粪,倘若他们就死在了那一刻,身后的评价与其本心会有多大的偏离?人的一生很漫长,谁都是会变的,所以君子论迹不论心,论心世上无君子呵。

## 洛邑大会

> 明堂增玉润,洛邑添铜尊。
> 天子八方锦,诸侯七彩纶。
> 兔旌车盖卷,青马骏驰神。
> 四海玲珑兽,今为鼎内珍。

礼者,在虚为礼节,在实为礼物。周的礼制包覆甚广,"送礼"也是其中的一部分,讲究"礼尚往来"。《卫风·氓》中有言"以尔车来,以我贿迁",这"车"和"贿"就是结婚时的聘礼与嫁妆,属于特殊事件中的礼物,自有其规矩和禁忌。

某些单位里逢年过节给领导送礼是最让人头疼的事情,贵的送不起,便宜的怕不够心意,最重要的是不知道领导缺啥,没法投其所好。商周时代的人就没有这个问题,因为领导什么都缺。在商贸物流极大发展的今天,住在一线城市的人几乎可以买到全国生产的东西;古人则不然,大多数的土特产在外地都找不到,所以送礼还是蛮简单的事情。今年过节要收礼,飞禽走兽都可以。

入楚事件平息后不久,姬诵昭告天下,将于新一季祭祀之时举行洛邑大会,并亲自主持!各方诸侯心领神会,赶紧备好礼物赶赴东都。《逸周书》有言:"周室既宁,八方会同,各以职来献。欲垂法厥世,作《王会》。"

是日,缀有黑色羽毛的红色大帐在王城中迎风鼓动,满目赤色猩如丹砂,专为诸国来者设列。"九天阊阖开宫殿,万国衣冠拜冕旒。"天子英华如虹,器彩韶澈,立北朝南,居高临下,面上的三寸春风与腰间大圭的高冷之气互为映衬。群臣各居其位、各司其职,里三层外三层裹得密密匝匝。

周公退居臣位,与其他三侯并立天子身旁,看在诸侯眼中也许有点不太习惯。洛邑城里停满了与会代表的马车,端的是气派非凡,什么叫青骢哪个是黑鬃,谁家的劳斯莱斯哪国的宾利,树靠一张皮人活一口气啊,这是为国炫力。

会场外部的四个角上设置了红色的帐篷"爻闾",供年老体衰打瞌睡不停的代表离场休息,非常人性化。如国主不能至,可遣其卿、大夫作为使者。卿大夫享受的宾客之礼比其主人低两个档次(共分九档)。哪怕主人不至,从使者的排场也能看出主人的位分,可保尊荣不辍。不过绝大多数诸侯都会亲身前来,毕竟此次大会意义特殊,周公的时代行将结束,谁都想在天子的第一次"亲政大会"上打个照面、表个忠心。

诸侯依次向成王纳贡,礼物五花八门千奇百怪,很值得盘点一番。除了获爵的诸侯,还有很多仰慕周天子之名的番邦蛮族也跑来送礼。一些西域、南国和东海之上的部落出现在了列席代表名单上,从中得以窥见彼时东亚大陆上已经相互连接的"文明网络"之广大。

像各种鹿、各种鱼、各种大螃蟹的就无甚稀奇,咱们只拣有意思的说。不少进贡的动物中原人从未见过,亦不知其名(外邦人的语言没法准确翻译),记录员只能现编一个名词来入册,所以出现了一些神神怪怪的词。比如东方的青丘国贡了九尾狐狸,后来青丘就被很多玄幻小说作家当作了狐仙的故乡;此外还有巴人贡比翼,蜀人贡天鸡、孤竹贡距虚等，让人怀疑是不是被读过《山海经》的后人进行了篡改。老朋友义渠人也来了，他们贡了一种叫兹白的猛兽，至今考证不出是什么玩意儿。

各类贡品中，体形最大之物应属南越的大象，最小的大概是权扶人带来的猫眼石，最有技术含量的是晋北楼烦人的玉饰旌旗，最没技术含量的就没法评了，抓鱼捕雀逮王八的比比皆是。有些贡品剑走偏锋，实际上很廉价，广告却很厉害，比如庸人（"庸人自扰"的那个庸人）带来的枸苡，一种形似李子的小果子，据说妇女吃了容易怀孕，洛邑的老爷们一定很喜欢。殷人尚白的传统在周人这里得到了一定的继承，白化动物仍被视为祥瑞。黑齿国进贡的白马、番吾进贡的白虎等均属此列。

本届"最让人感动奖"属于一个南方小国，我们甚至不能确定获奖者是否准时赶到了现场。《汉书·平帝纪》中记录了一个叫"越裳"的国家，此国"三象重译而献白雉"，在《后汉书》《册府元龟》中也有记载。越裳系交趾之南的国度，因道路悠远、山川阻隔而与华夏"音使不通"，经过了好几重的接力翻译才艰难送上白色野鸡，以表倾慕。"越裳"就是"穿衣裳的越人"，言下之意这是比较开化、不裸体的南方人，有一点儿歧视的色彩。自此而始，"重译献雉"就成了中原王朝天威远播的象征。

本届还有一个"最受人关注奖"——入楚风波的参与者熊绎来到了现场。周公投桃报李，为他们讨了个加封，爵位不高，子爵而已。楚从此次大会起正式成为文明世界中一个有身份的字头。

楚人对这个子爵不太满意，他们会证明自己是更加优秀的存在。

本次大会宣布了中央的最高决议：周公自明年起将正式退居二

线,还政于王。中央给予了劳苦功高的周公足够的礼遇,并当面请其传授统御诸侯、教养万民之方略。这就是周公为他依然年轻的大侄子献上的最好贡品——一个欣欣向荣、诸事都已整顿妥帖的大周国。

喏,游戏账号我已经给你练到神装满级了,请拿去尽情地耍吧,愿你耍出风格,耍出水平,把大周国耍到一个新的高度。

## 葬我于成周

一个身居高位的长者哪怕工作再辛苦,只要还在持续地发光发热,就可以保持良好的状态。而一旦他卸下了身上的重担,活力与精气就会迅速溜走,人也会很快老却。

将国家大任退还的周公便是如此。他的精神应来到了一个前所未有的轻松之境,但多年积劳引发的各种健康问题却一夕而至。起初仍可站在朝臣队伍里参与工作,不过三年便垮脱了下去,只能迁至丰京休养。

感觉自己大限将至的周公留下了这样的遗言:"必葬我成周,以明吾不敢离成王。"

成周是承载了姬旦光辉与荣耀的城堡,他希望自己成为第一个埋身洛邑的周氏王族,化身巨灵世世生生守卫家国。

山不厌高,海不厌深。周公吐哺,天下归心。

姬旦与他的父亲一样,有着超越时光的智慧。姬昌诸子中唯姬旦与他最像,也最能继承他的事业与才能。姬昌演《周易》为六十四卦,构建了理论基础;姬旦则学以致用,将《周易》应用于占卜推演,并将卜辞连缀成了爻辞,使易学具备了经史价值。六十四卦以乾为首,主春生夏长,万物繁荣,而这《周易》第一卦的爻辞便暗合了周人崛起的历史。借此卦，正好可以重温那段精彩的岁月。

初九，潜龙勿用。

季历身死，周人羽翼未丰，应采取守势。轻举妄动则会失败，如同姬昌被长期囚禁，徒增教训。

九二，见龙在田。

《象》曰："见龙在田，德施普也。"蛰伏已久的潜龙重新出来活动。周人广施德政，对西土各部行怀柔之策，积攒力量。

九三，君子终日乾乾，夕惕若厉，无咎。

《象》曰："终日乾乾，反复道也"。周国君臣每日战战兢兢，如履薄冰，用尽心智去服侍商王，以韬光养晦等待时机。

九四，或跃在渊，无咎。

《象》曰："或跃在渊，进无咎也。"时机终于成熟，文武两王接力发动攻击，先迂回翦灭殷人羽翼，而后从西土一路推进到朝歌。

九五，飞龙在天，利见大人。

《象》曰："飞龙在天，大人造也。"牧野鹰扬，周军先灭殷商，后定四方。有德之君终于登上天子之位，兴国大业成矣。

九六，亢龙有悔。

《象》曰："亢龙有悔，盈不可久也。"攻势久而必衰，三监之乱预示着武力征伐已经用到了极限，必须寻找新的道路。

用九，见群龙无首，吉。

《象》曰："用九，天德不可为首也。"用九者，乾坤倒转也，乾卦开始向坤卦转化。武王死后群龙无首，周公引领的兵事与周礼刚柔相济，让周国发展转向全新局面。

今人觉得《周易》虚玄如同天书，是因为后世已无从知晓此书撰写的历史背景，自然不知所云。《周易》并非脑洞大开的幻想或瞎编，经典的造就需要真实历史体验的记录、提纯、组合。每一次面临国运的重大转折时，周公都会穷尽心力去运筹、卜算，拿出执行方案，《周易》就是他从工作总结中提炼出的精华。

他就那样写呀，算呀，一卦卦是他的智慧与体悟，一笔笔是他的坚毅和热望。大周国在他的脑海中转危为安，而后扶摇直上。

中定宗法，下成封建，上制礼乐，左匡王室，右稳江山。其长子封鲁，次子承周，三子封蒋，另有子孙封凡、邢、茅、胙、祭等，封国之数不输同时代的王家大宗。周公的生前功绩登峰造极，身后留下的财富更是不可估量。

姬旦是个天生的政治家，到死都是。

成王十年前后，姬旦病逝于丰。其次子姬陈承其采邑，为新任周公。在他身后，成王询于"八虞"而咨于"二虢"，度于闳夭而谋于南宫，一切井然有序。周国最为昌盛太平的"成康之治"将在成王与其子康王的手中徐徐展开，若周公泉下有知，必当含笑。

姬旦死后，为表不敢视三叔为臣子，王拒绝了他葬于成周的遗愿，而是将他葬到了渭河之南的毕地，与文王、武王相伴而眠。

三杰同归天地，忆昔年波澜壮阔，刀光斧影皆去也，山川无言。

风吹渭河南岸，夏华今开又是，绚烂人间！

# 第十九章

# 何彼襛矣　华如桃李

**杂记之一：麦秀黍离**

文人最爱吊古，为时代作哀歌，为去者发悲鸣，有一种悲情和壮怀。但后人到底是旁观者，一个时代的哀伤，终究只有时代之内的人才体会得最深。

成王初年，年迈的箕子远道而至，以诸侯身份拜会周王。返途之时他特意途经故商旧地，在殷停车驻留。

殷墟一片寂静，青苔与野草爬上了曾经华丽的柱石。在城市中的空地居然有人种起了庄稼，那飘摇的麦芒并不知道自己脚下曾是一个王国的都邑。

箕子想起了故国与故人，尤其是那个顽劣的侄子。一种莫大的悲伤从内心涌起，可自尊心又让他羞于哭哭啼啼，最后只能以歌述悲，作《麦秀》而归。其诗曰："麦秀渐渐兮，禾黍油油。彼狡童兮，不与我好兮！"

史载，殷民闻之，皆为涕流。

西周末年，申侯引犬戎东来，致镐京破，幽王死。太子登基后无力修葺，遂放弃关中基业，迁都洛邑。西周变作东周，曾经强大的周室开始走向衰亡。

某日，一位周大夫途经宗周遗址，但见一片残垣乱草，王公今何处，唯有黍苗离离。一切都与箕子当年看到的毫无二致。悲伤的大夫彷徨不忍归去，作《黍离》以泄苦痛。其诗曰："彼黍离离，彼稷之苗。行迈靡靡，中心摇摇。知我者，谓我心忧，不知我者，谓我何求。悠悠苍天，此何人哉。"

知我者，谓我心忧，不知我者，谓我何求。千年后启卷，犹听得一声叹息。

宋王安石作《金陵怀古》，有一句"黍离麦秀从来事，且置兴亡近酒缸"。北魏杨衒之作《洛阳伽蓝记》，序中有言："始知麦秀之感，非独殷墟；黍离之悲，信哉周室！"

黍离、麦秀，何其相似。

历史总是相似的。后人哀之而不鉴之，亦使后人而复哀后人也。

## 杂记之二：列国·后来

### 姜太公

关键词：姓田的最讨厌了

吕尚老爷子十分硬朗，周公死后又活了十几年，直至康王六年方才归天，前后辅佐文、武、召、康四世，堪称先周历史最强见证人。因其长寿且生年不详，民间多传说他活了一百三十余岁，非常夸张。

吕尚会治国又会打架，的确是不世出的奇人。他著有传世兵书（兵书这种东西不带有政治色彩，容易逃过政府的毁书运动和文字狱），被誉为兵家宗师、华夏武祖。

太公治国很有自己的方略。对于地方强族他采用高压政策，杀伐果断，甚至不惜制造红色恐怖；对于一般民众，他"因其俗、简其礼"，不勉强他们遵用周礼，民风相对自由。齐国经济在这种宽松的氛围下发展迅速，再加上鱼盐之利的加持，很快成为东方第一大国。晚年的吕尚一定很有钱。

太公身殁后，长子虎贲统领吕伋继位，为齐丁公。后至齐哀公时国家爆发动乱，国都辗转迁于临淄。

公元前685年，国内君位空悬，流亡国外的公子小白返齐继位，是为桓公。桓公任用管仲为相，改革大获成功，遂尊王攘夷，九合诸侯，成中原霸主。此时的周王室力量已不比当年，这种调停争端、惩罚坏孩子的工作就转由诸侯霸主来负责。

桓公就是齐国的巅峰，可惜巅峰来得太早，先赢的是纸，后赢的才是钱。其晚年奢侈昏聩，最后被奸臣困死宫中。

桓公死后，齐之国势一代不如一代。至晋国崛起后连败齐国，齐再无称霸之力。

太公非常注重能力，不以出身论英雄，令人钦佩。齐国人才辈出，渐有主弱臣强的势头。公元前500年，齐侯势力衰弱，权臣家族高、国两姓把持朝政。后田家发动政变，灭高、国而立傀儡齐哀公，专权数代。

公元前391年田氏家主田和篡位，流放齐康公于海岛，且沿用齐国国号，史称"田氏代齐"。周王无力管辖，屁都不敢放一个。十二年后齐康公在东海孤独死去，田家收回了他仅存的食邑。姜太公至此绝祀。

公元前221年,秦灭田齐,置齐郡、琅琊郡。

## 召公
关键词:做人要低调

召公卒年不详,生前十分低调,死后十分低调,子孙十分低调,国家也十分低调。召公死后,燕国更是低调得不能再低调,简直乏善可陈。

公元前7世纪,燕国吞并蓟国,迁都于蓟(今北京)。不料遭遇山戎入侵,被打得一脑袋包。燕庄公弃城南迁,求助于齐国。此时正值齐桓公盛年,一听有蛮夷欺负燕国,立刻出手相助,剿灭了山戎。燕庄公非常感激,亲自送桓公入齐,搞得桓公很不好意思。大家都是诸侯,你这样显得我很无礼呀。遂将庄公所经过的土地都割给了燕国。

那个年代,诸侯之间还是非常讲礼讲义气的。

燕国长期以来均处于列国中下游水平,所以常年低调,一路趴窝,一不留神就活到了战国后期。至燕昭王励精图治与乐毅改革,燕国势日显,位列"战国七雄"。公元前284年,燕昭王联合五国出兵伐田齐,一度将齐国吞噬到只剩两座城池,难得地高调了一回。昭王死后,其子惠王引发宫廷内斗,燕军陷入混乱。齐将田单在孤城即墨(从名字到处境都很寂寞的城市)吹响反攻号角,反击之势如燎原之火,一路将联军推出国境,齐趁势复国。

外战功亏一篑,内斗鸡毛一地,公元前272年,燕惠王死于内乱,国势复衰。

公元前228年,秦灭赵后东进易水,燕国无力抗衡,太子丹派刺客荆轲假借献图之名行刺秦王,因副手当场腿软而失败。秦怒而发兵攻燕,燕王喜逃亡辽东。

六年之后，燕流亡政府为秦所灭，召公绝祀。

## 孤竹

关键词：无

伯夷叔齐之母国。齐桓公为救援燕国而征伐山戎时，看孤竹不顺眼，捎带手给灭了。

## 唐叔虞

关键词：大国，各种大国

姬虞因"君无戏言"而得唐国，其子燮继位后改国号为晋，都翼城，国土不过百里。因为南边就是中原，所以一路向北发展，逐步统合了整个山西。

公元前781年，晋国上演经典"王子复仇记"，逃亡的前太子击杀篡位的叔叔夺回国君之位，是为晋文侯。前771年，镐京因多次战乱而残破不堪，周平王决定彻底放弃丰镐，将全部资源东迁至洛邑，西周变东周。晋文侯、郑武公、秦襄公、卫武公前来勤王，深得周室感激。前750年，晋文侯杀死与周平王东西并立的"伪主"周携王，稳定了东周王室，声望位居诸侯之首。

晋文侯逝世后，实力强大的曲沃桓叔开始挑战国君的宗家地位，掀起长达五十年的嫡庶内战。公元前679年，曲沃武公攻灭晋侯缗，并通过贿赂周王室得到了天子承认（周王此时已经又穷又潦倒），夺得晋国正统，为晋献公。献公是个比狠人还要狠一点的狠人。为防止同样的桥段在自己身上重演，献公将晋国诸公子全部诛杀。唐叔虞仅余献公一脉。

公元前636年，献公之子重耳历尽艰险继位为公，称晋文公。文公平内乱、护周室、援宋拒楚，于践土会盟诸侯，成春秋新任霸主。

此后五代晋公全是有为之君，连战连捷，独霸中原。晋国从弹丸之国变成了天下第一大国，亦是整个春秋时代最强盛的超级诸侯。

在晋国持续壮大的同时，内部卿大夫势力亦迅速成长，开始威胁国君地位。晋国地广人多，世家亦多，在历经多代的优胜劣汰后逐渐形成了智、韩、赵、魏四家压制晋公的局面，其中以智家权势最盛。公元前453年，韩、赵、魏三家联手灭掉了最强的智家，逐步将晋国土地瓜分殆尽。

以田氏代齐、三家分晋为标志，东周由礼乐小崩的春秋进入了礼乐忒崩的战国。姬旦确立的宗法与礼乐规范已名存实亡，列国崇尚拳头政治，强者为尊。小宗取代大宗再无须偷偷摸摸，实力不行就换人。国小力衰的周天子完全失去了对诸侯的控制力，反要倒过来迎合诸侯的心意。

公元前403年，周威烈王正式赐封韩、赵、魏三国，承认了他们篡夺而来的诸侯地位。晋公仅剩弹丸之地维持宗祀，并被赵韩二公迁来迁去，如踢皮球一般。

韩、赵、魏合称三晋，均位列战国七雄。都一拆三了还这么厉害，可以想见巅峰时期的晋国是怎样的超级大国。家大业大也有大业大家的烦恼啊。

公元前349年，韩国取消了晋公编制，晋氏绝祀。

**熊绎**

关键词：老子蛮夷也，不服来咬

对于周人的轻视，楚人内心是很不舒服的。周成王、周康王两代，楚人知道干不过周，一直安分守己，从不敢滋事。至昭王时双方关系开始恶化。周昭王先后多次征讨荆楚，楚人亦顽强抵抗，一不小心打出了超级反杀。昭王十九年，周南征军遭楚人大破，亲征的昭王直接把命留在了江汉，天下哗然。

昭王南征不返是周室盛极而衰的转折点，周人羞于启齿，对此事百般掩饰。

蔑视楚人者不唯周人，中原诸侯皆视楚人为蛮族，很大程度上是因为楚国文化独特，与中原体系不太兼容。看看《楚辞》与《诗经》就能明白其中的风格差异，美艳山鬼之类的浪漫文学，中原的"君子们"是写不出来，也不愿写的。

到西周第九任老大周夷王时期，周王室已是肉眼可见的衰败，很多诸侯不再前来洛邑朝拜，相互间打架也不找周王调解。楚国则成长为南方霸主，地广千里，活脱脱一个庞然大物。南方多是无主之地，楚国在扩张上有天然的优势。楚君熊渠自认可与周王室平起平坐，便把三个儿子分封为王，大行僭越之事，还四处吞并其他诸侯。中原诸侯前来问责，回曰："我蛮夷也。"

别跟我讲你们那一套虚头巴脑的东西，老子听不懂。

第十代君主周厉王觉得这么下去不是个事儿，老虎不发威你们当我是病猫？他决意重振天子之威，向周边"蛮族"强势进军。

熊渠秉持实用主义方针，见周厉王如此硬气，马上服软，去掉了对儿子的分封和自己的王位，重新向周室称臣。反正那些东西在他眼中也不过就是个称呼而已，等风头过了再拿回来便是。

公元前704年，国君熊通自视国力崛起，向周桓王索要更高的爵位，遭拒绝后再次自立为王，是为楚武王。

楚国是个独特的存在，其他诸侯与周是上下级关系，只有它和周是平行关系。此后数代间，楚国开始争霸中原，并于楚庄王时大败晋军，中原诸国除齐、鲁、晋外都尊楚为霸主。公元前546年，十四国于宋国召开弭兵之会，商定晋、楚同为盟主，平分霸权，各小国要同时向两国朝贡，形同美苏争霸。

晋国开始衰弱后不想再与楚正面交锋，转而支持正在兴起的吴国，背后捅楚国刀子。吴国是个硬茬子，楚国大举伐吴数次，始终占不到什么便宜。楚平王时奸佞当道，能臣伍子胥投奔吴国，后助吴王僚大破楚军，双方强弱逆转。公元前506年，吴王阖闾攻破郢都，楚几近灭国，幸得秦、越相助才光复失土。

江南国家都是些好战分子，有点实力就要跟北方叫板。吴王夫差继位后信心爆棚，转而北上争夺中原霸权。不料手下败将越王勾践趁夫差北上作战之时突然发难，将吴戕灭。吴国领了便当后，楚国压力大减，又复强盛。

公元前380年前后，各国掀起改革热潮，楚悼王跟风任用吴起进行变法。可惜悼王突然病逝，吴起亦被旧贵族杀害。人亡政息后，楚国失去了宝贵的战略机遇期，此后虽有楚宣王主动出击，持续开疆扩土，却无法扭转楚国被时代抛弃的大势。

公元前312年，改革大成后国势日显的秦人开始向东方诸国用兵，秦楚大战全面爆发。楚国连战连败，偌大的国土被逐步蚕食。楚怀王甚至被秦昭襄王诱骗至秦国软禁到死，既侮辱了人格，又侮辱了智商。

此后秦国兵锋一日未止，公元前287年击穿了楚国纵深，破郢都、烧夷陵，楚大夫屈原投河自尽。中国有了伟大的诗人，也有了端午节假期和好吃的粽子。

楚考烈王时重用贤臣春申君，一度有复兴之相。公元前241年春申君组织了史上最后一次列国合纵会战，仍为秦所破，大势尽去。前

223 年，秦国发兵 60 万横扫江南，楚君束手就擒。祝融之国至此绝矣。

淮、泗诸夷皆被秦编入民户，成为华夏民族的一部分。

**伯禽**

关键词：礼仪之邦

鲁国是一个特殊的国家。由于周公的尊崇地位，众多诸侯国都将鲁国视为"望国"，所谓"周之最亲莫如鲁"。伯禽在位数十年，将鲁国按照他父亲的设想打造成礼乐制度的样板国，周文化的底蕴非常深厚。在后来礼崩乐坏的时代，这里成了周制、礼制最坚定的庇护所。

每思及此，我都会想起这片土地上存在过的奄国。

鲁国拥有丰富的盐铁资源，经济发达，文化昌隆，纺织业尤其领先，在整个春秋时期都是不可小觑的邦国。鲁隐公、鲁桓公时一度连胜齐、宋等国，并夺占了曹、杞、莒等小国的土地，国势日盛。但碍于齐国的压制以及自身政治制度的弱点，鲁始终没能成长到足以争霸的水准。

鲁公僵化地执行礼乐"亲亲"之原则，国家政治完全由贵族把持，民间人才毫无出头希望，逐渐流失于他国。鲁公也并不想争霸，因为他的超然地位来自周室和周礼，只有国际政局平稳、安定，鲁国才能挟礼以自重。

惠公时，鲁从周室获得了郊庙祭祀的技术，开始以天子礼祭祀周公。

春秋后期，鲁国内部矛盾重重，国君和宗室之间来回角力，国势日渐衰颓，基本告别了核心舞台。至战国时，鲁已沦为山东南部小国，时常被齐国欺负，却又无可奈何。碍于鲁国的特殊地位，齐国虽反复吊打，却一直没有痛下杀手。

"蛮夷"阿楚不在意这些。公元前256年,受秦打压的楚国向东尽吞鲁地,鲁国灭亡。

## 微子启

关键词:特立独行

微子启的宋公国承接商祀,被准许使用天子礼,待遇超高。然而毕竟是被打倒的黑五类后代,背地里老有诸侯黑它。

春秋百家争鸣,各门各派都喜欢拿宋国人编排寓言故事,反正你喷我喷大家喷,没压力。揠苗助长、守株待兔、野人献曝、尔虞我诈等都是宋国发生的事,仿佛宋国智障特别多。可以说我们都是听着黑宋人的故事长大的。

抛却这些恶意的地图炮,宋也的确是个奇特的国家。

宋人喜欢抱持某些古制。西周各国都遵宗法制而传国于嫡长子,它偏不,就要兄终弟及(可能是微子的执念导致)。别的国家都是有实力才争霸,没实力就憋着,它偏不,没有金刚钻也要揽瓷器活,经常干涉比它更小的国家的内政。别的贵族都是绞尽脑汁去谋求富贵,宋国却有互相谦让太子之位的事情发生。

宋襄公时遇齐国内乱。襄公助齐太子归国后博得一些声望,便燃起了继齐桓公而当霸主的理想。其兄目夷劝谏,以小国之力会合诸侯不是好事,你装什么大尾巴狼啊?襄公不听。

公元前639年,宋襄公会盟诸侯,以盟主自居,惹得在座的齐、楚大为光火。当年秋天,宋再次召开盂地会盟,在会上跟楚成王对掐。不想楚人不守规矩带了兵来(典型的楚国风格),把宋襄公给绑了,经鲁僖公出面调停才释放。

宋襄公回国后窝一了肚子火,转而攻击楚国的小弟郑国。楚国发兵救援，双方在泓水相遇。宋襄公不愿在楚人渡河之时发动攻击，因为那样"不仁义"。在大争之世，能有这样道德水平的君主实在不多了。楚人没有辜负他的期望，全部渡河后摆好阵势，将宋军杀得大败。襄公重伤，转年一命呜呼。

宋国夹在晋楚之间，时常被两大国的战争波及，苦不堪言。加上内乱不止，始终无法跻身一流。战国时，古板的宋国终于顺应了一把国际潮流，戴氏大夫废宋桓公自立，微子之祀遂断。这一次宋国没能把特立独行进行到底。

公元前 286 年，宋为齐国所灭。

## 康叔封

关键词：命长

康叔封负责监管殷民，在朝歌的废墟上建起了卫国。至犬戎乱镐，卫国勤王有功，为方伯。

后面的高光时刻，没了。

春秋战国时代，卫国一直是二流诸侯，就像大哥身后的小喽啰，站位不好的话连镜头都没有。公元前 254 年，魏国攻取秦国陶郡，顺便吞并了卫国，但留了一块食邑给卫君。

公元前 221 年，秦灭六国，因卫已名存实亡，且卫国曾长年依附于秦，故始皇帝对卫君网开一面，没有灭他。弱小的卫氏成了诸侯中生存时间最长、享祀最久的一个，康叔封比其他几位先周姬姓侯多吃了十来年的祭品，着实幸运。

公元前 209 年，秦二世灭卫，康叔于此绝祀。

## 飞廉·赵

关键词：司机也有梦

## 第十九章　何彼秾矣　华如桃李

恶来有个弟弟，名季胜。飞廉一族为殷商殉道后，季胜侥幸未死，被掳到周国为奴，负责照顾车马一类的工作。

季胜的三世孙名造父，驾车技术高超，任周穆王御用司机。造父曾献良驹于周穆王，并带他御驾兜风，游山玩水，形同哥们儿。后徐偃王造反，造父在平叛中立下大功，获封赵城，以赵为氏。造父六世孙奄父继承了祖上善战的基因，于千亩之战中了头彩——救了周宣王一命，自此步入名门行列。

奄父之子叔带为周幽王卿士。幽王昏聩，叔带不爽，干脆炒了老板投奔晋国，逐步成为晋国望族。至三家分晋，赵烈侯始为一国之君。

赵国位于华夏之北，长期与北方游牧民族接触。赵武灵王时发动"胡服骑射"的军事改革，军力一日千里，成为战国豪强。武灵王之子惠文王起用了一批贤才，文有蔺相如、武有廉颇，留下了"完璧归赵"及"负荆请罪"等佳话，国力更上一层楼。齐国衰落后，赵国成为唯一有能力与秦国正面抗衡的国家，在这一时期数次压制秦国，成为关东诸侯的中流砥柱。

公元前262年，为了争夺韩国上党郡，秦赵各自派兵突入韩国境内，爆发冲突。战争进入拉锯阶段后不断升级，最终演变为赌上全部国运的总决战，双方先后投入兵力超过百万。最终赵军大败，四十万青壮男子被坑杀，国家有生力量消耗殆尽。幸得魏国信陵君帮助，邯郸得以保全。

公元前229年，秦再次发动灭国攻势，以反间计诱使赵王赐死其主将，遂攻陷国都邯郸，俘虏赵王。公子嘉逃往代城，继续联燕抗秦。前222年，秦军俘虏赵嘉，赵亡。

其实秦人也是赵氏。本是同根生，相煎特别急。

## 飞廉·秦

**关键词：马夫也有梦**

飞廉四世孙造父为王驾车，得赐赵氏。造父有个侄子名大骆，人如其名，极通马性，在造父的举荐下为王室管理马匹。因养马有功，第三代弼马温非子获得了一块遥远的封地"秦"（今天水）。因此，秦人与赵人同出一脉，都是嬴姓赵氏。

秦为周天子镇守西陲，常年与西戎战斗，形成了强硬剽悍的民风。秦人属罪人之后，又离中原较远，礼仪偏疏，故常被关东诸国视为蛮族，不屑与其为伍。

西周末年，周幽王欲废嫡立庶，太子宜臼不从，寻求外公申侯庇护。幽王威胁自己的老丈人，不交出宜臼我就灭了你。没想到申侯比他还狠，竟联合犬戎内外夹击，攻破了镐京，杀死幽王。周王室自此元气大损。

引狼入室易，驱虎离家难。犬戎尝到甜头后不想走了，太子宜臼只得召唤诸侯勤王。秦、晋、卫、郑四国联手参与营救，并护送宜臼（周平王）东迁洛邑。周平王嘉赏秦人的忠诚，封秦襄公为伯爵，并开了一张空头支票给他：我们祖上岐山之地被戎人霸占了，能抢回来，就是你的。很显然，平王只是想让秦人去帮他挡住犬戎的攻势而已。

憨厚的秦襄公提刀上马就去了，不幸死于岐山脚下。

此后一百年，秦人逐步击退犬戎，将整个关中平原占为己有，成为新兴强国。至秦穆公时，秦军已称霸西戎，遂有东进之意。无奈东边的晋国实在厉害，死死地压在秦人的野心上，一压就是两百年。后来晋国自行解体，秦如释重负。三晋反目之后，秦献公大败魏国，开始转守为攻。

公元前 356 年，秦孝公任用商鞅进行变法，彻底废除了世卿世禄制，国家面貌焕然一新。秦国国力突飞猛进，遥遥领先于东方诸国，获周显王封为方伯，正式成为天下霸主。历孝公、惠文王、秦武王（此时秦已不再自认周臣）三代努力，三晋、强楚均被挫败，无人可与之争锋。

公元前 307 年，太后芈八子摄政临朝，秦昭王立，以白起为大将，东出函谷而谋天下。齐、楚俱衰，只剩赵国一力相抗。长平之战后赵国也被打残，天下一统只是时间问题。

此时的周天子已经破产。几百年间不断的分封穷尽了天子手中的土地，最后只剩下了洛邑周围的一点点地方。前 425 年，周考王最后慷慨了一次，将河南地尽数封给周桓公，建周公国。至此周王再没有一寸土地可封，自己也成了弟弟周桓公家的寄宿客。周赧王时，周公国又分裂为更小的西周公国和东周公国，周赧王"借住"在西周公国。

再大的金山，只出不进，也会花完。

公元前 256 年，西周公不知道哪根筋不对，突然想为振兴周室再做一次努力，遂约六国一同伐秦。到约定之日，六国一个也没来，勃然大怒的秦国来了，场面一度非常尴尬。西周公献城投降，九鼎奉送秦国。秦尽录其民，不过三万人而已。

周赧王不久后便惊惧离世，周纪元结束，秦纪元开始。

东西周公同出一脉，都喜欢黑色幽默。公元前 250 年，东周公效仿西周公伐秦，被秦相吕不韦生擒，周祀遂断。

三年后，始皇帝嬴政登基，陆续兼并列国，天下终归一统。以周为代表的封建时代结束，以秦为起点的帝国时代开始。

飞廉的后人最终灭了周，某种意义上也算一种轮回吧。

### 青铜

关键词：没想出来

青铜小哥在商时达到了无敌境界，然后又耀武扬威于周。某天他意外地碰到了一个脸非常黑的小弟，叫铁。青铜小哥从此悲伤逆流成河。

青铜的衰落，几乎与周的衰落同步而行。

人类很早就发现了铁。在青铜冶炼技术成熟之后，人类也开始试着冶炼铁，却因熔炉温度不够难以成功。春秋早期，冶金技术的发展催生了块炼铁，即固体状态下用木炭还原法炼成的铁，锻打后可以制器。这种铁很软，不堪大用。春秋后期，有工匠发明了渗碳制钢技术，让铁碳合金应运而生，其硬度大幅度提高，开始抢占青铜的市场。

此时的青铜武器仍然有一定优势，跟铁质武器算是各有千秋。但是便宜铁常有，而富贵铜不常有。自然界中铁的储量实在太大，大到拿来造平民的生活器具、农具都不心疼，简直是穷人的福音。周王室可以控制铜，却无法控制铁，铁迅速风靡于列国，让农业生产力大跨步地前进，给国家间的争霸战争提供了有力支持。

周天子从商人那里继承来的游戏规则终于玩不转了。黑铁的时代终将降临。

## 杂记之三：世俗国度

中国为什么能成为一个世俗力量如此强大的国度？

常有人说国人缺乏信仰，此言差矣，中国人不是没有信仰，只是不信神罢了。即便在迷信的层面，中国人也曾相信有一个洞察万事的"天"，只是这个天并未具象化为某个专门的神。

纵观当今世界，犹太教、基督教、伊斯兰教、佛教等巨型宗教笼罩了大多数的国家和人口，并在几千年中左右乃至主导着人类文明的演变进程。欧洲历史上最伟大的建筑与艺术几乎都与宗教有关，甚至存在中世纪这种宗教统治下的人文黑洞，纯粹世俗化国家的建立于西方已是很晚近的事情了。

但是中国不一样。我们不一样。

华夏民族构建的是一个世俗力量极其强大的社会，神始终与人伦、世俗紧密结合在一起。皇帝以天子自居，名为"子"，实际是把自己与天置于同样的高度，方便对尘世的统治。中国也有宗教，而且有很多，但他们都要接受"天子"的管制。相比于只敢把自己称为神之"仆人"的西方人，东方的统治者已经比较大胆了。

皇权和神权的交锋在华夏帝国时代从来都是一个伪命题，神权只是前者的武器与工具。这一点一定令西方的君主们非常羡慕，在他们那里神王之争不仅是真命题，还是个真要命的题。

要解释中华文明如何拥有了这样独特的体质，还要追溯到我们文明源起的时代，商与周的时代。综合来看，有两个核心要素引导了世俗国度的降临：一个是青铜，一个是宗教演进。

(一) 青铜

大多数发达的文明社会都经历了石器时代和青铜时代，神权则诞生于这个漫长文明发展史中的某个时点，其时间是不可控的。石器、青铜到铁的更迭代表着人类技术的进步，亦代表了人类智慧的开蒙进程。

上古神权与原始科学在大部分层面都是对立的，人们对自然规律了解得越多，神的生存空间就越小，反之亦然。神与科技在赛跑。

是青铜，把王权从神权的屁股下面解救了出来。

两河流域在公元前4000年就达到了高度文明,公元前3000年才进入青铜时代。古埃及公元前3200年就有了法老,但700年后的法老墓葬里依然只有很少的小型青铜器。这两个最早最辉煌的文明古国青铜矿料匮乏,虽然很早就掌握了青铜技术,却没能快速地实现青铜文明的兴盛。古印度更不必说,其青铜技术成熟后主要用来造各种神像,这说明宗教早就已经成熟了。地中海的米诺斯文明和迈锡尼文明拥有丰富的铜矿储备和兴盛的青铜文化,但它们太小了,没能形成大气候便已灭亡。欧洲大陆其他地方的青铜时代来得更晚,而且欧洲主体民族的文明程度在世界范围内并不领先。

总而言之,西方的青铜时代远晚于神权时代的降临。待金属制品大展拳脚时,神的权威早已不可撼动。

与其他文明古国相比,中国成熟最晚,青铜时代却来得较早。成熟的国家级文明形成于商,而商人本身就是青铜技术发达的民族,甚至可以说是青铜的力量才让他们跻身中央民族。

青铜从宗教手中抢到了先机,并让东方文明真正成熟了起来。

神权与王权的交锋在"国家"这种超大型体制诞生后才出现。神权依赖于普遍信仰和人类对未知的恐惧,王权依赖于暴力和血缘,二者能量的高低取决于对国家资源动员能力的强弱。谁能聚集和动员更多的核心资源,谁就占主导地位。

石器时代的核心资源是什么?是人。A部落有50个人,B部落有200个人,那B吞并A就是分分钟的事情。棍棒和石头谁都能做,单兵战斗力拉不开差距,所以人多就等于力量大。宗教在聚集人心方面有天然的优势——一个强人能控制的人口规模如何跟一个神的信徒相比?所以祭司集团自然可以压倒武士集团,掌握国家实权。王权则必须依附于神权或向其妥协。

青铜的出现改变了这一切。中国大地还算凑合的铜储量使其不会贵到无法量产,铸造技术的复杂又保证了它有较高的复制门槛,国家可以实现有效控制。青铜武器重塑了单兵战力,A 部落的人若是全部武装上青铜兵器,不要说 200 个人的 B 部落,就是杠上 400 个人的 C 部落也未必会输。国家的核心资源从人口变为青铜,只要能够掌握铜矿和冶铸技术,武士们就可以在没有祭司集团支持的情况下解决战争问题,并用一系列的胜利让王权得以巩固。

神权社会因为青铜器的量产而变成了半神社会。商王依然需要宗教,却不必完全依附于宗教,这就为宗教演进留下了空间。

(二)宗教演进

改造神权的进程是商、周两代王朝接力完成的。

所有的人类都拥有相似的大脑和感官,由此衍生出相近的自然认知路径。大部分宗教的初代神祇都是自然神,比如太阳神、水神、风神等。为了让这些神不要伤害自己,人们想尽办法去"通灵",于是巫术诞生了。

与神的交流最早来自巫术。巫术可以给人带来超体验和神秘感,甚至突破理性形成幻觉,但无法获得有逻辑的经验,反而会干扰人们对自然规律的认知。

在巫术时代的后期,"通灵术"被大祭司把持,个体巫术逐渐让位于公共巫术。强盛的部落会组织大规模的祈祷与奉献活动,巫术变成了祭祀。这是一种进化,祭祀文化不再诉诸神秘论和交感力量,而是强调程序与资源消耗。

祭祀对象和流程的规范化则衍生出宗教。东西方文明进程的分野就出现在这一步。

商人独创性地发展出了"祖先神"体系，把宗教的祭祀对象由神变成了"死人"。对祖先的崇拜是人类文明的普遍特征，但用祖先代替神作为供奉对象的却极其罕见。"通天绝地"之后，神被剥离到九霄云外，这些已在前文细细讲过。

商人的宗教祭祀非常复杂，控制范围又非常强大，由此衍生出细致的社会生活调节规范。在宗教演进的道路上，商人的贡献就到此为止了，而后周人登上了舞台。

商人把鬼神作为社会行为的调节者，用宗教来控制人们的言行；周人则利用礼乐来构建社会秩序，把鬼神赶到了人们的生活之外。鬼神迷信当然还在，而且依然重要，但人们已经不需要诸事皆卜了，因为礼乐的准绳已经可以解决大多数社会行为中的选择困难。礼的广泛使用，也让人们最核心的关注点从"人神关系"转到了"人际关系"。

华夏文明由此逐渐摆脱了自然性的宗教崇拜，迈入了世俗化和人文主义的大门。

（三）世俗之幸

总结一下，部落文明让巫术变成了祭祀，商让祭祀变成了宗教，周让宗教变成了礼制。人们关注对象的演变顺序则是自然神、抽象神、祖先（神）、人。这一切的发生有赖于青铜器对武士集团的加持。

祖先崇拜及礼乐文化的发展终点便是宗教世俗化，这对于一个国家的安定与发展绝对是利大于弊。国民生产出来的绝大部分资源都用于财富积累和再投资，而不是被少数神职人员攫取。国家层面的宗教战争从未发生，民间也较少出现因信仰冲突导致的冲突。街上如果有和尚跟道士打起来了，多半是因为抢生意。

在遥远的西方，宗教压抑民智、掠夺民财的故事时有发生，在中国却全然不能。每当宗教对世俗的挤压达到一定程度，就会有强悍的人王将宗教财富与人口尽数抽回世俗世界，如北魏灭佛等。东汉张角的太平道或晚清太平天国等带有宗教色彩的民间动乱哪怕盛极一时，最终也难免失败。

而任何外来宗教，无论多么强大的外来宗教，只要传入中国就会被世俗化、中国化，处于政权的监控下。不是传教者不努力，只是神权在中国没有壮大的土壤，从三千年前就已经没有了。

穿越茫茫数千年，我们的祖先依然影响着我们，守护着我们。

历史离我们如此遥远，历史就在我们身边。

## 杂记之四：大象

大象是陆地上最巨大的动物，与大海中的蓝鲸一样，带有一种智慧、奇幻而神秘的色彩。中国的大地上曾经遍布大象的足迹，然而它们最终消失了，就像远古的记忆一样。

商朝早期，大象被商人驯化为战争工具。商人乘象而践踏东夷，好不威风。象牙器具被视为珍贵的礼器，大象也曾被方国当作贡品。

商国灭亡后，周人并不待见这种象征着商人武力的图腾巨兽，遂将其跟豺狼虎豹一起驱逐出境。野生象群退出了中原地区，但它们仍在周人的舞乐文化中留有遗存。

西周中期，北方气候持续变冷，黄河下游的野象逐渐灭绝。至公元前8世纪之后，再未发现含有大象形象的工艺品出土。大象几乎从周人的文明中消失了。

战国时期，铁器的广泛应用让淮河以北的森林大量转化为耕地。

大象生存空间丧失，退居至淮河以南。据《国语》《左传》等文献记载，楚、越、蜀等国家仍有大象出没，楚军曾以火象阵驱赶吴军。

至汉代，北方人已不识大象，只能通过尸骨来"想象"。汉代之后，江淮的大象数量也急速缩水。三国时有东吴进献大象至许昌，曹操少子曹冲以浮船刻线称象，左右皆称神童。

至五胡乱华，衣冠南渡，江南迎来经济大开发，与民争地的大象被驱赶入日渐萎缩的山林。北宋时偶有大象侵入民田、为衙役捕杀的记录。至南宋时，江淮大象彻底绝迹，野生象群退居岭南以南。

19世纪30年代，岭南大象亦绝，仅于中国西南边陲有少量分布，野生种今已难得一见。

人之进矣，象之退矣。

式微，式微，象不归。

## 杂记之五：周公传人

姬旦死后约480年，一个相貌丑陋但十分健壮的孩子降生于鲁国。这孩子姓子，祖上原是宋国王族，正统商人之后。其六世祖曾官至宋国大司马，得赐氏"孔"。到父亲一辈家道中落，为躲避战乱而逃亡到鲁国，在陬邑（今山东曲阜）生下了这个孩子。因母亲曾于尼丘山求子，故给他起名"丘"，字"仲尼"。

鲁国是春秋列国中礼乐最盛的国家，孔丘从小在礼教下长大，对鲁人先祖姬旦十分崇拜，对自己祖上的殷商文化则毫无认同感。

崇拜初代周公在彼时极为常见，事实上"周公热"一直到唐朝都风头不减。姬旦凭借强悍的表现在民间"超凡入圣"，攒下了一大堆粉丝迷弟。孟子、荀子等都视周公为先圣，东汉末年的曹操父子也是活脱脱的周公吹。近代历史学家夏曾佑有云:"孔子之前,黄帝之后,于中国有大关系者,周公一人而已。"以周公为尊的学者贯穿历朝历代,没在文章里夸过周公就相当于中学生写作文没提过司马迁、鲁迅一样,百中无一。

在这万千名士中,公认的周公后援团团长非孔丘莫属。孔丘经常梦到周公,视其为精神导师,并以复兴礼乐制度、挽救"礼崩乐坏"的乱世为己任。后来他周游列国的故事大家都知道了。虽然孔丘的努力没能成功,但儒学的思想却最终发扬光大,甚至罢黜百家而成国术。周公思想对儒家的形成有基石之功,儒家尊奉其为"元圣"。《贞观政要》说:"周孔之教,以为如鸟有翼,如鱼依水。"

孔丘晚年致力于教书育人,弟子遍及天下,名气渐大,遂与周公以"周孔"并称。儒学到西汉时成为国家主流,两汉帝王均为周、孔颁发封号,以表尊敬。汉明帝时期始封二人为圣、师,周公集古圣之大成,故为先圣;孔子有德无位,"述而不作",故为先师。

西汉对周公的尊崇基本达到了巅峰,汉武帝托孤给霍光时,特赠送给后者一幅"周公负成王朝诸侯图",希望他如周公一般匡扶幼主。汉朝之后孔子的地位渐渐追了上来,两位大哥的关系变得非常微妙,一会儿周公为圣,一会儿孔子为圣,有时又在文庙中并立。这场"夺圣"之战在唐朝达到了白热化,几乎一个皇帝一个准儿,甚至一代之间亦有反复。但总体而言,是孔子的地位渐渐压倒了周公。部分原因在于王莽等篡位者喜欢借周公之名行摄政之事,导致周公的形象在统治者眼中越来越变味儿。

唐玄宗时,国政思想转向道统,更适于道统的儒家宗师彻底胜过了代表正统的宗法建立者,故孔子得以独享供奉,周公则被踢出了文庙。唐以后，周公渐渐被遗忘，只剩孔子封号愈添溢美，还把周孔的封号合二为一，称"至圣先师"。

如今孔庙已走向世界，有华人生根的地方就有孔子的身影，周公全然不能相比。当人们前去游览和参拜一座座孔庙时，大多已不会想起这里面曾经还安放过一位更古早的圣人。但周公的思想已毫无疑问地融合在了儒家的"仁义礼"之中，作为古代王朝样板精神的一部分，滋养了华夏千余年的人文兴盛。

## 杂记之六：甲骨文·1899

在世纪之交1899年的某天，时任国子监祭酒的王懿荣罹患疟疾。他在中医开的药方中看到一味"龙骨"，大感兴趣，派人买来观瞧。这龙骨乍看不过是普通骨片，仔细看却大有文章，上面刻着很多天书字符。

若是换了旁人，也许就当个好奇事，看过便忘了。偏偏历史选择了王懿荣，此人执掌国家最高教育机构，饱读诗书，是金石学领域的顶尖高手。王老爷子很快便发现一些字符与青铜金文相通，断定这是一种上古文字。狂喜之余，遂重金收购此物，先后收得1500余片。

天若不生王老爷子，甲骨尽碎为中药矣。

1900年6月，慈禧太后任命王懿荣为京师团练大臣，而后对八国联军宣战。不久京城告破，慈禧携光绪帝西逃，王懿荣投井殉国。

王懿荣死后，其子变卖家产，甲骨被京城另一位金石爱好者、《老残游记》的作者刘鹗买入，继续进行研究及甲骨收购。三年后，刘鹗出版了中国第一部甲骨文研究著作，引起广泛关注。刘鹗字铁云，故此书名为《铁云藏龟》。

在刘鹗写书的过程中，他的朋友罗振玉曾上门观赏过甲骨文藏品，并为之深深着迷，也加入了甲骨收藏的队伍。

这珍贵的甲骨到底来自哪里？为解开这个谜题，也为了大量搜求，罗振玉开始追根溯源，多方打探。终于功夫不负有心人，被他找到了文明矿藏的出处——河南安阳小屯村。之后他多次派人前去收集，毕生藏品达三万多片。

随着研究的深入，甲骨文的秘密逐渐被揭开。自1910年起，罗振玉连续出版《殷商贞卜文字考》等多本研究著作，识别出大量甲骨文字。1911年，罗的好友国学大师王国维亦加入研究队伍，开始通过甲骨文考证殷商历史。

（左起）王懿荣、刘鹗、罗振玉、王国维

在多位学者的努力下，甲骨文研究渐成蓬勃之势。1928年，中央研究院历史语言研究所成立，同年，考古学家董作宾主持展开了对殷墟的考古挖掘，至1937年全面抗战爆发前进行了十余次工作，得甲骨近三万片。抗战时期日军占领安阳，亦发掘和掳掠了大量甲骨。

中华人民共和国成立后考古工作仍持续推进，逐步将商王朝的殷都带到了世人面前。殷墟遗迹中已发现了房基数百处，墓葬坑和祭祀坑过万座，车马坑近百座。神人的交叠，华夏的滥觞，祭祀的残忍，青铜的辉煌，一切的一切都从泥土的深处浮起。从前只存在于史书中的古代王朝在人们眼前展露真容，影史终为信史。

或遒劲或细秀的甲骨文字给今人提供了第一手的历史记录，其艺术价值与历史文化价值均不可估量。充盈的笔意与杂陈的笔法展示了一个古代王国不同时期的气韵，更描绘出华夏文明的滥觞与其发展变化。由于甲骨文的笔画是刀笔契刻所得，故颇有锋刃，仿佛一笔可将时光的迷雾劈开。

因为刻骨，所以铭心。

金石断经史，青铜泣英雄。一个人应该明白自己来自哪里，一个民族更是如此。唯有不忘来处者，方能避免在时光的漫漫长河中迷路。文字就是一个民族回望过去的密码，文字就是祖先留下的穿越岁月长河的精灵。

生存从来不是一件容易的事，只是和平与富足的世界容易让人类忘记这一点。每一个能延续至今的种族、民族，无一不是穷尽智力与体力，从竞争者的尸体上挣扎着站起来；无一不是唱着血与火之歌，从黑暗的时代浴血奋战走过来的。当年那些在甲骨上刻字，在青铜器上铸歌的祖先，曾与我们仰望同一片星空。

是他／她们替我们征服了这片大陆，让我们能繁衍壮大至今。

终有一天，我们也会替他／她们，征服那片大海星辰。

# 出版后记

说起商代、周代，大部分读者的第一反应或许是《封神榜》，这部 20 世纪 90 年代热播的电视剧曾让商纣王、妲己、周公、姜子牙等人物家喻户晓，但除此之外，由于年代久远造成的史料湮没和难以解读，商周的历史过往时常隐没在迷雾之中，当代的学术研究在一些重大问题上也尚存在分歧，我们对于商周历史的兴趣常常远逊于资料丰富、积淀深厚的唐宋元明清史。

本书的本意并非竭力探索商周历史种种晦暗的细节，而是从传世文献、考古资料中撷采商周之际百余年间的重要人物、事件，梳理其历史脉络。这一时段正是王国维在《殷周制度论》中曾指出的——"中国文化之变革莫剧于殷、周之际"，小邦周如何取代了重视血腥祭祀、尚鬼尊神的大邑商，如何革新天下，建立起制礼作乐、敬天保民的"德治"国家周，这一过程是圣人孔子毕生推崇、追求的理想起源，对于中国文化的基调、华夏文明的塑造来说，也有深刻的意义。

服务热线：133-6631-2326　　　188-1142-1266
读者信箱：reader@hinabook.com

后浪出版公司
2021 年 8 月